KB232457

명사구 보문 구성의 문법화

명사구 보문 구성의 문법화

강 소 영

한국문화사

명사구 보문 구성의 문법화

2004년 3월 20일 초판 1쇄 인쇄
2004년 3월 25일 초판 1쇄 발행

지은이▶ 강소영
발행이▶ 김진수

발행처▶ 한국문화사
등록번호▶ 2-1276호(1991.11.9)
주소▶ 서울시 성동구 성수1가2동 656-1683번지
전화▶ 464-7708(대표)
팩스▶ 499-0846
URL ▶ www.hankookmunhwasa.co.kr
e-mail ▶ hkm77@korea.com
가격▶ 9,000원

한국문화사, 2004
잘못된 책은 교환해드립니다.

ISBN 89-5726-138-9 93710

서문

  '공부는 머리로 하는 게 아니라 엉덩이로 하는 것이다' 우스개 소리로 주고받는 말이지만 결코 총명하지 않았던 나에게는 한 자락 위안을 가져다주기도 했었던 말이다. 그러나 진득하니 앉아서 들여다보려고 해도 양태와 문법화 이 두 가지 주제는 밑바닥이 보이지 않는 우물과 같은 존재였다.

  현재 사용하는 말들 속에 존재하는 규칙을 과거의 모습에서 발견하고 이를 현재에 투영시켜 미래를 예측해 보는 것, 누구나 매력적이라고 느낄 수 있는 작업으로 문법화는 이를 완성시켜 줄 수 있는 마술봉처럼 보였었다. 그리고 말하는 사람의 태도가 문법화를 일으키는 기제로서 작용할 수 있다고 생각했기에 문법화는 더더욱 매력적으로 다가왔었다. 말하는 사람의 진심, 말 이면에 존재하는 진실, 이를 파헤쳐보는 것만큼 매력적인 일이 또 있으랴!

  매력적인 주제, 우물과 같이 깊고 깊어서 나같이 평범한 사람에게도 연구할 한 켠을 내줄 수 있을 듯싶었던 주제, 그러나 나의 도전은 현재로서는 부끄러움이 많이 남는 책 한 권을 내놓는 정도에서 그치고 있다. 나보다 학문의 길을 두, 세 곱절 더 걸어오셨던 분들이 여전히 풀리지 않는 부분이 많다고 하셨던 그 말이 겨우 이해가 되는 정도에 이르렀다고나 할까.

  이 책은 2001년에 제출한 박사논문을 수정, 보완한 것이다. 사실 수정, 보완이라고 할 만큼 논의의 진척이 있는 것이 아니어서 적절한 어휘를 사용하지 못한 듯 하지만 미흡한 부분은 선, 후배와 동료의 도움으로 앞으로 메워 나가리라 마음 먹어 본다.

  나의 이 부끄러운 연구가 이렇게라도 다듬어져 세상에 나오기까지 같이 공부하는 동료들의 도움도 컸지만, 여러 선생님들의 가르침은 지금까지도 가슴이 먹먹해 올 만큼 큰 것이었다. 모자라기만 한 나를 잘한다, 잘한다고 북돋아주신 故 강윤호 선생님, 끝까지 줄을 놓지 않고 따라올 수 있도록 지켜봐 주신 차현실 선생님, 느슨해져 있을 때마다 이런 엉터리가 어디 있냐고 채찍질해 주신 박창원 선생님, 학교 선배라는 이유만으로 학문적 조언뿐만 아니라 불평까지 너그러이 받아주신 전혜영, 이해영 선생님께 감사를 드린다. 또한 새로운 연구방법을 모색하던 나에게 문법화란 개념을 알려주시고 연구결과물이 나왔을 때는 예문 하나하나까지 꼼꼼히 봐주신 김창섭 선생님, 눈에 보이지 않는 허상을 쫓는 것 같아 불안했던 나에게 위로가 돼 주었던 정재영 선생님께도 아울러 감사를 드린다.

　공부를 한다는 것은 내가 가장 사랑하는 사람들에게 내 허실을 이해해 달라고 응석부리는 것과 같다는 생각을 자주 하지만 한 번도 입 밖으로 표현해 보지는 못했었다. 이 자리를 빌려 나의 가족들에게도 고맙다는 말을 전하고 싶다.

2004년 1월
저자

차례

서론 1

1.1. 문제 제기

현대 국어에는 외형상으로는 명사구 보문 구성으로 보이지만, 인접 구성요소들끼리 긴밀하게 결합되어 일정한 문법 기능을 담당하는 것으로 보이는 예들이 있다.

'-ㄹ 터이-'가 대표적인 예인데, 이는 보문화소, 보문 명사, 그리고 '이-'로 이루어진 명사구 보문 구성이기도 하지만 이들이 결합되어 선어말어미와 같은 문법 기능을 보여주기도 한다.

> (1) ㄱ. a. 어디로 가는지 지켜보려던 터였거든.
>   a′. 어디로 가는지 지켜보려던 (터였어, 터였어? 터였구나).
>   ㄱ′. a. 나도 따라갈 테야.
>   a′. 나도 따라갈 (테야, *테야?, *테구나).

(1-ㄱ)은 보문화소와 보문 명사 '터' 그리고 후행용언 '이-'로 이루어진 명사구 보문 구성이다. (1-ㄱ′)는 외형상으로는 동일하지만, (1-ㄱ)과 같이 복합문의 구조는 아니다.

(1-ㄱ)은 선행보문 '어디로 가는지 지켜보려 했다'가 보문 명사 '터'를 수식, 보충하고 있는 구조로 이 문장의 핵심은 보문 명사 '터'이다. 하지만 (1-ㄱ′)의 핵심은 '나도 따라가다'이다. '-ㄹ 터이-'는 각 구성 요소들이 한 단어처럼 굳어 따라가겠다는 화자의 의지가 강함을 표현하기 때문에 (1-ㄱ)과는 다르다.

또한 '이-'의 활용양상이 서로 다르다는 점도 주목된다. (1-ㄱ)의 '이-'는 의문형이나 감탄형으로 자유롭게 활용하지만, (1-ㄱ´)의 '이-'는 오로지 평서형으로만 활용하는 제약을 가지고 있어 '이-'가 용언으로서의 기능을 일부 상실하고 있음을 보여준다.

기존 연구에서는 (1-ㄱ´)과 같은 예들을 명사의 의미가 다의어화되면서 문법적 기능이 한정되는 것으로 정리하거나 연어의 일부류로, 또는 문법화되어 선어말어미로 굳어져 가고 있는 것으로 처리하였다.

우선 보문 명사의 의미가 변화하면서 문법적 기능이 한정된다고 보는 태도는 형식상 동일하고 통사적 특징들이 아직까지 원형식과의 관련성을 잃지 않고 있는 예들이 있다는 점에 그 근거를 두고 있다. 그러나 (1-ㄱ´)의 '-ㄹ 터이-'는 원래대로 복원하는 것이 어색하게 느껴질 정도로 원형식과의 관련성을 상실하고 있어, 보문 명사의 의미가 변화하여 나타나는 특징으로만 처리하기에는 무리가 있다는 문제점이 있다.

또한 일부 구문들이 긴밀하게 결합되어 한 단어처럼 보이므로 이들을 연어(collocation)로 처리하여 다루기도 한다.1) 이는 한 문장의 생성은 통사론에서 말하는 선택 제약만으로는 완전하게 설명할 수 없기 때문에 어휘 결합제약으로 설명해야 할 필요가 있다는 태도이다. 하지만 특정 언중이 자주 사용하기 때문에 또는 단어가 가지고 있는 의미의 연상작용에 의해 연어의 생성이 이루어진다고 보는 태도는 문제를 심리적인 차원으로 해석하여 이러한 변화의 원인을 전체 언어의 체계 속에서 다루지 못하는 단점이 있다. 또한 통사적 특징을 일부 승계하면서 또 일부 상실해 가는 중간적인 성격은 연어만의 특징이 아닌데도 이를 연어의 개념으로 규정하면, 그와 비슷한 즉, 통사적 구성에서 기원한 문법 형태소들이 겪었던 중간단계의 변화 과정을 설명하는 데에 일관성을 띨 수 없다.

---

1) 이희자(1994), 김진해(2000) 등 참조.

  따라서 이를 문법화의 논리로 다루는 것이 가장 적절하다고 본다. 문법화는 통사적 구성의 명사구 보문 구성이 형태적 구성의 어미로 변화되고 있다고 설명하는 것이다. 이는 통시적으로 명사구 보문 구성이나 동사구 보문 구성을 기원으로 하지만 현재 어미로 굳어진 예들이 존재하고 있기 때문에 설득력이 있다. 한 언어 형식이 자신의 통사적, 의미적 특징을 잃고 조사나 어미 등 새로운 기능을 가진 단어로 변화하는 것은 과거에 국한된 일이 아니라 현재에도 계속해서 이루어지고 있는 현상이기 때문이다.

  언어는 고정된 실체가 아니라 역동적인 구조물이기 때문에, 특정한 시기에 보이는 언어의 모습 아래에는 기원이 되는 언어형식과 이로부터 새롭게 변화하는 형식이 공존하고 있기 마련이다. 따라서 언어의 변화가 실제로 어떻게 나타나는지를 문법화의 개념으로 설명하는 것은 타당하다고 생각된다.

  (1-ㄱ′)의 '-ㄹ 터이-'를 문법화로 설명하는 것은 양태의 선어말어미 '-겠-'과 동일한 통사적 특징을 지니고 있어 더욱 효과적이다. '-겠-'은 화자의 태도, 즉 양태의 의미를 가진 선어말어미로 부정의 범위나 과거 선어말어미 '-었-'의 영역에 들지 않는 특징을 지니고 있다.[2]

> (2) ㄱ. a. 순이가 먼저 가겠어.
>   a′. 순이가 먼저 가지 않겠어.
>   a″. 순이가 먼저 갔겠어.
>   ㄴ. a. 먼저 온 사람이 할 텐데, 뭘.
>   a′. 먼저 온 사람이 하지 않을 텐데, 뭘.
>   a″. 먼저 온 사람이 했을 텐데, 뭘.

  (2-ㄱ)은 순이가 먼저 갈 수도 있다는 화자의 추측을 '-겠-'이 드러낸다. 그런데 순이가 먼저 가는 사건을 부정하였을 때 부정의 '-지 아

---

2) 장경희(1985) 참조.

니하-'가 지배하는 것은 (ㄱ-a′)처럼 사건 자체일 뿐 화자의 추측하는 태도는 아니다. 이는 과거 시제 선어말어미 '-었-' 역시 마찬가지여서 (ㄱ-a″) 문장에서 과거에 있었던 것은 순이가 먼저 가는 사건만일 뿐 화자의 추측이 과거에 있었던 것은 아니다.

이와 같은 특징이 (2-ㄴ)의 '-ㄹ 터이-'에서도 동일하게 나타난다. (ㄴ-a)의 선행절을 부정한 (ㄴ-a′)의 '-지 아니하-'는 '먼저 온 사람이 한다'는 사건만 영역으로 하며 이는 선어말어미 '-었-' 역시 마찬가지다. (ㄴ-a″)처럼 사건이 과거에 일어났음을 의미할 뿐 화자의 추측이 과거의 일임을 의미하지는 않는다. 결국 '-ㄹ 터이-'는 긴밀하게 결합되어 한 덩어리처럼 쓰이면서 '-겠-'과 같은 문법 기능을 수행하고 있음을 알 수 있다.

본 연구에서는 지금까지 본 것처럼 문법 범주로 기능이 전이되는 과정에 존재하는 '-ㄹ 것이-'와 같은 예들을 대상으로 공시적으로 진행되고 있는 문법화 현상에 대해 알아보려 한다. 이를 위하여 문법화 과정 중에 있는 예들이 지닌 통사, 의미적 특징들을 체계적으로 기술한다. 이는 결국 명사구 보문 구성이 하나의 문법 형태소로 변화하는 과정과 그 특징들을 밝히고 또한 변화 방향에 대해서도 예측할 수 있을 것이다.

문법화를 일으키는 가장 큰 동인은 구성요소들의 의미 변화이다. 따라서 본 연구에서는 명사구 보문 구성의 문법화가 어떤 의미 범주를 가지게 되었는지를 알아볼 것이다. 이는 결국 어미 중심으로 기술이 된 양태의 개념을 좀더 명확히 하는 데 도움이 될 것이다.

1.2. 선행 연구의 검토

언어는 역동적으로 살아 움직이는 유기체다. 따라서 변화는 당연한 것이다. 하지만 이러한 대전제를 사실로 받아들인다 하더라도 한 형태가 통사, 의미적 특징이 다른 새로운 형태로 인정받기까지 오랜 시간이 걸릴 수도 있기 때문에 변화를 인정하고 과정을 살피는 일은 용이하지 않다. 더구나 변화 전과 변화 후의 형태가 병존하는 경우에는 비교, 대조를 통해 설명할 수 있지만 변화된 이후의 모습만 남아 있을 경우에는 설명하기가 어렵다.

하지만 학자들은 변화의 모든 단계를 설득력있게 재구하려고 노력해 왔고 그 결과물로 '어휘형태소>문법형태소'로의 과정을 겪은 다수의 예들을 정리할 수 있었다. 최근 들어 어휘 형태소가 문법 형태소로 변화한 현상을 문법화라 하고 변화의 동인이나 기제, 과정 등을 정립하려는 움직임이 활발해지고 있다. 그러나 이는 용어만 달랐을 뿐 이전부터 국어학자들에 의해서 꾸준히 주장되어 왔던 것이다.

우선 유창돈(1964)에서는 '어떤 실사가 선행 어사의 영향 아래 들어갈 때 본뜻이 희박해지거나 소실되어 선행어사의 기능부인 허사로 변하는 현상'을 허사화(虛辭化)라 하였는데, 여기서 사용한 허사화란 문법화의 정의와 매우 유사하다. 특히 그 예로 들고 있는 '드리다, 더블다, 붙다' 등은 모두 이태영(1988)에서 동사의 문법화로 다루는 것들이므로 허사화와 문법화는 큰 차이가 없다 할 수 있다.

유창돈(1964)에서 말한 실사의 허사화는 '어떤 실사의 의미가 희박해지거나 소실되는 의미의 변화' 그리고 '조사나 어미처럼 문법적 기능을 담당하는, 기능의 변화' 둘을 조건으로 하고 있는데, 이는 우리뿐만 아니라 서구의 학자들에게서도 발견되는 문법화의 기본조건이라 할 수 있다.

이와 같이 자립적이고 구체적인 의미를 가진 낱말들이 어미나 조사 등 의존적이고 추상적인 의미를 가진 낱말들로 바뀐 경우를 문법화로 보는 데는 이견이 없으나 문법화에 해당되는 것들을 어디까지로 볼 것인지에 대해서는 의견이 나뉜다. 즉 문법 형태소로 변화되어 가는 낱말들의 변화 과정, 그 전과정에 관심을 두고 보는 '과정에 주목하는 문법화'로 정의할 수도 있지만 어휘 형태소가 문법적 기능을 가지는 조사나 어미로 변화한 결과만을 포함하는 '결과에 주목하는 문법화'로도 볼 수 있기 때문이다.

후자는 중세, 근대국어를 대상으로 한 문법화 연구에서 발견되는 태도로, 이숭녕(1965), 이승욱(1973), 서종학(1983), 홍윤표(1981), 안효팔(1983), 이태영(1988) 등의 연구가 대표적이다. 어휘 형태소에서 문법 형태소로 변화된, 완성품만을 대상으로 하기에 가시적인 증거를 토대로 설득력을 얻을 수 있다는 장점이 있다.

그럼에도 불구하고 최근의 문법화 연구는 '과정에 주목하는 문법화'에 기울어져 있다. 언어의 변화는 점진적이어서 어휘 형태소가 문법 형태소로 변화하기까지는 다양한 모습을 가질 것이라는 생각 때문인데, 이러한 연구는 홍윤표(1984)가 대표적이다. 그는 한 어휘 형태소가 문법 형태소로 변화하는 과정상에서 발생할 수 있는 중간과정을 염두에 두고, 격조사와 유사하기는 하지만 아직까지 본래의 모습을 완전히 벗어나지 못한 '가지고'와 같은 경우를 후치사로 설정하였다. 이는 고영진(1995)에서 더 확장되었는데, 그는 독립된 자립적인 낱말이 그 자격을 잃어버리고 조사, 어미 등 문법 형태소로 되어가는 과정을 문법화로 정의하여 동사의 활용형이 조사로 변하는 현상뿐만 아니라 본용언이 보조용언으로 변하는 것까지도 문법화의 대상에 넣고 있다.

'과정으로서의 문법화'는 안주호(1996)에서도 나타난다. 그는 문법화를 '덜 문법적인 기능을 하던 것이 더 문법적인 기능을 하는 것으로 바뀌는 것, 즉 결과의 산물이 아니라 그 과정 전체를 일컫는 개념'으로 정의하였다. 이는 Hopper & Traugott(1993)의 의견3)과 일치하는 것

---

3) Hopper & Traugott(1993)를 보면 문법화를 grammaticalization으로 볼 것인지 grammaticization으로 볼 것인지의 문제가 나온다. 전자는 어휘 항목과 구성이 어떤 맥락 아래에서 문법적 기능을 가지게 되고 일단 문법화되면 새로운 문법적 기능을 발전시키는 과정으로 정의되고 후자는 문법을 고정되고 제한된 실재로 보지 않으면서 어떤 형식이 분포가 고정되고 제약적으로 되는 과정으로

으로, 어휘적인 요소가 어휘적인 내용의 일부를 상실하기 시작하면 문법화의 길로 들어서게 되었다고 보는 태도이다. 이는 문법화를 광의의 개념으로 해석하고 있다는 것 이외에도 명사를 대상으로 하여 문법화를 다루고 있는 점이 특징적이다. 1960~80년대까지 문법화의 연구가 거의 동사에서 비롯된 것만 주요대상으로 하였기에4) 명사의 문법화는 유창돈(1964), 안효팔(1983), 김문웅(1979), 정호완(1987) 등에서 부분적으로 다루어지는 데 불과하였다. 안주호(1996)는 명사를 대상으로 하고 있고 문법화를 변화하는 과정 전체로 정의해야 한다는 점을 부각시킨 점은 긍정적이지만, 앞, 뒤 구성요소들의 변화가 없이 보문 명사만이 의존적인 요소로 바뀌는 경우까지 통사적 구성의 문법화로 처리한 것은 무리가 있다고 보인다. 명사의 의미만이 변화하는 경우와 명사성을 잃음으로써 문장 구조 자체에 변화가 나타나는 경우를 함께 처리하는 것은 문법화의 진전 양상이 다른 것들을 함께 묶어 둔 것이기 때문이다.

정의된다. 그러나 '문법화'는 변화의 시작부터 완결까지 모든 과정을 보는 것이기 때문에 변화가 일어나고 있으면 어느 것도 무시할 수 없다. 따라서 둘을 구별할 것이 아니라 포괄하여 '문법화'의 개념을 정리하여야 할 것이라 생각한다. Hopper & Traugott(1933) 역시 용어상의 차이를 발전시키지 않고 둘 모두를 포괄하여 '문법화(grammaticalization)'에 넣고 있어서 본 연구의 토대를 마련해 주고 있다.

4) '있다'가 형태요소로 발전한 과정을 연구한 이희승(1956)을 시작으로 '닥-아서>-다가'의 변화 과정을 연구한 김영희(1975), 조사 '-서'의 발달과정을 논한 이숭녕(1976)이 70년대를 대표하는 논문이다. 80년대에 들어서서는 문법화에 대한 연구들이 비교적 많이 이루어지게 되는데, 격표지와 여러 조사들을 연구한 홍윤표(1981), 보조동사를 형태적 구성으로 가기 전의 중간 과정인 '형태, 통사적 구성단계'로 정리한 김기혁(1984), 존재동사의 시대적 변화를 연구한 이승욱(1986) 등이 대표적이다. 1990년대에 들어서서도 이 같은 시각은 계속 이어져 보조동사들의 문법화를 다룬 권영환(1996), 소유동사 '가지다'가 후치사 '가지고/갖고'로 문법화한 현상을 다룬 김정민(1995), 보조동사 구문을 문법화적 시각으로 정리한 김명희(1996), 그리고 몇 개의 동사가 문법화를 겪는 과정을 다른 언어의 해당 동사들의 문법화와 비교한 이성하(1996) 등 많은 논문이 나왔다.

과정으로서의 문법화를 도입하여 명사의 문법화를 설명한 것은 최형용(1997)에서도 나타난다. 자립명사가 일정한 환경 아래에서 의존적으로 쓰이는 경우를 문법화 현상으로 설명한 것은 안주호(1996)와 동일하지만 현재 의존 명사로 굳어졌느냐의 여부와 현재 의존 명사들이 근대에서도 의존 명사였느냐의 여부를 고려하여 '어휘 형태소>어휘 형태소' '어휘 형태소>문법 형태소' 그리고 '문법 형태소>문법 형태소'로 세분한 것이 다르다.5) 이 기준에 따르면 '의존적인 요소=문법 형태소'로 설명을 하게 되는데, 문법 형태소가 모두 의존적인 요소인 것은 사실이지만 그 역은 반드시 그렇지는 않다는 점이 간과되었다고 할 수 있다.6) 의존 명사 역시 아직까지 명사성을 잃지 않고 있는 어휘 형태소이기 때문에 단지 의존 명사였다는 것만으로 문법 형태소라 칭하는 것은 적절하지 않다.

　본 연구에서도 자립적으로 쓰이던 보문 명사가 일정한 환경 아래에서 의존적인 요소가 되어 인접한 구성요소들과 결합되는 경우7)를 문법화가 일어난 것으로 설정하고 있으므로 과정으로서의 문법화를 수

---

5) 그는 문법형태소화를 '어휘형태소>어휘형태소' '어휘형태소>문법형태소' 그리고 '문법형태소>문법형태소'로 나누어 설명하고 있다 '어휘형태소>어휘형태소'는 여전히 어휘형태소이지만 그 이전보다 의미의 축소 또는 의미의 분화를 겪은 것을 의미하는데, 예로 자립적이기도 하고 의존적이기도 한 '지경, 노릇'을 들었다. 그리고 '어휘 형태소>문법형태소'로 변화한 것으로 '따름, 리, 양, 즈음, 체' 등을 들었는데, '지경, 노릇'과 달리 완전히 의존 명사로서만 쓰이고 있음을 근거로 하였다. '문법형태소>문법형태소'로 변화한 것은 '도, 만, 줄, 이' 등을 들었는데, 이들은 원래 의존적으로 쓰이던 것들이므로 문법 기능의 축소 또는 분화를 겪었다고 정리하였다.

6) 이지양(1998) 참조.

7) 통시적으로 인접한 어휘들이 단어나 형태소 경계가 없어지고 한 어휘로 변화한 것은 이지양(1998)에서 정리한 대로 명사구 보문 구성, 동사구 보문 구성 그리고 선행 조사와 어미로 이루어진 구성으로 각각 나뉘어 존재하고 있었다. 따라서 문법화는 단어 경계 이상을 사이에 두고 인접해 있는 구성요소들끼리 통합하여 하나의 형태소로 굳어지는, 이른바 통사적 구성에서의 변화까지도 포함하여야 함은 당연하다.

용하고 있다고 할 수 있다. 하지만 의존적인 요소로 변화한 것이 문법화의 시작일 수는 있으나 이것이 곧 문법 형태소라고 단정하지 않는다. 또한 '명사구 보문 구성의 문법화'를 일정한 환경 아래에서 명사가 의존 명사로 변화한 경우 선, 후행요소들의 변화도 뒤따르는 것만으로 제한하여 설명한다.

또한 현재 논의의 대상이 되는 예들은 문법화의 과정이 끝나지 않은 것들로 이에 의미를 부여하여 설명력을 강화하는 작업은 반드시 필요하다. 따라서 명사구 보문 구성의 문법화 과정에서 드러난 특징들을 정리하고 기존에 정리된 문법화의 원리 속에서 설명력을 갖고 있는지도 검토할 것이다. 그것이 5장의 존재 이유이며 이는 통사적인 구조가 형태적인 구조로 된다는 Givo'n(1971)의 가설을 이용하여 현대국어의 의존구문을 다룬 권재일(1987), 문법 형태의 역사적인 형성원리에 대해 다룬 김영욱(1993), 그리고 서구의 이론과 국어의 변화양상을 동일선상에 놓고 바라본 이성하(1998) 등을 전제하고 있다.

결국 본 연구에서는 문법화를 완성되고 고정된 것만을 대상으로 할 것이 아니라 유동적이고 아직 완성되지는 않았지만 그 과정 중에 있는 형태들에도 적용시켜 보는, 광의의 문법화로 정의하고 구체적인 대상을 들어 이를 설명하는 데 초점을 맞출 것이다. 문법화되기 전과 문법화된 후의 모습만을 비교하는 것보다는 이와 같이 그 중간 과정에서 벌어질 수 있는 다양한 면들을 보여주는 것이 문법화 '과정'을 좀 더 분명하게 보여줄 수 있을 것이라 생각하기 때문이다.

1.3. 연구 대상 및 논의의 구성

본 연구에서는 과정으로서의 문법화를 가장 잘 보여주고 있는 예를 대상으로 하여 그들의 통사, 의미적 특징의 변화를 체계적으로 기술하려고 한다. 따라서 '이-'를 후행요소로 하는 명사구 보문 구성이 문법화를 겪는 현상으로 한정하여 논의를 진행한다. 이는 '이-'가 가진 접사적 성격으로 인해 문법화를 겪기 용이하다고 생각되기 때문이다.

'이-'를 후행요소로 하는 명사구 보문 구성은 [[[[S 보문화소]보문 명사]이]다]의 구조이다. 따라서 보문화소, 보문 명사 그리고 '이-'가 각기 그들이 지닌 본래의 통사, 의미적 특징을 잃어버렸는지를 살피는 것으로 연구의 대상을 한정한다.

보문 명사는 크게 구체적이고 지시적인 의미를 가진 자립명사와 선행절 없이는 홀로 쓰일 수 없고 추상적인 의미를 가진 의존 명사8)로 나뉜다. 그런데 근대까지 자립명사였다가 현대에 와서 의존 명사로 변화한 예들이 다수 존재한다.9) 더구나 이들은 일정한 환경 아래에서 의존적인 선, 후행요소들과 결합하여 한 단어처럼 기능하기도 한다.

> (3) ㄱ. a. 이제는 아무도 살 수 없는 쓸모없는 터가 되어 버렸어.
>   b. 터를 잘 써야 자손이 번창하거든.
> ㄱ´. a. 아버지가 곧 돌아오실 터라 난 빨리 들어가 봐야 하거든.
>   b. 어차피 한 번 가 보려던 터라 그냥 따라간 거지, 뭐.
> ㄱ″. a. 이제부터라도 열심히 해볼 테야.
>   b. 나도 열심히 할 테야.

(3)은 자립명사 '터'가 현대 국어에서는 의존 명사로도 쓰이고 또한 인접 구성요소들과 결합하여 한 단어처럼 기능하고 있음을 보여주는 예이다. (3-ㄱ)은 홀로 독립되어 쓰일 수 있고 [基]의 의미를 가진 자

---

8) 보문 명사들이 홀로 쓰일 수 없고 추상적인 의미를 가지는 경우 이를 의존 명사라고 할 것인지 형식명사라고 할 것인지 용어상 혼란이 올 수 있다. 그러나 '형식명사'는 의미가 추상화되었다는 측면만 부각하고 있어 현재 문법화를 위한 전제조건으로 보문 명사들이 앞, 뒤 구성요소들과 밀접하게 결합될 수 있는 의존적인 요소들이 되어야 함을 내세우는 것과 어울리지 않는다. 때문에 이들은 '의존 명사'라 부르기로 한다.

9) 자립명사와 의존 명사는 통사, 의미적 특징이 다르기 때문에 문법화가 이루어지고 있는지를 보이기가 용이하다. 따라서 먼저 보문 명사를 중심으로 하여 연구의 대상을 정하고 있다.

립명사 '터'의 예이다. 이는 (3-ㄱ′)처럼 선행절에 의존적이고 [상황]의 추상적인 의미로 변화한 의존 명사 '터'로도 나타난다. 그런데 (3-ㄱ″)의 '터'는 자립적으로 쓰일 수 없을 뿐만 아니라 '-ㄹ 터이-'의 꼴로 '이제부터라도 열심히 하겠다' '나도 가겠다'의 '-겠-'과 같이 화자의 의지를 표현하고 있다. 즉 앞, 뒤 구성요소들과 긴밀하게 결합하여 제3의 의미를 가지게 된 경우로 통사적 구성의 문법화를 보여주는 예이다.

본 연구에서는 이와 같이 현대 국어에서 의존적인 보문 명사들이 보문화소와 '이-'와 결합하여 새로운 통사, 의미적 특징을 가지게 된 경우들을 중심으로 문법화 현상을 살펴 보려고 한다. 이는 결국 외형상으로는 '보문화소#보문 명사+이-'로 이루어진 명사구 보문 구성처럼 보이지만 한 단어처럼 기능하고 있는 예들을 중심으로 통사적 구성의 문법화가 어떻게 이루어지고 있는지를 살피는 일이 될 것이다.

이에 따르면 분포의 제약을 보여 의존적으로 쓰이게 되는 명사 모두가 논의의 대상이 되는 것이 아니라 인접 구성요소들과 결합하여 한 단어처럼 기능하고 있는 경우만을 포함하고 있기 때문에 다음과 같은 경우는 논의의 대상에서 제외된다.

(4) ㄱ. a. 돈이 모자랄지 모르니 셈이 맞는지 잘 따져 보세요.
   b. 셈을 치르고 가야지 이렇게 가는 법이 어디 있어.
  ㄱ′. a. 이렇게 엉망으로 일을 만들어 놓고 어떻게 수습할 셈인지 나도 모르겠어.
   b. ?하는 짓을 보니 셈이 전혀 없는 사람 같더라.

(4-ㄱ)은 자립명사 '셈'의 예로 주어나 목적어 등 다양한 문장 성분으로 쓰이고 있다. 하지만 [[[[S ㄹ]셈]이]다]의 구조를 가진 (4-ㄱ′)의 '셈'은 (ㄱ′-b)처럼 선행절 없이는 쓰일 수 없는 의존 명사이다.10) 의

---

10) (ㄱ′-b)의 문장이 자연스러운 경우는 '셈'이 [계산]의 의미를 가진 자립명사로

미 또한 '따져 밝히는 일' [계산]을 의미하는 자립명사 '셈'에서 [작정][계획]으로 변화하여 좀더 추상적인 의미를 지니게 되었다,

분포상의 제약을 보여 의존적으로 쓰이게 되는 명사는 일반적으로 자립명사에 비해 문법성이 두드러진 것이므로11) '셈'이 '자립적인 어휘 형태소>의존적인 어휘 형태소'로 변화한 것은 원래의 어휘에 비해 덜 어휘적인, 따라서 더 문법적인 성질을 가진 것으로 볼 수 있다. 하지만 '셈'은 앞, 뒤 요소들과 함께 결합하여 새로운 통사구조와 의미적 특징을 가지게 되는 명사구 보문 구성의 문법화의 예는 아니다. '셈'이 아직까지 보문 명사로서의 기능을 가지고 있기 때문이다.

(5) ㄱ´. a. 대강 해 놓고 가버릴 셈이었나 봐.
　　　 b. 떼어먹을 셈으로 돈을 빌린 것은 아니었는데, 그렇게 돼버렸어.
　　　 c. 어떻게 할 셈들인지 난 도무지 알 수가 없더라구.

(ㄱ´-a, b)처럼 '셈'은 '-이'나 조사 '-으로'가 후행할 수도 있고 (ㄱ´-c)처럼 주어의 [+복수]자질이 복사되어 접미사 '들'이 접미할 수도 있다. 이는 '셈'이 다양한 환경에서 분포하고 있는 보문 명사로, 달리 말하면 앞, 뒤 구성요소들과 긴밀하게 결합되어 한 단어처럼 보이는 명사구 보문 구성에서의 문법화를 겪는 예가 아님을 보여준다.

'지경, 노릇' 역시 의존 명사로서의 쓰임을 보이기는 하지만 후행하는 '이-'가 용언로서의 특징을 잃지 않고 있어 논의의 대상에서 제외한다.

쓰일 때이며 [작정][계획]의 의미를 가진 의존 명사 '셈'이 쓰인 경우라면 이 문장은 자연스럽지 못한 문장이 된다.

11) 의존 명사가 어휘성이 농후한지 문법성이 농후한지 사실 분명하게 판단하기는 어렵다. 그러나 의존요소화되고 추상적인 의미를 가진다는 것은 문법 형태소의 특징에 가깝다고 할 수 있을 것 같다. 이러한 맥락에서 의존 명사는 문법성이 더 드러난 예로 처리하며, 이는 광의의 문법화로 정의하는 연구의 기본 토대이다.

먼저 '지경, 노릇'이 현대국어에서 의존 명사로서 쓰이고 있음을 보이면 다음과 같다.

(6) ㄱ. 이웃 나라 디경에 들어가셔 억지로 사롬을 다려다가 죵으로 부리는디. (독립 1899.11)
    ㄱ′. 이 녀석 때문에 내가 미칠 지경이야.
    ㄴ. 손지조 노롯ᄒᆞ는 사롬을 닐크러 아비라 하시고. (성직 1:62)
    ㄴ′. 귀신이 곡할 노릇이다.

(6)은 홀로 쓰일 수 있고 구체적, 지시적인 의미를 가지고 있는 자립명사 '지경'과 '노릇'이 현대에 와서 의존 명사로 쓰임을 보이는 예이다. (6-ㄱ)의 '지경'은 홀로 쓰일 수 있고 구체적으로 지시할 수 있는 [地境]을 의미하고 (6-ㄴ)의 '노릇' 역시 자립적이고 [演戲]라는 구체적인 의미를 가지므로 자립명사라 할 수 있다. 그러나 (6-ㄱ′, ㄴ′)는 선행 보문이 반드시 필요한 의존 명사 '지경'과 '노릇'의 예이다. 의미도 (6-ㄱ′)은 이 녀석 때문에 미쳐버릴 것 같은 상태에 이르러 있음을 말하므로 '지경'은 [地境]에서 [상황]으로 변화한 것이며 (6-ㄴ′)의 '노릇' 역시 [演戲]에서 [일, 상황]의 의미로 변화한 예이다. 따라서 둘 모두 '자립적인 어휘 형태소>의존적인 어휘 형태소'로 변화한 것이다.

하지만 '지경'과 '노릇'이 쓰인 구문은 선행 요소인 보문화소가 시제에 따라 바뀌고 후행요소인 '이-'가 활용을 하는 등, 일반적으로 명사구 보문 구성이 지니고 있는 특징을 보유하고 있다.

(7) ㄱ. a. 너무 힘들어 한숨도 내쉴 수 없는 지경이야.
      a′. 너무 힘들어 한숨도 내쉴 수 없을 지경이거든.
      b. 그 녀석 때문에 미칠 (지경이야/지경이야?/지경이구나).
      c. 성적이 얼마나 나쁜지 낙제를 생각해야 할 (지경이야/지경이었어/지경이더라구).
   ㄴ. a. 새삼스럽게 아는 체 하는 것도 쑥스러운 노릇이더라구.
      a′. 정말 귀신이 곡할 노릇이잖아.

  b. 아주 애가 탈 (노릇이야/ 노릇이더냐?/ 노릇이구나).
  c. 아주 애가 탈 (노릇이야/ 노릇이었어/ 노릇이더라구).

(7)은 의존 명사 '지경'과 '노릇'이 나온 문장이다. 그런데 의존 명사 '지경'은 (ㄱ-a)에서 선행 보문의 보문화소가 현재 일어나는 일일 때 '-는'을, 아직 일어나지 않은 일일 때는 '-ㄹ'으로 바뀌고 있음을 볼 수 있다. '노릇' 역시 (ㄴ-a)처럼 보문화소 '-ㄴ/-ㄹ'이 선행 보문의 시제에 따라 선택되고 있다. 보문화소가 시제에 따라 달리 선택되는 것은 '-ㄹ 지경이-'나 '-ㄹ 노릇이-'의 '-ㄹ'이 보문화소라는 사실을 말해주는 것이다. 또한 이 문장의 '이-' 역시 용언으로서의 기능을 잃지 않고 있어 (ㄱ, ㄴ-b)처럼 활용을 하거나 (ㄱ, ㄴ-c)처럼 시제 선어말어미가 결합된다. 따라서 '지경, 노릇'은 자립 명사에서 의존 명사로 변화하였을 뿐 아직까지 선, 후행요소들과 긴밀하게 결합하여 명사구 보문을 가진 복합문의 구조 자체에 변화를 가져온 것은 아니므로 연구 대상에 넣지는 않는다.

결국 연구 대상은 보문 명사가 의존적인 요소이면서 동시에 앞, 뒤 구성요소들과 결합하여 복합문의 통사구조로는 설명되지 않은 특징들을 지니게 되는 '-는 법이-' '-기 마련이-' '-ㄹ 모양이-' '-ㄹ 터이-' 그리고 '-ㄴ/ㄹ 것이-'로 한정한다.[12]

본고는 이러한 예들을 중심으로 공시적으로 문법화 현상이 일어나고 있음을 보려 하는데, 논의의 구성은 다음과 같다.

2장에서는 문법화 논의를 위한 기본 전제들을 정리한다. 이를 위해 문법화와 논의의 대상이 되는 통합구조체의 개념을 정리하고 통시적

---

[12] '이-'에 선행하는 보문 명사로 '뿐, 나름'이 있는데, 이들은 통사, 의미적 특징의 변화가 목격되지 않아 문법화 과정에 든 명사구 보문 구성의 예로 다루기 미흡한 경우이다. 또한 '바'는 오로지 '-ㄹ 바이-'인 경우에만 한하여 후행요소로 '이-'가 올 수 있는데, 이는 의례적인 문구에서만 사용되어 연구의 대상에서 제외한다.

으로 문법화 과정을 거쳐 단일형태소로 굳어진 예들을 중심으로 문법화가 일어나는 경우 가지게 되는 통사, 의미적 특징에 대해 알아본다.

3장에서는 논의의 대상이 되는 예들이 지닌 특징이 2장의 문법화된 통합형어미의 특징과 일치하는지를 알아본다. 구체적으로 각 구성요소들의 긴밀성 정도, 보문화소, 보문 명사 그리고 '이-'가 변화되고 있는지의 여부 그리고 통합환경의 변화 여부 마지막으로 음운상의 변화와 함께 원래대로 복원하는 것이 불가능한지의 여부를 알아볼 것이다.

본 연구는 문법화를 완결된 것이 아니라 과정 중에서 일어나는 모든 단계를 포괄하는 광의의 개념으로 정의하였다. 이는 각 통합구조체들도 그들이 지닌 통사, 의미적 특징으로 단계지어질 수 있을 것임을 예상하게 하는데, '각 통합구조체의 문법화 정도'를 현시적으로 드러낼 수 있도록 3장은 비슷한 정도의 문법화 단계를 밟고 있는 것끼리 묶어서 논의를 진행시키려고 한다.

문법화의 정도는 각 구성요소들이 명사구 보문 구성에서 지녔던 의미와 통합구조체가 되었을 경우 가지게 된 의미의 차이를 비교하여 설명할 수도 있다. 의미의 유연성이 사라질수록 문법화는 더 많이 진전된 것이기 때문이다. 따라서 4장에서는 통합구조체의 의미가 어떤 경로를 통해서 나오게 되었는지를 알아볼 것이다. 이를 위해 우선 각 통합구조체들이 어떤 의미로 인해 묶이고 어떤 의미로 인해 구별이 되는지를 살펴볼 것이다. 결국 이는 기존의 '양태' 문법형태소들이 가지고 있지 않은 의미를 각 통합구조체들이 지녔는지를 확인하는 작업이 될 것이며, 이러한 의미차이가 문법화의 동인이 될 수도 있겠다는 가정을 뒷받침해 주는 데에 도움이 될 것이다.

아울러 통사적 구성의 명사구 보문 구성이 하나의 문법 형태소로 변화하는 과정과 그 특징들을 밝히는 과정에서 문법화의 방향에 대해서도 예측할 수 있을 것이다. 이는 문법화가 불규칙적으로 일어나고 있는 것으로 보이지만 그 내부를 들여다보면 나름대로 범주를 세우고 일정한 방향으로 진행되고 있을 것이라는 가설을 바탕으로 하고 있으며 이는 결론인 5장에서 정리될 것이다.

2.1. 문법화의 개념

결과적으로 문법 형태소로 변화한 것들만을 대상으로 하여 문법화를 다루는 태도는 문법화의 유동적인 현상에 대해서는 상대적으로 소홀할 수밖에 없다. 즉 '결과로서의 문법화' 아래에서는 어휘 형태소가 문법 형태소로 변화하는 중간 과정에 나타날 수 있는 과도기적 모습들에 대해서는 상대적으로 관심을 두지 않게 되었고 또한 이러한 특징으로 인해서 문법화는 단순히 과거 어휘의 변화를 설명하는 데에 머무르고 있을 뿐 현대국어에서 일어나고 있는 '문법화'에 대해서는 소홀할 수밖에 없었다.

그러나 현대 국어에서도 언어의 변화는 시속석으로 일어나고 있다.

동사의 활용형에서 보조사로 변화하고 있다고 보여지는 '치고'가 대표적인 예인데,[1] 아래 (1-ㄱ´)의 명사 다음에 오는 '치고'는 동사로서의 특징을 지니지 않고 있어 (1-ㄱ)과 달리 기능이 변화한 것으로 보아야 할 것이다.

    (1) ㄱ. a. 그 사람까지 왔다고 치고, 그래 얼마나 되는 거야?

             a´. 그 사람까지 왔다고 쳐 주고, 그래 얼마나 되는 거야?

---

[1] 각 사전에는 아직까지 이를 동사 '치다'의 한 항목으로 두었다. 하지만 최근 동사의 문법화 과정을 연구하는 학자들은 조사로 굳어진 것으로 보고 있다. 홍윤표(1982), 고영진(1995) 참조.

        a″. 그 사람까지 왔다고 (치면, 치니까, 치더라도…).
        a‴. 그 사람까지 왔다고 (쳤어, 쳤니? 치자, 쳐).
  ㄱ′. a. 백화점에 간 사람치고 쇼핑 안한 사람이 몇 명 되겠니?
        a′. ?백화점에 간 사람쳐 주고 쇼핑 안한 사람이 몇 명 되겠니?
        a″. *백화점에 간 사람(치면, 치니까, 치더라도…).
        a‴. *백화점에 간 사람(쳤어, 쳤니?, 치자, 쳐).

    (1)은 동사의 활용형에서 조사로 그 기능이 변화되고 있다고 보이는 '치고'의 예이다. 먼저 (1-ㄱ)은 선행절이 '(내가) 그 사람이 왔다는 사실을 인정하고'로 해석이 되어 [인정하다]의 의미를 가진 동사 '치다'에 연결어미 '-고'가 후행한 것임을 알 수 있다. 이는 (ㄱ-a′)처럼 '치-'와 연결어미 '-고' 사이에 다른 낱말이 개입되어도 가능한 데서 드러난다. 더구나 (ㄱ-a″, a‴)처럼 연결어미나 종결어미의 활용 그리고 시제 선어말어미의 결합도 제약이 없이 이루어져 동사 '치다'의 예임을 분명하게 알 수 있다.

    그러나 (1-ㄱ′)의 '치고'는 명사와 긴밀성을 가지는 조사로 쓰이고 있다. 이는 비분리성, 즉 '치-'와 '-고' 사이에 다른 낱말이 개입될 수 없는 (ㄱ′-a′)를 근거로 들 수 있다. 또한 활용하거나 시제 선어말어미와의 결합도 어색하여 동사 '치다'의 활용형이라고 할 수가 없다. 통사상의 특징이 달리 나타나는 데 더하여 (1-ㄱ′)의 '치고'는 [-중에서]의 의미를 지녀 동사 '치다'와의 연관성이 상실되었다고 여겨진다.

    지금까지 이와 같은 예들은 동사로서의 기능만이 강조되어 동사의 활용형으로만 처리되었다. 그러나 한 낱말이 문장 내 구성성분들 사이의 관계에 따라 다양한 기능을 지니는 것은 자연스러운 일이므로 굳이 하나의 틀에 맞출 필요는 없을 듯하다. 오히려 동사의 활용형이기도 하면서 조사로도 기능하는 '치고'와 같은 예들을 인정하고 외형상 동일한 언어형식들의 변화 양상으로 이론화하는 것이 더 적절할 것이다.

이와 같이 통시적으로 변화의 과정이 증명된 예들과 달리 공시적으로 진행되고 있는 변화는 이를 인정하느냐 아니냐에 따라 동일한 대상을 다르게 설명하는 결과를 낳게 된다. 그러나 문법화의 개념을 문법 형태소로의 변화가 완결된 것만으로 제한하지 않고 문법 형태소로 변화하는 과정으로 본다면 이러한 문제는 다소 줄어들 것이다. '동사의 활용형>조사'로의 변화는 통시적으로 이미 증명이 된 사실이며 따라서 문법화가 변화 과정에서 발생할 수 있는 여러 현상들을 상정하는 개념으로 확대된다면 '치고'는 동사의 활용형이면서 조사로서의 기능도 가지게 된 예로 볼 수 있을 것이다.

결국 문법화는 동일한 외연을 지니고 있는 언어형식들을 대상으로 하여 그들이 지닌 통사적 구조와 기능상에 변화가 나타나는지를 알아보고 이러한 변화를 인정하여 서로 다른 범주에 넣는 전과정을 살펴보는 것이라 할 수 있다. 다시 말하면 원형식이 지닌 통사적 구조와 기능과는 다른, 변화된 모습을 보이는 것들은 문법화의 과정 중에 있는 것으로 처리하고, 언젠가는 그 변화가 완결되어 원형식과는 완전히 기능을 달라진 별개의 것이 될 수도 있다고 상정하는 것이다.

과정으로서의 문법화를 택하는 이와 같은 태도는 동사 '좇다'의 활용형 '좇아'의 변화 과정에 기원이 되는 어휘의 흔석을 지니고 있는 중간 단계의 예가 보이고 있는 데에서 지지를 받을 수 있다.[2]

(2) ㄱ. 力士와 百姓둘히 만히 조차 가니라. (월석 2:6)
　　ㄱ'. 쁜 바ᄅ 불휘조차 쓰니라. (금삼 2:50)
　　ㄱ". 아버지조차 가버리시면 어떻게 해요?

(2-ㄱ)은 현대어로 [(대상을)따라 급히 가다]의 의미를 가진 '좇다' 즉 '좇다'의 활용형 '조차'의 변화 과정을 보인 예로 '동사 좇다(2-ㄱ)⇒

---

2) 동사 '좇다'의 활용형 '좇아'의 변화 양상은 여러 학자들에게서 확인되고 있다. 고영진(1995) 참고

'좇다'의 동요(2-ㄱ´)3)⇒'좇다>조차'로의 변화(2-ㄱ˝)'의 모습을 보이고
있다.

따라서 본고의 문법화는 어휘 형태소가 문법 형태소로 바뀐 것만을
대상으로 하는 협의의 개념이 아니라 자신이 본래 지니고 있던 어휘
적 속성을 점진적으로 잃어 가면서, 즉 문법적 속성을 점점 더 얻어
가는 모든 과정을 포괄하는 광의의 개념으로 정의한다. 이는 문법화를
'어휘형태소에 문법 형태소의 기능이 부여되는 것'으로 보았던 **A.Meillet**
의 정의 대신 '한 형태소가 어휘형태소에서 문법형태소로 변화하는
것뿐만 아니라 덜 문법적인 것으로부터 더 문법적인 것으로 변화하는
것'으로 정의한 **J. Kurylowiez**의 견해에 따르고 있음을 말하여 주는
것이다.4)

'치고'나 '조차'는 동사의 활용형이 문법화를 겪은 예이지만, 문법
형태소로 변화한 것에는 통사적 구성을 기원으로 하고 있는 것들도
있다. 현재 어미로 분류되는 '-ㄴ지'나 '-ㄴ데' 등은 보문화소와 보문
명사가 융합되어 어미로 굳어진, 즉 명사구 보문 구성에서의 문법화가
일어난 것이다.5)

---

3) (2-ㄱ)는 동사 '좇다'의 활용형 '좇아'가 그 기능이 변화되어 조사로 쓰이고
   있다고도 볼 수 있는 예이다. 즉 (ㄱ´-a)는 '쓴 박은 뿌리까지 이어져서 쓰다'
   로 해석을 하면 동사 '좇다'의 활용형 '조차'가 쓰인 예로 볼 수도 있으나 '뿌
   리마저 쓰니라'처럼 해석하여 이미 조사로 기능이 변화된 것으로도 볼 수 있
   다.
4) '덜 문법적인 것에서 더 문법적인 것으로의 변화'에서 '문법적'이란 자립적 단
   어가 가지는 의미상의 완전성을 나타내는 '어휘적'이라는 말에 상대되는 개념
   을 나타내는 것(이상하 2000)이다. 즉 '조사, 어미, 접사'들은 자립적으로 하나
   의 의미를 가지고 있는 것이 아니라 앞의 서술어나 명사구에 지위를 부여하고
   의미를 더하기 때문에 이들은 의미상 완전성이 없어 어휘 형태소들에 비해 덜
   어휘적인, 따라서 더 문법적인 것이다.
5) 통사적 구성에서의 변화를 문법화에 넣게 되면 융합과 문법화가 구별되지 않
   아 보일 수 있다. 그러나 이지양(1988)에서 지적한 대로 융합은 기본적으로 두
   형태 이상의 결합을 전제로 하기 때문에 음절수 줄이기가 일어나 의존요소로
   재구조화되는 현상(쓰여<쓰이어, 갰다<개었다)까지 포함하고 문법화는 이런 현

  (3) ㄱ. 어디로 간 건지 도무지 알 수가 없다.
      ㄴ. 어떻게 하는 건데?

  어미 '-ㄴ지'와 '-ㄴ데'는 각각 '[[[-ㄴ]#ᄃ]+이]>-ㄴ디>-ㄴ지', '[[[-ㄴ]#ᄃ]+이]>-ㄴ디>-ㄴ데'의 과정을 거쳐 변화된 것인데, 원래는 명사구 보문 구성을 이루던 보문화소, 보문 명사 그리고 조사 '이/의'가 통합하여 하나의 형태소로 굳어진 예이다. '-ㄴ지'와 '-ㄴ데'의 형태, 통사, 의미상 특징들이 통사적 구성인 명사구 보문 구성과는 다르기 때문에 이들을 별개의 독립된 어미로 인정하는 데에는 이견이 없다.
  그러나 '-ㄹ 테'는 학자들에 따라 명사구 보문 구성으로 보기도 하고 선어말어미로 굳어진 것으로 처리하기도 한다.6)

  (4) ㄱ. a. 순이는 배가 고파서 밥을 먹으러 오던 (터였어, 터였어?, 터였구나).
        b. 선생님이 곧 오실 터라서 난 움직일 수가 없었어.
     ㄱ´. a. 나는 반드시 그 대학에 갈 테야(*갈 테야?, *갈 테구나).
        b. 내가 그 일을 반드시 해낼(*해낸, *해내는) 테니 두고봐.

  (4-ㄱ)은 [상황]의 의미를 가진 보문 명사 '터'가 쓰인 '-ㄴ/ㄹ 터이-'의 예이다. 이는 '이-'가 평서형이나 의문형, 감탄형으로 활용하는 것이 자유로운 (ㄱ-a)나 이미 일어난 일에는 (ㄱ-a)처럼 보문화소 '-ㄴ'이 오거나 아직 일어나지 않은 일일 때는 (ㄱ-b)처럼 보문화소 '-ㄹ'이 오는 것을 통해 알 수 있다.

  상을 배제한다는 점이 다르다. 즉 단순히 축약이 일어나 준말이 된 경우는 통사, 의미적으로 통사적 구성(연결형)과 다를 바가 없기 때문에 문법화의 개념에서 배제되며, 이런 점에서 융합과 문법화는 쉽게 구별될 수 있다.
6) 보문 명사 '터'의 문법화는 아직까지 사전류에서는 인정되지 않고 있어 '-ㄹ 터이-'를 명사 '터'의 하위 항목으로 넣어 설명하고 있다. 그러나 최근에 명사의 문법화를 연구한 학자들에게서 '-ㄹ테'는 선어말어미로 인정되기도 한다. 안주호(1996), 이지양(1988) 참조.

그러나 외형상으로 (4-ㄱ)과 동일하게 보이는 (4-ㄱ´)의 '-ㄹ 터이-'
는 '터'가 명사성을 잃고 선, 후행요소들과 결합하여 화자의 [의지]를
나타내고 있어 (4-ㄱ)과는 다르다. 즉 (ㄱ´-a)처럼 '이-'가 활용하지 못
하거나 오로지 (ㄱ´-b)처럼 '-ㄹ'만을 고정적으로 취하고 있고 주어의
1인칭 제약이 따르는 점, 그리고 이런 통사적 특징 이외에 화자의 태
도를 나타내는 의미로 변화되었기 때문에 '-ㄹ 터이-'는 선어말어미 '-ㄹ
테'로 기능이 변화한 것으로 처리할 수 있다. 하지만 아직까지 원래의
명사구 보문 구성과의 관련성을 완전히 상실하지 않았다는 점에 초점
을 맞추어 명사구 보문 구성의 예로 다루기도 한다.

이미 '좇+아>조차'로의 변화 과정에서도 지적했지만 변화의 과정에
는 변화 전의 모습과 변화 후의 모습이 공존하고 있는 중간단계가 존
재하고 있다. 따라서 본고에서는 보문화소 '-ㄹ', 보문 명사 '터', 그리
고 '이-'가 제약적으로 오는 환경 아래에서 자신이 지닌 본래의 통사,
의미적 특징을 잃고 한 덩어리처럼 기능하는 (4-ㄱ´)의 '-ㄹ 터이-'와
같은 예들을 문법화가 진행되고 있는 중간단계에서 나타날 수 있는
것으로 본다. 특히 이들은 외형상으로는 명사구 보문 구성과 동일하게
보이지만 각 구성요소들이 긴밀하게 결합되어 본래의 통사, 의미적 특
징들을 잃어 가고 있으므로 '통합구조체'7)라 칭하여 공시적으로 문법

7) 통합구조체는 '통합되어가는 구조물'이라는 말로, '통합'은 통합형어미처럼 구
  성요소들의 긴밀한 결합을 가리키는 말이며, '구조체'는 문법화의 원리에 따라
  여러 가지 구성요소들이 얽어서 만들어진 덩어리를 가리키는 말이다. '구조체'
  는 '구성체'로도 불리워지고 있지만 (송철의(1993:361) 정재영(1997:137) 등 참
  조) 본고에서는 인접 구성요소들이 결합되기 시작하는 단계부터 문법화에 넣
  고 있으므로 구성요소들이 묶여서 하나로 통일되는 '구성'보다는 구성요소들의
  짜인 관계만을 지칭하는 '구조'라는 개념을 택한다. 물론 이전에도 통합구조체
  라는 용어는 사용되었다. 정재영(1996)에서 통합형어미로 굳어지기 전단계의
  예를 칭하는 용어로 사용되었지만, 모든 통합구조체가 반드시 문법화를 겪지
  는 않는다는 설명이 덧붙어서 본고의 '통합구조체=문법화 과정 중'과는 다소
  차이를 가진다. 하지만 지금까지 '과정으로서의 문법화'를 설명하기 위해 설정
  된 '형태, 통사적 단계'나 '접어' 등의 용어보다는 문법화의 중간단계를 잘 드
  러낼 수 있다고 생각하여 '문법화과정 중인 명사구 보문 구성'을 가리키는 용

화가 진행되고 있음을 보여주는 예로 제시한다.

지금까지 살펴본 내용을 정리하면 다음과 같다.

> **문법화** ; 개별적이고 실질적인 의미를 가진 낱말(들)이 본래의 어휘적 기능을 잃어버리고 의존적이고 좀더 문법적인 기능을 가진 것으로 변화하는 현상.

> **통합구조체** ; 통사적 구성을 이루던 낱말들이 특정한 환경에서 인접 구성요소들과 긴밀하게 결합되어 원래 가지고 있던 통사, 의미상의 특징에 변화를 가져온 것. 이는 통사적 구성이 공시적으로 문법화 과정에 있음을 보여줌.

그런데 위의 정의처럼 통합구조체가 되면서 문법화가 시작되었다고 보기 위해서는 먼저 통사적 구성을 이루던 낱말들이 통합구조체의 구성요소로 변화하면서 지니게 된 통사, 의미적 특징과 통사적 구성을 이루던 낱말들이 통합형 어미로 굳어지면서 지니게 된 통사, 의미적 특징과 일치하는지의 여부를 살펴보아야 할 것이다. 공시적으로 문법화 과정 중에 있다고 생각되는 예들이 지닌 통사, 의미적 특징들이 통시적인 자료들에 의해서 입증될 수 있다면 문법화 과정을 밟고 있음이 좀더 확실해지기 때문이다.

그러므로 우선적으로 명사구 보문 구성을 기원으로 하지만 문법화 과정을 겪어 문법 형태소로 변한 것을 중심으로 하여 그들이 문법화 과정에서 가지게 된 특징들이 무엇인지를 알아 볼 것이다. 그리고 명사구 보문 구성 이외의 통사적 구성에 기원을 두고 있는 문법 형태소들이 변화 과정상에서 지니게 된 특징들도 함께 제시하여 미흡한 점을 보완할 것이다.8) 이 모든 작업은 공시적으로 나타나고 있는 문법

어로 통합구조체를 택하였다.

8) 서태룡(1988)에서는 동일한 구성요소로 이루어진 '-어 잇-'과 '-엇-'의 경우처럼 공시적으로 분리형과 비분리형이 함께 존재할 때 '-엇'과 같은 비분리형은 경

화 현상을 좀더 설득력 있게 기술하기 위해 필요한 일이다.

2.2. 문법화의 판별 기준

문장 내 성분들의 관계를 살려주는 문법 형태소들 즉 조사, 접사들의 목록을 검토하여 보면 명사에서 기원된 것들을 다수 볼 수 있다. 명사가 개별적, 실질적 의미를 잃어버리고 문법 기능을 담당하는 문법 형태소로 변화한 것으로 문법화 과정을 겪은 예들이다.

그런데 문법화의 결과 어미로 변화한 것들 중에는 통사적 구성 즉 명사구 보문 구성에 기원을 두고 있는 것도 다수 존재한다. 의존 명사 '드/ 스'를 구성요소로 하는 것으로 보이는 예들이 대표적이다

> (5) ㄱ. a. 아줄하야 <u>모라논 디</u> 어린 아희 곧도다. (남명 하:30)
>   b. 세존이 수달이 올 <u>똘</u> 아르시고. (석보 6:20)
>   ㄱ´. 아모 고디 <u>간디</u> 모르노이다. (월석 21:27)
>   ㄴ. 이건 귀한 거라 손님 <u>대접하는 데</u> 쓰는 거야.
>   ㄴ´. 그 사람 정직하게 대하기는 <u>하는데</u> 웬지 좀 꺼려지는 게 나도 잘 모르겠어.

계가 소멸한 것으로 인식된다고 하였다. 여기에는 중간단계인 '-엣-'은 포함되지 않는다. 그러나 '-엣-'은 '-어 잇-'과 어미군의 분포에서 차이가 발생하고 있는 것(한동완 1986 참조)처럼 분포의 제약과 의미의 변화가 시작되는 문법화 초기 단계, 즉 '-엇-'으로 넘어가기 위해 겪는 통합구조체 단계로 볼 수 있다. 이는 앞서 살핀 대로 긴밀한 관계를 형성하여 통합구조체를 이룰 수 있다는 점에 먼저 주목한다. 즉 -엣-'은 부사형어미로 '-게/-지/-고'를 택하지 않고 오로지 '-어'만 필요로 한다는 점, 그리고 후행 서술어로도 '-잇'만이 요구되는 분포의 협소화를 지니고 있어서 통합구조체로 볼 수 있다. 그리고 이는 '-어 잇-'과 어미의 분포가 서로 다른 데에서 보이듯이 통합 환경의 변화가 일어나고 있고 '-어'와 '잇-' 사이에 다른 요소들이 끼어들거나 휴지를 둘 수 없는 비분리성도 함께 나타나고 있다. 결국 '-엣-'을 '-엇-'으로 어미화되기 전에 거치는 통합구조체 단계로 설정하는 것이 가능함을 알 수 있으며 따라서 통합구조체의 설정은 명사구 보문 구성뿐만 아니라 모든 대상에 확대 적용될 수 있다고 할 수 있겠다.

(5-ㄱ, ㄱ′)은 '-ㄴ디'가 동일하게 나타난 문장으로 '디'를 '의존 명사 두+조사 이>디'로 보아야 할지 아니면 어미 '-ㄴ디'의 한 구성요소로 보아야 할지 그 구별이 쉽지가 않다. 그러나 서술어의 통사범주상 보문 명사가 필요한지의 여부가 결정되는 것이므로 서술어와 보문 명사와의 관계를 따져보면 가능하다.

먼저 (5-ㄱ)은 '모르는 것이 어린아이와 같도다' 정도로 해석할 수 있는 문장이다. NP1 '두'와 NP2 '어린아히'를 설정할 수 있고 NP1인 '두(현상)'가 NP2인 '어린아히'에서 구체화되는 것이 '같다'를 서술어로 하는 명사(구)들의 관계에서 자연스러운 일이므로 '디'는 '두+이'와 같이 분석되어 (5-ㄱ)은 보문 명사 '두'가 쓰인 문장이라 할 수 있다.

그러나 (5-ㄱ′)는 이와는 사정이 다르다. 이는 현대어로 '어느 곳에 갔는지 모릅니다'정도로 해석할 수 있는 문장으로 이때 '디'는 서술어 '모르다'의 목적어 자리에 위치하고 있다. 그러나 인지동사 '알다/모르다'가 명사구 보문을 목적어로 취할 경우에는 (ㄱ-b)와 같이 목적격 조사가 후행하는 '뚤(두+을)'로 실현되어야 하는데, (5-ㄱ′)에서는 '디'가 실현되고 있다. 이 문장은 '디'가 '모르다'와 호응을 이루는 명사구가 아니므로 비문이 되어야 하는데 15세기에 자연스럽게 쓰이고 있어서 '니'의 기능이 변화되었음을 짐작케 한다.9)

---

9) '-ㄴ디 알-/모르-'의 구문의 '-ㄴ디'는 논자에 따라서 하나의 어미로 보는 견해와 명사구 보문 구성으로 보는 견해로 갈린다. 허웅(1975)은 이 구문에서 '디'는 주어 기능을 하지 않기 때문에 '의존 명사 '두'+ 조사 '이'>디'로 보지 않고 별개의 의존 명사 '디'가 존재하는 것으로 파악했다. 이 견해에 의하면 '-ㄴ디 알-/모르-'구문의 '-ㄴ디'는 '보문화소 ㄴ#의존 명사 디'로 분석되어 명사구 보문 구성이 되는 것이다. 이현희(1992)는 '[[[ㄴ]#두]+ ㅣ] > [-ㄴ디] > -ㄴ디'의 과정을 설정하고 어미로 변화하였음을 제시하였다. 그리고 '혼디 알-/모르-'를 대상으로 하여 선행절의 '혼디'의 '디'가 '의존 명사 두+조사 이'로 분석되면 명사구 보문이고 '하+ㄴ디'로 분석되면 '디'가 어미의 일부분으로 변한 부사절이라고 했다. 이들은 외형상으로는 동일하기 때문에 구별하기가 쉽지 않은데, 그는 '-혼디 알-/모르-'의 '혼디'가 '혼가 알-/모르-'나 '혼고 알-/모르-' 등 의문형식과 관련된 것이면 어미로 변화한 것으로 파악된다고 하였다.
그러나 허웅(1975)처럼 의존 명사 '디'를 설정하는 것은 '알다/모르다'가 서술

　　결국 타동사 '알다/모르다'의 목적어 자리에 나타나지만 목적격 조사 없이 쓰인 '듸'는 이미 보문 명사로서의 기능을 잃고 관형형어미와 함께 통합하여 어미 '-ㄴ디'로 기능이 전이되어 있다고 할 수 있겠다.

　　외형상으로 보아서는 문법화된 것인지 명사구 보문 구성인지 알 수 없는 이러한 현상은 현대국어에서도 나타난다. (5-ㄴ, ㄴ´)는 띄어쓰기를 무시하고 보면 외형상 동일하게 '-는'과 '데'가 연이어진 문장으로 보인다. 그러나 (5-ㄴ)는 [경우]의 의미를 가진 보문 명사 '데'가 쓰인 예이며, (5-ㄴ´)는 [양보]의 의미를 가진 어미 '-는데'가 쓰인 예이다. 이는 '데'에 조사 '-나'가 후행하였을 때 (5-ㄴ)은 '손님 대접하는 데나 쓰는 거야'로 쓸 수 있는 데 비해 양보의 어미 '-ㄴ데'는 '*정직하게 대하기는 하는데나 웬지 좀 꺼려지는 게'처럼 자연스럽지 못한 문장이 됨에서 알 수 있다.

　　이와 같이 통사적 구성의 명사구 보문 구성과 표면적인 형태상의 동일성 또는 형식상의 관련성이 보이는 어미들은 그 기원을 예측할 수 있어서 통사적 구성이 형태적 구성으로 굳어진 것, 통시적으로 문법화 과정을 거쳐 생성된 어미로 볼 수 있다. 즉 통사적 구성이 특정한 환경에서 인접한 구성요소 간의 통합관계의 긴밀성 등으로 인하여 통합구조체로 인식되고, 이 통합구조체 내에서 단어 및 형태소 경계가 소멸하면서 하나의 어미로 굳어진 것이라 할 수 있다.

　　이 논리에 따르면 통사적 구성이 단일형태소로 변화하는 문법화 과정에 있는지의 여부는 특정한 환경이나 인접한 구성요소간의 긴밀성을 확인할 수 있는 통사적 특징을 설정하는 데서부터 시작할 수 있을 것이다.

어에 나온 문장에서만 나타나는 특수한 의존 명사 '디'의 존재를 인정해야 하는 데다가 '-ㄴ둘'이나 '-ㄴ뎌' 등 일련의 어미들에서 나타나는 의존 명사 '듸'의 존재, 그리고 이들의 상관성을 자연스럽게 설명해 주지 못하기 때문에 현재로서는 어미의 일부분으로 변한 '듸'로 보는 것이 적절하다고 생각한다. 즉 본 연구에서는 이현희(1992)의 의견대로 '-ㄴ지'가 보문 명사 구성의 '-ㄴ#디'와 형태구성의 '-ㄴ디'로의 문법화 과정을 경험한 어미 '-ㄴ디'로 각각 쓰였다고 보아서 위의 예들은 어미 '-ㄴ디'의 예로 처리하고 있다.

1) 구성요소들의 긴밀성

1 의존 요소화

외형상 명사구 보문 구성으로 보일지라도 구성요소들이 긴밀하게 결합된 특정한 환경을 이루고 있는지 알아보는 것은 지금까지 문법화되어 어미로 굳어진 예들이 일부 제한된 환경에서 이루어졌음을 상기할 때 필요한 조건이라 할 수 있다.

명사구 보문 구성에서 하나의 어미로 굳어진 예들을 찾아보면 앞에서 본 예와 같이 의존적인 '드', '스' 그리고 '것'이 보문 명사로 사용되었음을 알 수 있다.

(6) ㄱ. a. 奇는 神奇홀씨오 特은 느미 므리예 뜨로 <u>다룰씨라</u>. (석상 6:7)
　　　 b. 사로미 이러커늘사 아들올 여희리잇가 처권 드외여 셜ㅸ미 <u>이러홀쎠</u>.
　　　 c. 아바님 命엣 절을 天神이 <u>말이ᅀᄫᆞᆯ씨</u> 天中天이 일훔이시니. (월곡 상:12)
　　 ㄴ. a. 이 相公이 <u>軍인디</u> 아노니 甲 니븐 ᄆᆞ론 구루미 답사혯는 둣도다. (知是相公軍 鐵馬雲霧積) (두초 7:25)
　　　 b. 내 衆生의 아비 <u>드외야시란디</u> 그 苦難올 ᄲᅡ혀 無量無邊ᄒᆞᆫ 佛智慧樂을 주어 노녀 노롯게 호리라. (我爲衆生之父ㅣ란디 應拔其苦難ᄒᆞ야 與無量無邊佛智慧樂ᄒᆞ야 令其遊戲케 호리라) (법화 2:86)
　　　 c. 이제 이 經은 頓ㅅ <u>類ㄴ뎌</u>. (今此經者ᄂᆞᆫ 頓之類歟ㄴ뎌) (원각서:50)
　　 ㄷ. a. 내가 먼저 나서서 한다고 할걸.
　　　 b. 내가 알아서 할게, 걱정마.

(6-ㄱ)는 의존 명사 '스'가 선, 후행요소들과 통합하여 종결어미로 굳어진 경우의 예를 든 것으로 '-ㄹ씨라'(ㄹ+스+이라) '-ㄹ쎠'(ㄹ+스+이여) 그리고 '-ㄹ씨'(ㄹ+스+이)가 있다.10) 통합형 어미를 이룬 것들은 보문

화소나 의존적인 보문 명사 그리고 어미·조사들로, 모두 서로가 서로를 필요로 하는 의존적인 요소들로 이루어졌음을 알 수 있다.

(6-ㄴ)은 '듯' 명사구 보문이 기원이 된 예로 '[[[ㄴ] # 듯] 이] > -ㄴ디', '[[[ㄴ] # 듯] 의]> -ㄴ딋' 그리고 '[[[ㄴ] # 듯] 이(여)]> -ㄴ뎌'와 같이 변화하였다. 이들 역시 기원이 되는 통사적 구성이 보문화소, 의존적인 보문명사, '아' 또는 조사와 같이 모두 의존적인 요소로 이루어져 있어서 구성요소들이 긴밀하게 결합되어야 하는 제약을 받고 있다고 할 수 있다.

이는 현대국어에서 반말의 종결어미로 분류되는 (6-ㄷ)의 '-ㄹ걸'이나 '-ㄹ게'에서도 발견된다. (6-ㄷ)은 'ㄹ+것+을>-ㄹ걸' 'ㄹ+것+이->-ㄹ게'와 같이 변화과정을 상정할 수 있는데, 두 종결어미 모두 보문화소, 의존 명사 그리고 조사와 같은 의존적인 요소들이 통합되어 어미로 굳어진 경우이다.

각 구성요소들끼리 긴밀한 관계를 유지할 수 있는 의존적 요소들로 된 명사구 보문 구성이 문법화 과정을 거치기에 용이하다는 점을 상기할 때,11) 구성요소들의 의존성 여부를 검토해 보는 것이 문법화 과정에 들어섰는지를 가름하는 한 방편이 될 수 있다고 할 수 있다.

② 제한적 공기관계

다음으로 명사구 보문 구성을 이루던 보문화소, 보문 명사 그리고 후행 요소들이 긴밀한 관계를 유지하여 통합형 어미가 생겨났기 때문에 인접한 구성요소들이 긴밀하게 통합되려면 구체적으로 어떤 조건

---

10) 중세에부터 이미 '스'는 의존 명사로서의 기능을 잃고 통합형어미의 구성요소가 되었는데, 현재에는 이마저도 쓰이지 않고 있다.

11) Lehmann(1982)에서도 문법화의 원리로 '결속성(cohesion)'을 지적하였다. 결속성이란 어떤 언어형태가 나타나는 환경에서 그 주변에 있는 것에 서로 이끌리는 것으로 결속성이 클수록 자립성 정도는 약해진다. 그러므로 의존성을 알아보는 것은 필요한 조건이라 할 수 있다.

들이 필요한지를 살펴보겠다.

통합형 어미는 이미 하나의 형태소로 굳어진 것이기 때문에 구성요소 중 어느 하나를 대체할 수 없다. 즉 하나의 구성요소가 다른 하나를 필수적으로 요구함으로써 발생하는 '제한적 공기관계'를, 긴밀하게 통합되어 있는지 그 여부를 알아보는 조건으로 세울 수 있다.12)

> (7) ㄱ. a. 衆生들히 種種 欲과 기픈 무수미 <u>着혼 둘</u> 아라. (월석 11:116)
>   aʹ. 衆生들히 種種 欲애 기피 <u>貪着혼 줄</u> 아라. (석보 13:55)
> ㄱʹ. a. 즈걋 모미 비록 知慧 <u>불ㄱ신둘</u> 世間애 므스기 有益ㅎ랴.
>   (석보 39-40)
>   aʹ. *즈걋 모미 비록 知慧 <u>불ㄱ신줄</u> 世間애 므스기 有益하랴.
> ㄴ. a. 이건 귀한 손님 <u>대접하는 데에</u> 사용하는 거야.
>   aʹ. 이건 귀한 손님 <u>대접하는 (경우/때/곳)에</u> 사용하는 거야.
> ㄴʹ. a. 그 녀석이 가고 싶다고 <u>했는데도</u> 돈이 없어서 못 보냈어.
>   aʹ. *그 녀석이 가고 싶다고 <u>했는 (경우/때/곳)도</u> 돈이 없어서 못 보냈어.

(7-ㄱ)은 '知諸衆生의 有種種欲과 深心所着ㅎ야'라는 같은 원문을 각기 달리 표현한 문장의 예이다. (ㄱ-aʹ)는 《석보상절》에서 '貪着혼 줄'로 언해하였는데, 《월인석보》에서는 (ㄱ-a)처럼 'ᄃ' 명사구 보문구성 '착혼 둘'로 언해하였다. 동일 원문을 대상으로 번역한 문장에서 의미의 변화없이 대치할 수 있다는 것은 (7-ㄱ)의 '줄'과 'ᄃ'가 동일한 통사, 의미론적 기능을 지니고 있다는 것을 의미한다. 즉 'ᄃ'와 '줄'은 '알라'의 목적어 자리에 나타나 보문 명사로서 제 기능을 다하고 있어서 서로 의미의 변화없이 대치될 수 있다.13)

---

12) 이는 결국 '다른 어휘들과 자유롭게 대치될 수 없는 고정적인 결합양상을 바탕으로 하는 연어(collocation)'에서 문법화가 시작된다는 Hopper(1998)의 의견과 동일하다.

     "grammaticalization starts as collocation and contextually bound forms become habitual and hence routinized, released from their restricted context"

13) 이 예문은 징새영(1996)에서 옮긴 것이다. 의존 명사 'ᄃ'의 문법화 현상만을

그러나 (7-ㄱ´)의 '-ㄴ 둘'의 '둘'는 의존 명사 '둘'가 아니다. '둘'는 목적어를 요구하는 서술어가 없는 데도 나타난 것에서 알 수 있듯이, 이미 어미 '-ㄴ둘'로 기능이 변한 것이다. 그러므로 (ㄱ´-a´)와 같이 '둘'를 보문 명사 '줄'로 대치시키면 부자연스러운 문장이 된다. 이는 현대국어에서도 마찬가지여서 보문 명사 '데'는 (7-ㄴ)에서 '때, 경우' 등 다른 명사의 대치가 가능한 데 비해, 어미로 변한 '-ㄴ데'는 다른 의존 명사로 대치하였을 때 (ㄴ-a´)처럼 자연스럽지 못한 문장이 된다.

지금까지 외형상으로 명사구 보문 구성과 동일한 통합형 어미들을 구별할 수 있는 특징으로 고정된 구성요소들이 서로를 제한적으로 공기하고 있음을 들 수 있었다. 따라서 문법화 과정에 들어섰는지를 판별하기 위해서는 의미가 같은 명사로의 대치가 가능한지를 알아보아야 할 것이다.

③ 비분리성

'보문화소+보문 명사+후행요소'가 통합되어 단일형태소가 된 경우, 이들은 구성요소 사이의 공고한 결합을 바탕으로 하고 있으므로 구성요소들 사이에 다른 형태소를 넣어 분리시킬 수 없다.

> (8) ㄱ.　a.　워낙 비싸서 아주 유명하다는 데나 입고 가려고 넣어뒀어.
> 　　　　a´.　워낙 비싸서 아주 유명하다는 강남의 모 레스토랑 같은 데 나 입고 가려고 넣어 뒀어.
> 　　ㄱ´.　a.　그 녀석이 가고 싶다고 했는데 돈이 없어서 못 보냈어요.
> 　　　　a´.　?그 녀석이 가고 싶다고 했는 강남의 모 레스토랑 같은 데 돈이 없어서 못 보냈어요.

(8-ㄱ)은 보문 명사 '데'가 쓰인 문장이다. 이는 (ㄱ-a´)와 같이 보문 화소와 보문 명사 사이에 다른 어휘를 넣어서 '데'를 수식, 보충하는

더 자세하게 보려면 정재영(1996)을 참조할 것.

구로 재구성하여도 자연스러운 문장이 된다. 그러나 이미 어미로 변한 '-는데'는 '-는'과 '데' 사이에 다른 어휘를 넣어서 '데'를 수식하면 (ㄱ´-a´)처럼 비문이 된다.

문법화 과정을 밟아 하나의 형태소로 굳어진 것들은 구성요소들 사이에 다른 요소를 넣을 수 없는 특징을 보인다. 따라서 긴밀하게 결합되어 있는지를 보여줄 수 있는 특징으로 구성 요소들의 분리불가능성을 내세울 수 있을 것이다.

2) 구성요소들의 범주의 변화

문법화 과정을 겪어 새로운 문법 형태소로 바뀐다는 것은 이들 통합형 어미의 구성요소들이 명사구 보문 구성에서 가지고 있었던 특징을 더 이상 가지지 않게 되었다는 것을 의미한다. 즉 통합형어미의 각 구성요소들은 명사구 보문 구성에서의 범주에서 벗어나게 되는데, 이는 명사구 보문 구성에서 어미로 변한 '-ㄴ둘'의 '-ㄴ', '두' 그리고 '-을'이 보문화소, 보문 명사 그리고 목적격 조사로서의 기능을 가지지 않고 있다는 것에서 알 수 있다.

> (9) ㄱ. 세존이 수달이 올 뚤 아르시고. (석보 6:20)
> 　　ㄱ´. 즈걋 모미 비록 知慧 불ㄱ신둘 世間애 므스기 有益ㅎ랴. (석보 24:39-40)

(9)의 예는 이미 앞서 제시되었던 것을 재인용한 것인데 (9-ㄱ)은 보문 명사 '두'가 나온 명사구 보문 구성이고 (9-ㄱ´)는 어미 '-ㄴ둘'이 쓰인 문장이다. 그런데 (9-ㄱ´) '불ㄱ신둘'의 '두'는 (7)에서 보였듯이 의미가 비슷한 보문 명사 '줄'로 대치시킬 수 없을 만큼 보문 명사로서 기능을 가지고 있지 않다.14) 명사가 명사로서의 쓰임을 보이지 않으므로 당연히 보문화소도 선행절을 이끌어 보문 명사를 수식하는 본

래의 문법적 기능을 가지지 않게 된다. 또한 '-ㄹ'도 호응하는 서술어가 존재하지 않으므로 목적격 조사로서의 쓰임을 상실하고 있는 경우라 할 수 있다. 이는 (9-ㄱ) '둘'의 'ㄷ'이 '아르다'와 호응을 이루는 것과 비교하면 분명해진다.

결국 (9-ㄱ´)의 '-ㄴ 둘'은 명사구 보문 구성의 (9-ㄱ)처럼 보문화소, 보문 명사, 조사로서의 기능을 가지지 않아 문법화되면서 자신들의 고유한 범주에서 벗어나고 있음을 말해 주는 것이다.

따라서 문법화 과정을 밟고 있는지의 여부는 각 구성요소들이 자신의 고유 범주에서 벗어나고 있는지를 살펴보면 알 수 있을 것이다. 즉 각 구성요소들은 문법화되면서 명사구 보문 구성에서 지녔던 특징과 다른, 예외적 특징들을 갖게 될 것이므로, 이를 확인하여 문법화 과정을 밟고 있음을 보여주는 근거로 생각해 볼 수 있을 것이다.

① 보문화소의 변화

현재 논의의 대상은 외형상으로는 '보문화소+보문 명사+이-'로 구성된 명사구 보문 구성처럼 보이는 통합구조체이다. 그러므로 각 구성요소들이 문법화 과정을 밟는 통합관계를 형성하는지의 여부는 통합구조체를 이루는 각 구성요소들이 명사구 보문 구성에서 보이는 통사적 특징들을 가지고 있는지를 살핌으로써 알 수 있다.

우선 통합형 어미의 한 구성요소로 변한 경우에 명사구 보문 구성에서의 보문화소와 다른 점이 있는지부터 알아보면 다음과 같다.15)

---

14) 앞서 제한적 공기관계에서 '대치불가능성'을 들었는데, 보문 명사였던 것이 통합형 어미의 한 구성요소로 바뀌면서 대치되지 않는 현상은 '구성요소들의 범주의 변화'에도 해당된다 할 수 있다. 그러나 어느 부분에 제시되었는지는 그다지 중요한 것이 아니다. 통사적 구성의 명사구 보문이 이 원리를 지키고 있는지의 여부가 문법화를 설명하는 데 더 중요한 것이므로 본 논문에서는 대치불가능성을 분리불가능성과 함께 '구성요소의 긴밀성'의 소항목으로 처리하였다.

(10) ㄱ. a. 내가 확인해 보겠다고 <u>하는데도</u> 필요없다고 성질만 내더라니까.
　　　　a′. 내가 확인해 보겠다고 <u>했는데도</u> 필요없다고 성질만 내더라니까.
　　　　a″. *내가 확인해 보겠다고 <u>한데도</u> 필요없다고 성질만 내더라니까.
　　ㄱ′. a. 이건 비싼 거라 귀한 손님이 <u>오시는</u> 데서나 볼 수 있어.
　　　　a′. *이건 비싼 거라 귀한 손님이 <u>오셨는</u> 데나 볼 수 있어.
　　　　a″. 이건 비싼 거라 귀한 손님이 <u>오신</u> 데서나 볼 수 있어.

(10-ㄱ)은 어미 '-는데'의 예인데 선행 보문이 과거의 사실일 경우에 (ㄱ-a″)처럼 보문화소를 '-ㄴ'으로 바꾸면 어색하다. 대신 (ㄱ-a′)처럼 '-었-'을 선접시키고 있다. 이는 아래의 보문 명사 '데'가 나온 문장과 대조되는 면이다. (10-ㄱ′) 보문 명사 '데'가 쓰인 문장은 보문절의 내용이 과거임을 나타날 때 (ㄱ′-a″)와 같이 보문화소 '-ㄴ'을 택해야 자연스럽고 과거 시제 선어말어미 '-었-'을 선접시킨 (ㄱ′-a′)는 어색한 문장이 된다.

이러한 현상은 근대국어에서도 발견되고 있다.

(11) ㄱ. a. 어제 일본 비 두 척이 <u>건너왓는디.</u>
　　　 b. 므슴 ㅅㅅ 길노브터 미품ᄒ고 <u>드러왓습는디.</u>

위 문장은 『첩해신어』에서 인용한 것으로 (ㄱ-a)의 서술어 '건너왓는디'는 '건너+오+앗+는디'로 분석된다. '어제'에서 알 수 있듯이 과거의 일을 말하고 있는데, 이를 나타내기 위해 과거의 선어말어미 '-엇'이 '-는' 앞에 선접하고 있음을 볼 수 있다. 과거에 있었던 일은 보문화소 '-ㄴ'을 택하여 '건너온디'로 써야 하는데 이 대신 과거 시제 선어말어미 '-엇-'이 선접되는 것은 이 문장의 '-는'이 보문화소가 아니

---

15) 이는 고영근(1989)에서 의존 명사가 통합형어미로 변한 경우와 명사구 보문 구성의 보문 명사로 나타난 경우를 가름하는 기준으로 제시되었다. 그리고 이는 이현희(1982)외 다수 학자들도 지적하였다.

라 통합형어미 '-눈디'의 일부분임을 말해주는 것이다.

이는 (ㄱ-b) '-눈다' 역시 마찬가지이다. 외형상으로는 보문화소와 보문 명사 '드' 그리고 조사 '-이'로 이루어진 문장으로 보이지만, 그 앞에 선어말어미 '-엇-'이 선접하여 과거의 사실을 표현한다는 것은 이것이 명사구 보문 구성이 아님을 말해주는 것이다. 따라서 '-눈'은 보문화소가 아니라 통합형어미의 한 구성요소라 할 수 있다.

이처럼 시제에 따라 보문화소를 달리 선택하던 명사구 보문 구성과 달리 통합형 어미들은 시제 선어말어미를 선접시키는 방식으로 나타나기 때문에 문법화의 여부를 보기 위해서는 사건이 일어난 시간에 따라 보문화소가 달리 선택되는지를 살펴보는 것이 필요하다.[16]

또한 시제에 따라 보문화소가 달리 선택되어지는 명사구 보문 구성과 달리 통합형어미는 '-ㄴ/ㄹ/는' 중 오로지 하나만이 고정적으로 통합되어 있음도 볼 수 있다. 15세기에 [양보]의 접속어미로 이미 기능이 바뀌었던 '-ㄴ둘'도 '-ㄹ'이나 '-는'과는 통합되지 않고 오로지 '-ㄴ'과만 통합되는 특징을 지니고 있다.

> (12) ㄱ. a. 一切 諸佛이 이 經 브터 나샨 둘 알리니. (金剛 서:6)
>   b. 그 비구 이 ᄒᆞ마 주긇 둘 알오. (釋詳 24:15)
>   c. 성문 피지불둘히 모미 뮈는 둘 몰라. (釋詳 11:15)
> ㄱ´. a. 하ᄂᆞ히 ᄀᆞᆯ히어시니 누비중 아닌둘 海東黎民을 니ᄌᆞ시리잇가. (龍歌21)

---

16) 이는 어미로 변한 '-다니'가 원래의 구문과 달리 보문화소가 쓰이지 않는다는 사실과 동일한 선상에서 설명된 것이다(이지양 1993).

  (1) ㄱ. a. 이 일을 다 해치운다고 하니, 너한테 놀랐다.
      b. 이 일을 다 해치운다니, 너한테 놀랐다.
   ㄱ´. a. *이 일을 다 해치우다고 하니, 너한테 놀랐다.
      b. 이 일을 다 해치우다니, 너한테 놀랐다.

  (1-ㄱ´)는 단일 형태소 '-다니'의 예인데, 이는 (1-ㄱ)처럼 '-ㄴ다고 하니>-ㄴ다니'와 같이 축약되지 않고 '-다니'로 나타난다. 오히려 원래대로 복원한 (ㄱ´-a)는 비문이 되어 '-다니'가 더 이상 '-ㄴ다고 하니'의 축약형이 아님을 알 수 있다.

(12-ㄱ)은 보문절의 시제가 과거인지, 미래인지, 현재인지에 따라 보문화소 '-ㄴ/-ㄹ/-는'을 선택하는 명사구 보문 구성의 예이다. 그러나 문법화하여 어미로 변한 경우에는 (12-ㄱ´)처럼 '-ㄴ'이 통합된 '-ㄴ들'만이 존재하고 있다.17) 이와 같이 통합되는 구성요소가 고정적으로 쓰여 그들 사이의 통합관계가 더욱 긴밀해짐에 따라 문법화의 진행을 자연스럽게 촉진하였던 것으로 보인다.

② 보문 명사의 변화

명사구 보문 구성에서 보문 명사로서의 기능을 가졌던 것들은 문법화를 겪어 통합형어미의 한 구성요소로 바뀌면 명사로서의 기능을 잃게 된다. 즉 여러 문장 성분으로 자유로이 쓰일 수 있다거나 복수의 접미사 '-들'이 접미할 수 있는 등의 특징이 나타나지 않게 된다.

보문 명사 '판'이 의존적으로 쓰여 선, 후행요소와 긴밀하게 결합되는 '-ㄹ 판이-'는 '판'이 아직까지 명사로서의 기능을 잃지 않고 있는 경우인데, 이를 예로 들어 설명하면 다음과 같다.

(13) ㄱ. a. 재가 원래 정작 마음껏 놀아도 되는 판에서는 얌전한 체하고 있는 사람 아니냐?
　　　b. 판이 벌어지고 사람들이 몰려들기 시작했다.
　　ㄱ´. a. 여기 저기 돌아 다녀야 <u>할 판이야</u>.
　　　b. *<u>판이</u> 여기 저기 돌아 다녀야 하거든.

---

17) 박승윤(1999)에서는 구체적인 의미를 가진 명사들이 추상적이고 특정한 것으로 바뀌면서 공기할 수 있는 보문화소 역시 제한되었기 때문에 이러한 현상이 생겨났다고 보았다. 이에 따르면 명사의 범주가 변화됨에 따라 그 앞에 오는 보문화소 역시 본래의 범주에서 벗어나게 되었다고 할 수 있다. 본 연구에서도 문법화 과정에 들 수 있는 전제조건으로 '보문 명사의 의존화'를 들었으므로 박승윤(1999)과 같은 입장에 있다고 할 수 있다. 즉 논의 대상인 '보문화소+보문 명사+이-'에서 보문 명사만 의존적인 요소로 바뀌게 되면 선, 후행요소들과 결합되어 문법화 과정에 들어갈 자격을 갖추게 되는 것이므로 명사의 변화가 문법화를 견인하였을 것이라는 해석이 가능해진다.

(13-ㄱ)은 [상황]의 의미를 가진 보문 명사 '판'이 쓰인 예인데, (ㄱ-b) 처럼 '판' 홀로 쓰여도 자연스러운 것처럼 선, 후행요소들과 긴밀하게 결합되지 않은 경우이다. 그러나 (ㄱ′-a) '-ㄹ 판이-'의 보문 명사 '판' 은 의존적이며 따라서 선, 후행요소들과 긴밀하게 결합되어 있다. 이는 (ㄱ′-a)처럼 보문화소와 후행용언 '이-'와 함께 있으면 자연스럽고 보문 명사 '판'이 홀로 쓰인 (ㄱ′-b)는 어색한 문장이 된 것에서 알 수 있다.

그러나 (13-ㄱ′) '-ㄹ 판이-'의 '판'은 아직까지 명사로서의 기능을 잃지 않아 다양한 문장 성분으로 쓰일 수 있고 복수의 접미사 '들'도 접미할 수 있다.

    (14) ㄱ. a. 자기 몸 하나도 단속 못해 쩔쩔맬 <u>판인데</u>, 너까지 더하라고?
              b. 자기 몸 하나도 단속 못해 <u>쩔쩔맬 판에</u> 너까지 이러면 어떻해?
              c. 다들 거들어 줘야 <u>할 판들인데</u>, 고춧가루를 뿌려대니, 원.

(14)는 의존적인 보문 명사 '판'의 예로, '이-'의 보어뿐만 아니라 조사 '-에'가 후행하여 부사절로 재구성되기도 한다. 또한 (ㄱ-c)처럼 복수의 접미사 '들'이 결합할 수 있어 명사로 가능함을 알 수 있다. 이에 비해 통합형어미 '-ㄹ걸'의 '것'은 명사로서의 기능을 잃고 통합형 어미의 한 구성요소가 되었으므로 보문 명사 '것'과 달리 다른 문장 성분으로도 쓰이지 않고 복수의 접미사 '-들'도 접미하지 않는다.

    (15) ㄱ. a. 이 사람이 가장 못하는 <u>걸</u> 말해 봐.
              b. 이런 것들이 이 사람이 가장 못하는 <u>것이라고</u> 생각했어.
              c. 이 사람이 가장 못하는 <u>것들을</u> 모두 대 봐.
       ㄱ′. a. 그렇게 해도 이 사람이 가장 <u>처지는걸.</u>
              b. 그렇게 해도 이 사람이 가장 처지는 <u>것이라고</u> 생각했어.
              c. 그 사람이 가장 처지<u>는 것들이</u> 이런 이런 종목들이란 말이지?

(15-ㄱ)은 보문 명사 '것'이 쓰인 문장으로 '이-'의 보어로도 쓰이고 복수의 접미사 '-들'이 후접하기도 한다. 그러나 통합형어미로 굳어진 '-ㄹ걸'의 '것'은 이와 다른 모습을 보인다. (ㄱ´-b)처럼 다른 문장성분으로 고쳐 쓰거나 (ㄱ´-c)처럼 복수의 접미사 '들'이 접미하는 것이 불가능하다. 이 문장이 자연스럽게 느껴지는 것은 '것'이 [物(thing)]의 의미를 가진 보문 명사로 쓰였을 때일 뿐, '-는'과 통합되어 화자의 생각이나 느낌을 반말로 확인서술하는 통합형 어미의 일부분인 경우는 자연스럽지 못하다.

지금까지 본 것처럼 명사구 보문 구성의 보문 명사와 달리 통합형 어미의 일부분이 된 경우에는 다른 문장 성분으로 재구성되는 것이 자연스럽지 않거나 복수의 접미사 '-들'이 접미하지 않는 등 명사로서의 특징을 잃고 있었다. 따라서 문법화 여부를 판별하기 위해서는 이러한 특징들을 근거로 보문 명사로서의 기능을 수행하고 있는지를 살펴야 할 것으로 보인다.

③ '이-'의 변화

마지막으로 '이-'의 형태, 통사적 특징을 살펴 보고,18) 명사구 보문 구성에서 통합형 어미로 문법화된 경우의 '이-'의 특징을 비교하여 이 차이를 문법화 여부를 보여주는 기준으로 설정할 것이다. 최현배

---

18) '이-'를 둘러싸고 지정사설, 서술격조사설, 통사적 접사설, 재구조화설 등 다양한 의견이 존재하고 있다. 이는 '이-'가 가진 특징을 모두 포괄할 수 있는 이론이 아직까지 존재하지 않기 때문이며, 현재까지는 어느 것이 맞다고 확실하게 말할 수는 없다. 본 연구에서는 '이-'가 지닌 특징들을 대상으로 해서 '이-'의 범주를 규정하려는 것이 목적이 아니라 일부 명사구 보문 구성에서 '이-'가 예외적인 특징들을 지니고 있다는 점에 주목하고 있으므로 '이-'를 무엇으로 규정해야 할 것인지에 관한 논의는 하지 않기로 한다. 단지 명사구 보문 구성에서 '이-'가 주어에 대한 서술기능을 가지고 있고 활용을 하거나 선어말 어미가 후접하는 등 용언이 가지는 특징을 지니고 있음이 확실하기 때문에 '이-'를 '용언'으로 처리한 최현배(1963)의 의견에 따라 정리하고 있다.

(1963)에서 '이-'의 특징으로 (1) 동사와 달리 명령형, 청유형, 약속형 어미로의 활용은 제약을 받는다 (2) 시제 선어말어미와의 결합은 제약이 없다[19] (3) 부정형은 '아니다'를 사용하고 있음을 들었는데, 통합구조체의 '이-'는 용언으로서의 기능을 잃어가고 있기 때문에 이러한 특징들을 가지는 데 제약이 있을 것으로 예상할 수 있다. 그러므로 '이-'가 지닌 이와 같은 특징이 공시적으로 문법화 과정을 밟고 있는 예들에서 나타나고 있는지의 여부를 살펴, 문법화되고 있는지의 여부를 보여주는 특징으로 삼으려 한다. 이는 명사구 보문 구성에서 문법화되어 통합형어미로 굳어진 경우 '이-'의 특징이 나타나지 않기 때문에 설득력이 있다.

먼저 명사구 보문 구성을 기원으로 하지만 어미로 변한 '-ㄹ게'에서는 의문형, 감탄형으로의 활용이 제약을 받고 있음을 볼 수 있다.

> (16) ㄱ. a. 나도 함께 갈게.
> a´. 나도 함께 갈 (*것이야?/ *것이구나).

(16)은 화자의 약속, 다짐을 의미하는 종결어미로 굳어진 '-ㄹ게'의 예이다. 종결어미 '-ㄹ게'로 변하여 가는 중간 단계에 있다고 생각되는 통합구조체 '-ㄹ 것이야'는 (ㄱ-a´)와 같이 의문형, 감탄형으로 활용하지 않는다. 1인칭 화자가 자신이 앞으로 어떻게 할 것인지를 말하는 것이므로 화용상 다른 이에게 묻는 것도, 새삼 새롭게 깨달았다는 듯이 감탄하는 것도 적절하지 않기 때문이다.

---

19) '대장이겠던 아이가 졸개이요, 졸개이겠던 아이가 대장이오'라는 예문을 들어 추측회상의 표현을 나타낼 수 있다고 하였으나 현재에는 이런 표현은 사용하지 않는다. 대신 '글쎄, 하고 다니는 모양으로 보아 경비를 직접 댔겠더라'같이 '-겠더-'가 선접되기도 한다. 그러나 본 연구에서는 '-겠-'이나 '-더-'의 결합양상이 다른 것만을 보아도 문법화되고 있는지 그 차이를 발견할 수 있으므로 굳이 '-겠더-'까지 포함시켜 다루지는 않고 있다. 즉 '이-'에 결합되는 선어말 어미들의 양상이 다른지만을 살필 뿐이므로 단일 형태소들의 결합만을 논의의 대상에 넣고 있다.

통합형 어미 '-ㄹ게'로 변화한 통합구조체 '-ㄹ 것이-'에서 활용상 제약현상이 나타났다는 것은 통합구조체의 '이-'가 명사구 보문 구성의 '이-'와 다른 기능을 지니게 되었기 때문에 일어나는 현상이다. 그리고 이와 같은 '이-'의 범주가 변화되는 현상은 마침내 '이-'가 통합형 어미의 한 구성요소로 문법화될 수 있는 계기가 되었을 것이다.

두 번째로 시제 선어말어미와의 결합여부를 살펴볼 것인데, '이-'를 용언으로 하고 있는 명사구 보문 구성의 경우에는 시제 선어말어미들이 '이-'에 후접된다. 그러나 단일 형태소로 변화한 예들은 모두 선행 서술어에 시제 선어말어미가 결합되어 차이를 보이고 있다.

'이-'를 구성요소로 하고 있는 명사구 보문 구성에서 통합형어미로 굳어진 예들을 대상으로 이를 확인해 보면 아래의 예와 같다.

> (17) ㄱ. a. 太祖ㅅ 큰 오온 뜨들 보디 <u>몯ᄒᆞᄂᆞ뎌</u>. (六祖 서:7)
> a′. 말ᄊᆞ몰 安定히 ᄒᆞ면 백성을 便安케 <u>ᄒᆞ린뎌</u>. (內訓 1:7)
> a″. 아가 아가 긴 거에 몯볼까 ᄒᆞ다니 오ᄂᆞᆳ날 지옥문 알픠셔 아기와 서르 <u>보관뎌</u>. (月釋 23:87)
> ㄴ. a. *나도 봐 볼 <u>게였어</u>.
> a′. *나도 봐 <u>볼게겠어</u>.
> a″. *나도 <u>봐 볼게더라</u>.

(17-ㄱ)은 '-ㄴ+ᄃᆞ+-이여'에서 문법화한 어미 '-ㄴ뎌'의 예로 용언 '이-'에 시제와 서법의 선어말어미들이 결합하지 않았다. (ㄱ-a)의 서술어가 각각 '몯ᄒᆞ+ᄂᆞ+ㄴ뎌', 'ᄒᆞ+리+ㄴ뎌' 그리고 '보+과+ㄴ뎌'로 분석되는 것처럼 (ㄱ-a)의 '-ᄂᆞ-'는 선행 서술어 '몯하다'에 후접하고 (ㄱ-a′)의 '-리-'는 'ᄒᆞ다'에 그리고 (ㄱ-a″)의 '거+오>과'는 '보다'에 결합되어 있다. 이미 '-ㄴ뎌'가 어미로 굳어졌기 때문에 '이-'에 후행하는 것이 아니라 선행 서술어에 결합되는 것이다.

이는 현대국어에서도 나타난다. (17-ㄴ)은 보문화소와 보문 명사 그리고 '이-'가 긴밀하게 결합되어 굳어진 통합형어미 '-ㄹ게'의 예로 시제 선어말어미는 '이-'에 후행하지 않는다. 명사구 보문 구성에서는 '이게 그들에게 돌아갈 것이었어' 즉 'ㄹ#것+이+었+어'처럼 '이-'에 시제 선어말어미가 후행할 수 있는데, 통합형 어미로 굳어진 경우에는 (17-ㄴ)에서 보듯이 시제 선어말어미 '-었-/-겠-/-더-'가 '이-'에 후접하지 않는다.

그러므로 '이-'와 시제 선어말어미의 결합 양상을 보는 것도 문법화가 진행되고 있는지의 여부를 알아보는 데 필요한 기준이라 할 수 있다.

다음으로 '이-'는 장형부정인 '-지 않다'가 아니라 단형부정 '아니다'로 부정되는 것이 특징인데, 문법화된 예들은 '이-'가 부정의 영역에서 제외되어 있다.

(18) ㄱ. a. 樂只쟈 오늘이여 즐거온쟈 금일이야 즐거온 오늘이 힝여 <u>아니 져물셰라.</u> (교시조 483-2)
     b. 쏘 니 칙을 냑간이나 바가 내야셔 후셰 사롬의게 젼ᄒ면 그 공덕을 다 <u>니르지 못ᄒ올소다.</u> (염보-해 35)
     c. 흔 바롬 구셕의 가 <u>골래디 못ᄒ올소니.</u> (박언 중:55)

   ㄴ. a. 조금 있다가 나도 <u>할게.</u>
     a'. *조금 있다가 나도 <u>할 게 아니다.</u>
     a". 조금 있다가 나도 <u>안 할게.</u>

(18-ㄱ)은 '-ㄹ+ᄉ+이어라>-ㄹ셰라' '-ㄹ+ᄉ+이오다>-ㄹ소다' 그리고 '-ㄹ+ᄉ+이오니>-ㄹ소니'와 같이 명사구 보문 구성이 통합형어미로 변화한 예인데, (18-ㄱ)처럼 선행 서술어 '져물다', '하다'가 부정된다. 이는 현대에 와서 어미로 변한 '-ㄹ걸'의 경우도 마찬가지이다. '-ㄹ 것이야>-ㄹ게'로 문법화되었으므로 '이-'가 부정되는 것이 아니라 선행 서술어 '하다'가 부정된 (ㄴ-a")가 자연스럽다.

결국 외형상으로는 명사구 보문 구성과 동일해 보일지라도 '이-'가 지닌 여러 가지 특성들을 적용시켜 보았을 때 제약을 받는 것은 통합형 어미의 한 구성요소가 된 '이-'는 더 이상 명사구 보문 구성의 '이-'가 아니기 때문임을 알 수 있었다. 그러므로 명사구 보문 구성처럼 보이는 예들에서 '이-'의 특징이 나타나고 있는지의 여부를 살펴보는 것은 문법화 여부를 알아보는 데 기준이 될 수 있을 것이다.

3) 통합 환경의 변화

문법화를 겪은 통합형 어미는 제 3의 의미를 유발하게 되는데 제 3의 의미를 지닌 통합형어미는 새로운 의미에 맞춰 특정한 환경을 가지게 된다. 즉 기존의 구성요소들이 나타난 구문과는 다른, 변화된 환경에서 통합형 어미가 나타나고 있다. 그러므로 통합환경의 변화 여부는 문법화되고 있는지를 알아보는 데 기준이 될 수 있을 것이다.

먼저 단어 및 형태소 경계의 소멸로 단일 형태소로 굳어진 시제 선어말어미 '-었-'이 문법화한 과정을 보면 선행서술어의 통합환경에서의 변화가 나타남을 볼 수 있다.

> (19) ㄱ.　a.　菩薩이 便安히 <u>줌줌ㅎ야 잇거든.</u> (釋詳 13:31)
> 　　　　　b.　三禪大에서 므리 나아 아래 <u>가득하얫다가</u> (月釋 1:49)
> 　　　ㄱ´.　어미 주글 제 그딋게 부쵹ㅎ야 겨지비며 ᄌᆞ식도 <u>업섯ᄂᆞ니</u> 그 디ᄂᆞᆫ 두 ᄌᆞ식 잇거니 주근ᄃᆞᆯ 므스기 뉘읏브료 ᄒᆞ더라. (이륜행실도 14)

(19)는 '-어 잇->-엣->-었-'의 변화 과정을 거쳐 과거 시제 선어말어미 '-었-'으로 문법화한 것을 순서대로 제시한 것이다. 그런데 15세기 중반에 '-어 잇-'과 그 축약형 '-엣-'이 선행 서술어와 통합하는 양상은 동일하였다. (19-ㄱ)은 그 중에서 '-엣-'과 '-어 잇-'이 형용사 '가득ㅎ다'나 '줌줌ㅎ다'와의 결합에 제약이 없었음을 예로 제시한 것이다. 그러나 '-엣-'을 거쳐 점차 단일 형태소로 위치를 굳혀 나갔던 '-엇-'은

'-어 잇-' 구성과는 결합관계를 이룰 수 없었던 것으로 보이는 '없-'에도 결합되고 있음이 (19-ㄱ')에서 드러난다. 따라서 '-엇-'은 단순히 음운적 축약형으로 볼 수 없다.[20] 즉 선행 서술어의 분포의 차이가 나는지의 여부는 '-어 잇-'이 '-엇-'으로 단일 형태소화된 것임을 보여주는 근거로 제시될 수 있다.

이는 종결어미 '-ㄹ게'의 경우에도 마찬가지여서 변화되기 전의 명사구 보문 구성 '-ㄹ 것이-'와 달리 선행 서술어의 통합에서 제약을 받고 있다.

> (20) ㄱ. a. 이 일만 끝내고 <u>먹을 거야</u>.
>   a′. 마음이 <u>허전할 거야</u>.
>   a″. 아마 <u>선생님일 거야</u>.
>   ㄱ′. a. 이 일만 끝내고 <u>먹을게</u>.
>   a′. *마음이 <u>허전할게</u>.
>   a″. *아마 <u>선생님일게</u>.

(20-ㄱ)은 '것'과 '이-'가 축약되어 '-ㄹ 게야'로 실현되고 마침내 종결어미 '-ㄹ게'로 문법화된 명사구 보문 구성 '-ㄹ 것이-'의 예인데, 이 경우 선행 서술어의 제약이 없다. 그러나 (20-ㄱ')에서는 어미로 기능이 변한 '-ㄹ게'에 동사만이 선행할 수 있음을 보여주고 있어, 문법화된 경우에는 선행 서술어의 통합 환경에서도 차이가 남을 알 수 있다.

따라서 외형적으로만 명사구 보문 구성을 이루고 있을 뿐 이미 문법화 과정에 들어선 것임을 보여주기 위해서는 선행 서술어의 통합 환경이 달라지는지를 살필 필요가 있음을 알 수 있다.

또한 선어말어미 '-시-'의 결합양상을 살펴 이를 단일형태소로 굳어져 가고 있는지의 여부를 판별하는 데 필요한 근거로 내세울 수도 있다.

---

20) 한동완(1986) 참조.

(21) ㄱ. a. 그래, 댁들은 어디로들 가시는가.
         b. 옆집 아주머니도 참여하신대?
     ㄱ′. a. 어머님도 곧 오실 계획이시래요.
         a′. 어머님도 곧 오실 계획이래요.
         a″. 어머님도 곧 올 계획이시래요.
         b. 선생님이 직접 가지고 오실 생각이신가 봐요.
         b′. 선생님이 직접 가지고 오실 생각인가 봐요.
         b″. 선생님이 직접 가지고 올 생각이신가 봐요.

(21)은 높임의 선어말어미 '-시-'의 결합양상을 보이는 예로 (21-ㄱ)은 주어인 '댁들'과 '옆집 아주머니'를 높이려는 화자의 의도를 담아 서술어 '가다'와 '참여하다'에 '-시-'가 결합된 문장이다. 그런데 높임의 선어말어미 '-시-'는 명사구 보문 구성에서 다른 선어말어미들과 달리 보문과 상위문 서술어 양자에 결합될 수도 있다. (21-ㄱ′)가 바로 그 예인데 (ㄱ′-a, b)처럼 보문의 서술어 '오다'와 상위문의 서술어 '이-' 모두에 '-시-'를 결합시킴으로써 화자는 주어인 '어머님'과 '선생님'을 높이려는 자신의 의도를 나타내고 있다. 물론 높임의 선어말어미 '-시-'는 화자 임의대로 (ㄱ′-a′, a″) 그리고 (ㄱ′-b′, b″)처럼 보문이나 상위문 어느 한쪽에만 결합될 수도 있지만 양자에 결합되이 화자의 공손한 태두를 최대한 반영할 수도 있다.21)

그러나 화자의 추측의 태도를 나타내는 '-ㄹ 터이-'의 경우에는 '이-' 다음에 '-시-'가 결합되지 않는다.

(22) ㄱ. a. 아버님께서 곧 오실 터이시라, 어머님이 좀 분주하시거든요.
         a′. 아버님께서 곧 오실 터이라, 어머님이 좀 분주하시거든요.
         a″. 아버님께서 곧 올 터이시라, 어머님이 좀 분주하시거든요.
     ㄱ″. a. *아버님께서도 가실 테시니까 잘 해드려.
         a′. 아버님께서도 가실 테니까, 잘 해드려.
         a″. *아버님께서도 갈 테시니까, 잘 해드려.

---

21) 이는 또한 '이-'와 선행요소간에 분리되지 않은, 구성요소의 긴밀성과도 관련을 맺고 있어 문법화의 정도를 보여주는 기준이 되어줄 것으로 보인다.

(22)는 명사구 보문 구성의 '-ㄹ 터이-'와 문법화 과정 중에 있는 '-ㄹ 터이-'를 예로 든 것으로, '터'가 [상황]의 의미를 가진 보문 명사로 쓰인 (22-ㄱ)에서는 보문의 서술어 '오다'뿐만 아니라 상위문의 서술어 '이-'에도 '-시-'가 결합되고 있다.22) 하지만 화자의 추측을 나타내는 의미를 가진 '-ㄹ 터이-'의 경우에는 서술어 '가다'에만 '-시-'가 결합될 뿐 '이-'에 결합되면 (ㄱ´-a, a˝)처럼 자연스럽지 못한 문장이 되어 명사구 보문 구성에서와는 차이를 보인다.

두 번째 통합환경의 차이로 세울 수 있는 것은 후접하는 어미군의 분포이다. 이미 이는 한동완(1986)에서 '-엣-'이 '-어 잇-'에서 발달하였지만 단순히 음운적인 축약형이 아니라 문법화 과정에 들어선 것임을 보이는 근거로 제시된 바 있다.23) 후접되는 어미의 분포가 다르다는 것은 선행하는 통합형어미의 통사, 의미적 기능이 변화되었기 때문으로, 그것으로 인해 일군의 어미들만 유도하는 결과가 발생한 것으로 보인다. 그러므로 명사구 보문에서와 달리 후행하는 어미군에 제약이 나타난다면 이는 통사적 구성을 이루는 구성요소들이 문법화 과정을 겪으면서 지니게 되는 특징으로 정리할 수 있다.

이외에 문법화가 진행되어 의미가 달라지게 되면 새로운 의미에 호응하는 주어의 인칭 제약이 따르기도 한다. '-ㄹ 것이야>-ㄹ게'로 문

---

22) 본 연구는 '-시-'가 높이려는 대상에 호응하여 서술어에 표시되는 통사적 표지가 아니라 존대의 대상에 화자의 시점이 이동해 가는 것(임홍빈, 1985)이라고 보는, 즉 화용적 표지라는 입장에 서 있다.

23) 한동완(1986)은 두 형식에 후접되는 어미의 분포를 조사하여 '-엣-'은 '-더시니, -더니, -더니라, -더라' 등의 어미군, '-거든, -거늘' '-다가' 어미군에서 결합 빈도가 높았고 '-던, -논, -는' 등의 관형절 구성의 어미군과는 거의 절대적으로 결합하고 있는 반면에 -어 잇-은 '-노니, -느니, -느니라' 등의 어미군과 결합빈도가 높았고, '-며, -어, -ㄹ, -ㄹ씬' 어미군과는 거의 절대적으로 결합하고 있음을 지적하였다. 이렇게 두 형식에 후접되는 어미의 성격에 차이점이 있다는 사실은 '-엣-'으로의 축약을 유도하거나 또는 그 반대로 견제하는 의미 기능의 역학 작용이 있었음을 보여준다. 이는 단순히 '-엣-'으로의 축약은 음운론보다 더 높은 층위, 즉 문법 층위의 정보에 의해 이루어진 것으로 볼 수 있다고 지적하였다(p. 227).

법화된 예가 대표적이다.

(23) ㄱ. (나는/ 너는/ 철수는) 저렇게 무식하게 처리하지는 않을 거야.
  ㄱ´. (나는/ *너는/ *철수는)저렇게 무식하게 처리하지는 않을게, 약속해.

(23)은 종결어미 '-ㄹ게'의 예를 든 것으로, 문법화되기 이전에는 1인칭뿐만 아니라 2, 3인칭까지 제약없이 주어로 나타날 수 있었던 데 비하여 문법화되어 화자의 의도를 담은 약속의 종결어미 '-ㄹ게'로 굳어진 이후에는 (23-ㄱ´)처럼 1인칭 주어로서 화자와 일치할 때로만 한정되는 주어의 인칭제약을 가지게 된다.

문법화가 진행될수록 명사구 보문 구성에서는 볼 수 없었던 여러 가지 통사적 제약들이 생기게 마련이다. 따라서 명사구 보문 구성에서와 달리 주어의 인칭 제약이 나타나는지를 살피어 문법화 과정에 있는 예임을 보여주는 근거로 삼을 수 있을 것이다.

4) 의미의 변화[24]

문법화를 겪은 통합구조체들은 각 구성요소들이 의미적으로도 긴밀하게 통합되어 제 3의 의미로 전이된다. 그러므로 통합구조체의 의미는 각 구성요소들이 명사구 보문 구성에서 보여 주었던 의미의 합으로 산출할 수 없다.

'-ㄴ들'은 '-ㄴ+ᄃ+을'로 이루어진 통합구조체에서 어미로 변한 것으로 아래에서와 같이 제 3의 의미로 전이되어 나타난다.

---

24) 언어형태의 의미가 의미자질들의 집합으로 구성되어 있다고 볼 때 의미축소도 음운축소와 유사하게 자질들이 점진적으로 소실되는 것이라 할 수 있다. 그런 의미에서 학자들에 따라 이를 의미의 탈색(bleaching) 혹은 의미의 고갈(semantic depletion)이라고 부른다. Heine et at(1991a:109), C.Lehmann(1982:127) 참조.

(24) ㄱ. a. <u>엇던 드로</u> 法이 다 性이 업스뇨. (영가 상:111)
　　　 a´. 샹녜 뜨드로 혜아리디 <u>몯홀 똘</u> 진실로 일리로다. (영가 하:89)
　　　 a″. 眼入의 妄이 <u>뎌 곧흔 둘</u> 불기시니라. (능엄 3:1)
　　ㄱ´. 公州ㅣ 江南올 저호샤 子孫올 <u>ㄱ르치신둘</u> 九變之局이 사름
　　　　 뜨디리잇가. (용15)

　(24-ㄱ´) '-ㄴ둘'의 '드'는 이에 호응하는 서술어가 없기 때문에 목적
어로 보이지 않는다. 이 문장의 해석 또한 '훈요십조에서 경계하여 자
손을 가르쳤지만 구변지국(이씨가 전주에서 일어나는 국면)이 어찌 사
람의 뜻이겠습니까'로 되어 이때 '-ㄴ둘'은 보문 명사 '드'가 선, 후행
요소와 통합되어 양보의 의미를 가진 어미 '-ㄴ둘'로 쓰인 경우이다.

　중세 당시 '드'는 (24-ㄱ)에서 보이듯 양보의 의미를 산출할 수가
없었다. (ㄱ-a)의 원문'何故로 法俱無性고'에서 '엇던 드로'는 '何故'
를 번역한 부분이므로 '드'는 '故' 즉 [이유]를 의미하였다. 그리고
(ㄱ-a´)는 '信知...非常情之所測也'를 번역한 문장으로 '드'는 '所' 즉
[物(thing)]를 의미하였다. 마지막으로 (ㄱ-a″)의 원문 '明眼入之妄同彼
也(안입의 망녕됨이 저것과 같음을 밝히었다)'에서 '저것과 같음을'이
'뎌 곧흔 둘'에 대응되므로 '드'는 동명사형 어미 '-음'을 의미한다.

　즉 보문 명사 '드'는 '故, 所,' 그리고 동명사형 어미 '-음'과 같은
의미를 가지고 있어 앞의 보문화소 '-ㄴ', 후행 목적격조사 '-을'이 통
합되어 '-ㄴ둘'의 [양보]의 의미를 산출할 수가 없었다.25) 그러므로 문
법화가 일어나는 기준으로 의미의 변화를 세우는 것은 적절하다 하겠
다.

　이는 현대국어에서 어미로 변한 '-ㄹ걸'이나 '-ㄹ게'에서도 마찬가지
이다. 이들은 '-ㄹ 것을'과 '-ㄹ 것이야'에서 어미로 변한 것들인데, 명

---

25) '드'와 대응되는 한자가 (ㄱ-a″)에는 나와 있지 않다. 이는 이미 '드'가 명사로
　　서의 자격을 잃고 문법형태소의 일부분으로 변할 준비를 하고 있었음을 말해
　　주는 것으로 이러한 '드'는 결국 '-ㄴ+드+이>-ㄴ디'와 같이 어미로의 변화를
　　촉진시키는 이유가 되었을 것으로 생각된다.

사구 보문 구성이었을 때와 통합형 어미였을 때의 의미는 관련성이 없다.

    (25) ㄱ. 없다고 해야 <u>하는 걸</u> 내가 몰랐구만.
       ㄱ´. 눈이 많이 <u>쌓였는걸.</u>
       ㄴ. 미리 포기하는 게 <u>좋았을 거</u>라고 생각되는데.
       ㄴ´. 조금 더 해보고 안되면 <u>포기할게.</u>

(25-ㄱ)은 명사구 보문 구성 '-는 것을'과 이에서 문법화한 종결 어미 '-는걸'을 예로 든 것으로 (25-ㄱ´) '-는걸'의 '것'은 (25-ㄱ)의 '것'처럼 [事(thing)]의 의미를 가지지 않는다. (25-ㄱ)의 '것'은 주어가 도모하여 이루어 내야 할, 구체적이고 지시적인 대상이지만 (25-ㄱ´)의 '것'은 화자의 가벼운 반박이나 감탄의 뜻을 나타내는 종결어미 '-는걸'의 구성요소로 앞, 뒤 요소와 통합하여 추상적이고 비지시적인 의미를 지니게 되었다. 이는 (25-ㄴ)도 마찬가지다. (25-ㄴ´)는 화자의 약속을 의미하는 '-ㄹ게'인데 이 때의 '것' 역시 통합형어미의 한 구성요소가 되어 (25-ㄴ)의 화자가 생각해야 할 대상 [物(thing)]의 의미를 지닌 '것'과는 다르다.

명사구 보문 구성에 기원을 두고 있는 통합형 어미 '-ㄴ둘'의 예에서와 같이 보문 명사가 앞, 뒤 구성요소와 서로 통합하여 자신의 고유한 의미를 잃어버리고 새로운 의미를 가지게 되는, 의미의 변화가 여기에서도 목격된다.

이상에서 본 것과 같이 문법화되어 한 형태소로 굳어지게 되면 의미적으로 원래의 명사구 보문 구성에서 지녔던 의미를 찾아보기 힘들거나 혹 그 의미가 있다고 하더라도 매우 추상화된 것이다. 따라서 문법화가 일어나고 있는지를 가늠하기 위해서 본고에서는 각 통합구조체의 의미가 명사구 보문 구성에서의 의미와는 달리 나타나는지를 검토하여 볼 것이다.

5) 음운상의 변화와 복원 불가능성

두 낱말 이상이 결합되어 있는 것처럼 보이지만, 기원이 되는 낱말과 상관없이 독자적으로 음운변화를 입었거나 현재 적용되고 있는 음운 규칙이 적용되지 않는 경우가 있으면 이를 개별적인 형태소로 인정하게 된다.26)

   (26) ㄱ. 너무 오랫동안 배를 <u>곯아서</u> 저렇게 마른 거야.
       ㄱ′. 배가 너무 <u>고프다</u>.
       ㄴ. 츕는 슬홀씨오. (월석 2:22의 1)
       ㄴ′. <u>슬픈</u> 무숨 뮈유미. (월석 서:4)

(26-ㄱ)은 '먹은 것이 양에 차지 아니하다'(곯다)와 '뱃속이 비어서 먹고 싶다'(고프다)와 같이 서로 의미상으로 관련을 가지고 있음이 분명한 '곯다'와 '고프다'가 쓰인 문장이다. 그러므로 15세기에서는 '곯다'에 형용사로 파생시키는 접사 '-브-'가 붙어서 '고프다'를 만들어낸 것27)으로 볼 수 있다.

그러나 받침이 'ㄹㅎ'인 동사들은 형용사화 접미사 '-브-'가 접미할 때 'ㄹ'을 탈락시키지 않고 유지하고 있음이 (26-ㄴ)에서 확인된다. (26-ㄴ)는 동사 '슳다'에 접사 '-브-'가 접미하여 형용사 '슬프다(슳+브+다>슬프다)'가 파생된 것인데, 현대국어에서도 여전히 '슬프다'여서 'ㄹ'이 탈락되는 일은 일어나지 않음을 알 수 있다.

결국 '곯다'처럼 'ㄹ'이 탈락되는 예는 공시적인 음운규칙으로 설명할 수가 없는 현상이기 때문에 파생어로 처리하는 데 어려움이 따르

---

26) 고영진(1995)에서 '동사의 문법화'를 판별할 수 있는 기준설정에 제시된 예이다. 문법화 과정에서는 동사의 활용형이나 명사 등 어느 것에 상관없이 동일한 현상이 나타나고 있을 것이기 때문에 동사의 예이지만 도입하였다.
27) 허웅(1975:182-3) 참조.

게 된다. 이와 같이 어떤 어휘가 공시적으로 상당히 보편화되어 있는 어떤 음운규칙의 적용을 거부하고 있거나, 혹은 과거에는 보편적인 규칙이었으나 현재는 사라지고 없는 어떤 음운규칙의 화석형으로 남아 있을 때는 이들은 파생어로 처리하지 않고 새로운 낱말이 생겨난 것으로 처리하게 된다.28)

그러므로 통사적 구성에서 통합형 어미가 되었을 때 음운상 어떤 변화가 보이는지를 살펴보고 공시적인 음운규칙과 대비시켜 보는 것도 유효하다 할 수 있다.

(27) ㄱ. a. 먼저 보낼 것이야, 상황 봐서.
            a′. 먼저 보낼 (게야/거야), 상황 봐서.
       ㄱ′. 먼저 보낼게. 상황 봐서.

(27-ㄱ′)는 '-ㄹ 것이야>-ㄹ 게야>-ㄹ게'의 변화 과정을 거쳐 생성된 종결어미 '-ㄹ게'의 예로, 변화 과정상 '것'의 'ㅅ'이 탈락하고 '거'와 '이-'가 축약된 '게'로만 실현되었음을 알 수 있다. 그러나 이러한 현상은 공시적인 음운규칙으로는 설명할 수가 없다. '것'에 '이-'의 활용형 '이야'가 후행할 때는 (ㄱ-a′) '것+이->거-/게-'처럼 '이-'의 생략이 수의적인 데 비하여 (27-ㄱ′)에서는 '이-'가 생략되지 않고 반드시 실현되어야 하기 때문이다. 따라서 '이-'의 음운상 실현 양상을 놓고 보아도 '-ㄹ게'가 '-ㄹ 것이야'와는 별개의, 독립된 어휘로 인정받는 것이 적절한 것임을 알 수 있다.

결국 문법화를 겪은 과정에서 음운상의 변화가 목격되고, 그 변화가 공시적인 음운규칙으로 설명할 수 없는 것이라면 이를 문법화를 겪는 예로 자리매김할 수 있을 것으로 보인다. 따라서 음운상 실현되는 양상이 다른 점이 있는지를 문법화 과정과 관련하여 살펴보는 것이 적

---

28) 이와 같은 현상을 송철의(1992:32-36)에서 '음운론적 어휘화'라고 부르고 있다.

절하다.

통사적 구성에서 단일 형태소로 문법화되고 나면 이들은 자신 나름의 체계를 세워 그들의 입지를 강화하려 한다. 따라서 음운상 예외적인 모습들이 실현되는 것과 마찬가지로 기원이 되는 구문으로 복원하는 것도 불가능하게 된다. 즉 문법화는 원형식과의 관련성을 완전히 상실한 마지막 단계에 이르게 되는 것을 말하므로, 복원불가능성을 살펴 보는 것은 문법화되었는지를 판단하는 데 결정적인 단서를 제공하는 셈이 된다.

아래의 예들은 통사적 구성에서 문법화한 것들로, 이미 단일형태소로 변화하였기 때문에 기원이 되는 구문으로 다시 복원시켰을 때 부자연스러운 문장이 된다.

(28) ㄱ. a. 이 일만 끝내면 <u>먹을 거야</u>, 기다려.
     a′. 이 일만 끝내면 <u>먹을게</u>, 기다려.
   ㄴ. a. 그가 그런 말을 <u>하다니</u>, 정말 믿을 수가 없어.
     a′. 그가 그런 말을 <u>한다고 하니</u>, 정말 믿을 수가 없어.

(28-ㄱ)은 ‘-ㄹ 것이야>-ㄹ 게야>-ㄹ게’의 과정을 거쳐 생겨난 어미 ‘-ㄹ게’의 예이다. 그러나 원래의 문장 ‘-ㄹ 것이야’와는 그 의미가 달라져 있어 원래의 구문으로 복원시키는 것이 불가능한 상태이다. (ㄱ-a)는 화자가 자신이 일을 끝내고 먹겠다고 다짐하는 문장이므로 먹을 사람이 화자 자신이지만, 원래대로 복원한 (ㄱ-a)는 화자가 누군가 일을 끝내고 먹을 수도 있음을 추측하고 있으므로 가능하므로 먹을 사람은 화자가 아니라 제 3자이다.[29] 원래의 통사적 구성으로 복원시킨 구문과 어미로 변한 구문이 서술어 ‘먹다’의 주체가 서로 달리 나타나 기

---

29) (28-ㄱ)은 ‘(나도)이 일만 끝내면 먹을 거야’와 같이 먹는 주체가 화자일 수도 있다. 그러나 ‘(철수도)이 일만 끝내면 먹을 거야, 기다려’처럼 제 3자도 주체로 해석될 수 있어 (28-ㄱ)와는 구별이 된다.

원이 되는 구문과의 관련성이 상실되고 있다 할 수 있다.

이는 (28-ㄴ)과 같이 간접인용문 '-다고 하니'에서 연결어미 '고'와 서술어 '하다'가 생략된 뒤 보문화소 '-ㄴ'마저 생략되어 생성된 어미 '-다니'에서도 발견된다. (ㄴ-a′) '-ㄴ다고 하니'는 화자가 그 사람이 어떠한 말을 했다는 말을 듣고 이를 그대로 인용한 구문인데, (ㄴ-a)의 '-다니'는 화자가 그 사람이 어떠한 말을 했다는 말을 듣고 그 사건에 대해 실망하거나 의심 등 자신의 느낌을 표현하는 의미를 지닌다. '-다니' 도 역시 기원이 되는 구문과 별개의 단일 형태소로 굳어져 버렸기 때문에 (ㄴ-a′)과 같이 원래대로 복원하는 것이 불가능함을 알 수 있다.

그러므로 대응되는 원래의 통사적 구성으로 복원시키는 것이 가능한지의 여부를 물어 문법화 과정에 들어선 통사적 구성인지를 확인하는 것은 가장 확실한 근거가 될 수 있을 것이다.

명사구 보문 구성의 문법화 과정 3

    명사구 보문을 내포문으로 하는 복합문에서 선행 보문은 보문 명사를 수식, 보충할 뿐, 문장의 주요 성분이 되어 전달하려는 내용의 핵심을 이루는 것은 보문 명사이다. 그러나 본 연구에서 관심을 두고 있는 것은 선행 보문의 내용이 주 내용이 되고 한 덩어리처럼 결합된 보문화소, 보문 명사 그리고 후행 용언 '이-'가 부수적인 의미를 가지고 있는 문장이다. '-는 법이-' '-기 마련이-', '-ㄹ 모양이-', '-ㄴ 것이-' 그리고 '-ㄹ 것이-' '-ㄹ 터이-'가 그 예로 이들은 보문화소와 보문 명사 그리고 후행 용언 '이-'로 구성된 명사구 보문 구성과 외형상으로는 동일하게 보인다. 그러나 인접 구성요소들끼리 서로 밀접하게 결합되어 통합구조체로 변화되었기 때문에 명사구 보문 구성에서와는 다른 특징들을 지니고 있디. 본 장은 이러한 통합구조체의 특징들이 명사구 보문 구성에서 통합형어미로 문법화된 경우 가지게 되었던 특징들과 일치하는지의 여부를 알아보는 것이 목적이다.[1]

---

[1] 형태 구조를 기본으로 하여 의미 구조가 분석되고 의미 구조를 기본으로 하여 통사 구조가 분석되기 때문에 형태, 통사, 의미적 특징들은 완전히 별개의 것이라고는 할 수가 없다. 하지만 문법 연구에서 어느 관점을 더 앞세워 고찰할 것인지를 나름대로 분명히 할 필요는 있다. 어느 관점을 선택하는지에 따라 더 설명적이고 명시적인 문법이 될 수 있느냐 없느냐가 결정될 수 있기 때문이다. 본 연구에서는 의미구조보다 객관적으로 인식되어 온 통사 구조를 기본으로 하고 있다. 통합구조체의 구성요소들이 지닌 통사적 특징은 명사구 보문 구성에서 지니고 있던 통사적 특징들과 분명한 차이를 가지고 있고 그것이 설명적 충족성을 가질 수 있기 때문에, 통사 구조에 대한 고려를 우선시하고 의미 구조는 이를 뒷받침하는 근거로 생각할 것이다.

통시적으로 문법화를 겪은 예들을 살펴보면서 지적되었지만 원래의
형태에서 새로운 형태소로 굳어져 가는 과정에서는 어느 한 형태소는
일찍 변화가 완성되었을 수도 있지만 다른 한 형태소는 더디게 진행
될 수도 있다. 문법화의 정도에서 차이가 발생할 수도 있다는 것인데,
본장에서는 현재 문법화 과정에 들어 있는 통합구조체들이 겪는 변화
의 과정이 동일하지 않음을 문법화의 정도차로 설명할 것이다. 따라서
이를 명시적으로 보여줄 수 있도록 변화의 정도가 비슷한 예들끼리
함께 묶어 장을 구성하였는데, 변화의 시작단계에 있는 '-는 법이-'와
'-기 마련이-'를 먼저 제시하고 중간단계 정도에 있는 '-ㄹ 모양이-'를 다
음에, 그리고 마지막으로 문법화가 가장 많이 진전된 것으로 보이는
'-ㄴ 것이-', '-ㄹ 것이-'와 '-ㄹ 터이-'를 함께 묶어 그들 각각의 통사,
의미적 특징에 대해 기술해 볼 것이다.

3.1. 통합구조체 '-는 법이-' '-기 마련이-'[2)]의 특징

1) 구성요소들의 긴밀성

자립형식에서 의존형식으로의 변화는 문법화를 일으키는 동인이 될
수 있음을 앞에서 보았다. 자립명사인 '법', '마련' 역시 의존적으로

---

2) '-기 마련이-'는 관형형어미 '-ㄴ/-ㄹ'을 선행요소로 택하지 않고 있어 다른 통
 합구조체들과 다른 구조를 지닌 것으로 생각될 수 있다. 하지만 고영근(1989)
 에서도 밝혔듯이 종속절을 이끌어 주절에 결합시키는 것이 의존 명사의 중요
 직능임을 고려할 때 그리고 '때문'과의 병행성을 취한다는 점에서 명사형어미
 '-기' 아래 나타나는 '마련'도 의존 명사로 처리하는 것이 좋을 것이라고 생각
 한다. 이와 같은 견지에서 '-기 마련이-'를 보문화소 '-기' 그리고 의존 명사
 '마련' 후행용언 '이-'가 결합된 통합구조체로 처리한다. 또한 '-기 마련이-'는
 '-기/게 마련이-'와 같이 '-게' 역시 쓰이고 있지만, '-기 일쑤이다' '-기 십상이
 다'와 같이 '-기'를 구성요소로 하는 통합구조체 역시 존재하므로 '-기'를 대표
 형으로 하였다. 부사형어미 '-게'보다 명사형어미 '-기'를 대표형으로 하는 것
 은 '마련'을 의존 명사로 인정할 수 있게 해주기 때문에 더 적절하다고 본다.

쓰이면서 선, 후행요소들과 긴밀하게 결합되어 통합구조체가 될 수 있는 기본적인 조건을 갖추고 있다.

(1) ㄱ.　a.　남녀고용평등법은 여성들을 평등하게 대우하겠다는 법이야.
　　　 b.　법은 만인 앞에 평등한 거야.
　　ㄴ.　a.　수방 대책 마련에 모두들 분주하더구만.
　　　 b.　어렵사리 마련해 놓은 음식을 남기고 가니까 기분이 영 그렇더라.

(1)은 [규범]을 의미하는 자립명사 '법'과 [준비하여 갖춤]을 의미하는 자립명사 '마련'이 나온 예이다. 이들은 (ㄱ, ㄴ-b)와 같이 선행 관형절이 없이도 홀로 나타날 수 있으므로 자립적으로 쓰였음을 알 수 있다.

그러나 아래와 같이 선행 관형절이 없이는 홀로 쓰일 수 없는 의존적 형식으로 나타나는 예도 있다. 우선 현재의 논의 대상인 '-는 법이-'와 달리 문법화의 과정에 들어서지 못하였지만, 의존명사인 '법'이 쓰이고 있는 예부터 들어보면 다음과 같다.

(2) ㄱ.　a.　세상에 남자만 공부하라는 법은 없이.
　　　 a′.　?세상에 법은 없어.
　　　 b.　며칠 동안 술 먹고 늦게 들어오는 법이 없었거든.
　　　 b′.　?며칠동안 법이 없었거든.
　　　 c.　참내, 십자수 놓겠다는 사람이 수놓는 법을 몰라서야, 원.
　　　 c′.　?참내, 십자수 놓겠다는 사람이 법도 몰라서야, 원.

(2)는 선행 보문없이 홀로 쓰일 수 없는 의존 명사 '법'의 예가 제시되어 있다. '-는 법이 있다/없다'의 꼴로만 나타나기 때문에 (ㄱ-a, b)의 '법'은 반드시 선행 보문이 있어야만 하는 의존적인 '법'이다. 따라서 (ㄱ-a′, b)처럼 홀로 쓰면 어색한 문장이 된다. 또한 '법'이 (ㄱ-a)에서는 세상에서 지키고 따르는 [원리]나 [이치]를 의미하고 (ㄱ-b)에서

는 [관례]를 의미하여 자립명사 '법'과는 의미 면에서도 달라져 있음을 알 수 있다. 의존 명사 '법'의 예는 (ㄱ-c)에서도 나타나는데, [방법]이나 [방식]을 의미하는 '법'은 선행절 없이 쓰이면 어색한 문장이 된다. 외형상으로는 (1-ㄱ)의 '법'이 쓰인 듯 보이지만 '법'의 의존적인 쓰임이나 의미의 변화 등이 서로 같지 않은 예임을 보여 준다.3)

'법'이 선행 보문 없이는 쓰일 수 없는 의존적인 요소로 변화한 것은 '-는 법이-'에서도 나타난다.

 (3) ㄱ. a. 솜씨 좋은 장인은 연장을 탓하지 않는 법이야.
     a′. *솜씨 좋은 장인은 법이야.
     b. 인간은 나이가 들면서 점점 쇠약해 지는 법이야.
     b′. *인간은 법이야.

(3)의 '-는 법이-'는 통사적 구성의 (1-ㄱ)과 외형상으로는 동일하여 자립명사 '법'이 나온 문장으로 보인다. 그러나 '-는 법이-'가 한 덩어리로 화자의 태도를 표현하고 있는 데다가 (ㄱ-a′, b′)와 같이 선행절이 생략되면 자연스럽지 못한 문장이 되므로 자립명사 '법'의 예가 아님을 알 수 있다.

자립명사 '마련' 역시 의존적으로 쓰이고 있다.4)

---

3) 아래와 같이 '법'이 [경우, 상황]의 의미를 가진 '-는 법이-'의 예도 있다. 하지만 이는 사전에 오르지 않을 만큼 현진건 개인이 자주 쓰던 낱말로 보이므로 예에서 제외하였다.
 (1) ㄱ. a. "여보게, W군, 문 좀 닫아주게"하고 비대발괄하는 법이었다. (B사감과 러브레더)
4) 각 사전에 보면 '마련'의 의존적인 쓰임으로 [상태]나 [정도]를 의미하는 예를 들고 있다. 그러나 이는 '준비하여 갖춤'의 '마련'이 아니라 [속셈] [궁리]의 자립명사 '마련'에서 의존 명사로 변화한 것으로 보여 논의에서 제외하였다.
 (1) ㄱ. a. 할아버지도 나중에 가볼 마련으로 조용히 경청만 하고 계셨던 거야.
    b. 저도 무슨 마련이 있겠지요.
  ㄱ′. a. 힘든 마련으로 조퇴를 하였다.
    b. 괘씸하던 마련으로는 끝까지 모른 체 하고 싶었지만 또 그러기에

   (4) ㄱ. a. 자꾸 가자고 고집 피우면 짜증이 나기 마련이야.

         a´. *자꾸 가자고 고집 피우면 마련이야.

         b. 얼굴이 이쁘면 잘못한 게 있어도 쉽게 용서되기 마련이야.

         b´. *얼굴이 이쁘면 잘못한 게 있어도 마련이야.

   (4)의 예는 (a´, b´)에서 보듯이 홀로 쓰면 자연스럽지 못한 문장이 되며, 의미 역시 선, 후행요소들과 결합해 당연하다는 화자의 태도를 나타내게 되어 [준비하여 갖춤]의 의미를 가진 자립명사 '마련'과 다른 경우라 할 수 있다.

   구성요소들이 모두 의존적인 요소로 이루어진 구문은 서로가 서로를 필요로 하여 선, 후행요소들이 공고하게 결합된 통합구조체를 이루게 되고, 명사구 보문 구성에서와 달리 구성요소들 사이에 다른 요소가 개입될 수 없는 특징을 지니게 된다. 이른바 비분리성을 문법화의 판별 기준으로 설정하였는데, '-는 법이-' '-기 마련이-' 역시 구성요소들이 긴밀하게 결합되어 통합구조체를 이룬 경우에는, 이들 사이에 다

는 너무 불쌍하고.

  (1-ㄱ)은 [속셈] [궁리]를 의미하는 자립명사 '마련'의 예이고 (1-ㄱ´)은 [상황][정도]를 의미하는 의존 명사 '마련'의 예이다. 자립명사 '마련'이 의미하는 [속셈] [궁리] 즉 주어의 [생각]은 인간의 머리 속을 공간으로 하고 있다는 차이가 있을 뿐 물리적으로 존재하는 [상황]과 비슷한 의미영역을 가지고 있다. (1-ㄱ)과 (1-ㄱ´)의 '마련'이 의미적으로 상관이 있음을 보이는데, 이는 다음과 같이 자립명사에서 의존 명사로 변화하면서 [생각]이나 [예정], [상황] 등의 의미로 변화한 '셈'에게서도 확인된다.

  (2) ㄱ. a. 어떻게 할 셈이냐?

       b. 싫어하는 사람과 결혼할 셈이더냐?

       c. 우리가 나서서 긁어모아야 할 셈으로밖에는 보이지 않던데.

  (2-ㄱ)은 자립명사 '셈'에서 분포가 제약되면서 의존적으로 쓰이게 된 '셈'의 예인데, 각각 [생각](ㄱ-a)[예정](ㄱ-b)[상황](ㄱ-c)와 같이 다양한 의미를 가지게 된다. 화자에게 아직 다가오지 않은 상황이란 예정되어 있는 것이며 또한 화자의 생각 역시 현재 화자가 처한 상황이므로 상황과 예정 그리고 생각은 의미의 연결고리가 있어 한 낱말에서 파생되어 나올 수 있는 의미들이라 할 수 있다. 따라서 속셈, 궁리의 '마련'에서 '상태나 정도'의 '마련'이 파생되어 나온 것으로 보고 여기서는 논외로 한다.

른 성분이 개입될 수 없는 특징을 지닌다.5)

우선 통합구조체 '-는 법이-'를 대상으로 하여 구성요소들 사이에 다른 요소가 개입될 수 있는지를 보면 다음과 같다.

>   (5) ㄱ. a. 남녀고용평등법은 여성들을 평등하게 대우하겠다는 법이야.
>   a´. 남녀고용평등법은 여성들을 평등하게 대우하겠다는, 직장 여성들에게는 반드시 필요한 법이야.
>   ㄴ. a. 솜씨좋은 장인은 연장을 탓하지 않는 법이야.
>   a´. *솜씨좋은 장인은 연장을 탓하지 않는, 그런 당연한 법이야.

자립명사 '법'이 쓰인 경우는 (ㄱ-a)에서 보듯이 보문화소 '-는'과 명사 '법' 사이에 다른 구성요소들이 개입되어 문장을 확장하는 것이 자연스러운 데 비해 통합구조체 '-는 법이-'는 (ㄴ-a´)처럼 구성요소들 사이에 다른 요소를 넣어 문장을 재구성하는 것이 자연스럽지 못하여 (5-ㄱ)과 구별지워진다.

구성요소들의 긴밀한 결합은 앞서 (2)에서 들었던 의존명사 '법'의 예들과 통합구조체 '-는 법이-'(5-ㄴ)을 구별지워 주는 특징으로, '-는 법이-'만이 문법화의 과정 중에 들어서 있음을 알려주는 표시이다. 아래에서 보이듯이 (2)의 의존명사 '법'은 구성요소들 사이에 다른 요소가 개입될 수 있다.

>   (6) ㄱ. a 세상에 남자만 공부하라는 법은 없어.
>   a´. 세상에 남자만 공부하라는, 그런 법은 없어.
>   b. 며칠 동안 술 먹고 늦게 오는 법이 없었거든.

---

5) 명사구 보문을 내포문으로 하는 복합문과 외형상 동일한 통합구조체가 존재하는 것은 '-는 법이-'이다. '-는#법+이다'로 구성된 복합문과 '-는+법+이다'로 구성된 통합구조체가 각기 존재하여, 서로 같은 것인지를 비교하여 보는 것이 가능하다. 그러나 '마련'은 '이-'를 후행요소로 하는 경우가 없어서 통합구조체 '-기 마련이-'는 '-는 법이-'와 동일한 통사, 의미적 특징에서의 변화가 나타나는지를 비교하여 통합구조체로 설정할 근거로 삼을 것이다.

    b′. 며칠 동안 술 먹고 늦게 오는 그런 몰지각한 일을 저지르는
        법이 없었거든.
    c. 세상에 십자수 놓겠다는 사람이 수놓는 법도 몰라서야, 원.
    c′. 세상에 십자수 놓겠다는 사람이 수놓는, 정말 가장 기본적
        인 법도 몰라서야, 원.

구성요소들이 긴밀하게 결합하여 통합구조체를 이루고 있음은 '-기
마련이-'도 마찬가지이다.

(7) ㄱ. a. 자꾸 가자고 고집 피우면 짜증이 나기 마련이야.
      a′. *자꾸 가자고 고집 피우면 짜증이 나기 정말 마련이야.
      b. 주부라면 위험한 일에 대비해서 비상금을 마련해 두기 마련
        이지.
      b′. *주부라면 위험한 일에 대비해서 비상금을 마련해 두기 당
        연히 마련이지.

(7-ㄱ)은 통합구조체 '-기 마련이-'의 예로 '-기'와 '마련' 사이에 다
른 어휘들이 개입되어 문장을 확장시키는 것이 자연스럽지 못함을 보
여준다.

결국 '법'은 <자립명사 '법'⇒의존명사 '법'⇒통합구조체 '법'>으로,
'마련'은 <자립명사 '마련'⇒통합구조체 '마련'>으로 변화 과정을 겪
었으며 그 중 통합구조체 '-는 법이-'와 '-기 마련이-'는 구성요소들 사
이에 다른 요소가 개입되지 않을 만큼 공고하게 결합되어 한 단위로
기능하고 있는, 문법화 과정 중에 있는 예로 볼 수 있음을 알 수 있었
다.

한편, 명사구 보문 구성에서 보문 명사는 비슷한 의미를 가진 다른
명사들로 대체 가능하지만 통합구조체가 되면 인접한 다른 구성요소
들과 긴밀하게 결합되어 새로운 통사, 의미적 기능을 가지게 되므로
구성요소들 간에 제한적 공기관계를 이룬다는 점이 특징적이었다. 이
역시 '-는 법이-'와 '-기 마련이-'에서 지켜시고 있다.

우선 통사적 구성의 명사구 보문 구성에서 '법'이 대체 가능함을 보이면 다음과 같다.

> (8) ㄱ. a. 남녀고용평등법은 여성들을 평등하게 대우하겠다는 (법, 규범, 법규)이야.
> ㄱ´. a. 세상에 남자만 공부하라는 (법, 원칙)은 없어.
> b. 게임을 운영하는 (법, 방법)도 모르면서 자기가 사회자라고 떠들면 안되지.
> c. 며칠 동안 술 먹고 늦게 오는 (법, 적, 경우)이 없었던 사람이라 걱정이 되네.

(8-ㄱ)은 국민 모두가 지키도록 정한 규범을 의미하는 자립명사 '법'의 예로 강제적으로 가해지는 기준의 의미자질을 공유하고 있는 규범, 법규 등 다른 낱말로의 대체할 수 있다. 또한 의존적으로 쓰이는 '법'은 자립명사일 때와 달리 규범, 법규 등으로 대체되지는 않지만 모두 변화된 의미에 맞추어 비슷한 의미를 가진 명사들로 대체할 수 있다. 따라서 (8)은 한 구성요소가 다른 구성요소를 반드시 필요로 하는, 제한적 공기관계를 가지지 않고 있는 경우이다.

하지만 통합구조체 '-는 법이-'의 경우에는 '법'과 '-는' 그리고 '이-'가 제한적으로 공기하고 있어 다른 명사들로 대체되지 않는다.

> (9) ㄱ. a. 발없는 말이 천리가는 법이야.
> a´. *발없는 말이 천리가는 (규범, 방법, 경우)야.
> ㄴ. a. 누구든지 칭찬을 받으면 기분이 좋은 법이야.
> a´. *누구든지 칭찬을 받으면 기분이 좋은 (규범, 방법, 경우)야.

(9)는 화자가 발없는 말이 천리간다, 누구든지 칭찬을 받으면 기분이 좋다는 사태에 대해 당연하다고 생각하는 자신의 태도를 통합구조체 '-는 법이-'로 표현한 예이다. 이는 선, 후행요소들이 공고하게 결합되어 있어 다른 명사로의 대체가 아예 불가능하다. 따라서 외형상으

로는 명사구 보문 구성 (8)과 동일한 형식을 취하고 있지만 통합구조체 '-는 법이-'는 하나의 구성요소가 다른 하나를 필수적으로 요구하는, 제한적 공기관계를 이루고 있다 할 수 있다.

'-기 마련이-' 역시 '마련'이 통합구조체의 일부일 때는 다른 명사로 대체하는 것이 불가능하다.

    (10) ㄱ. a. 음식 (마련/준비)에만 너무 신경쓰는 거 아냐?.
                 b. 비상금도 (마련/준비)해 두어야 하지 않겠니?
        ㄱ'. a. 봄이 오면 꽃이 피기 (마련/ *준비)이야.
                 b. 극과 극은 통하게 (마련/ *준비)이야.

(10)은 '마련'이 쓰인 예로, 자립명사로 쓰인 (10-ㄱ)에서는 의미가 비슷한 다른 명사로의 대체가 자연스러운 데 비해 통합구조체 (10-ㄱ')에서는 '마련'만이 결합될 수 있어, 통합구조체는 구성요소들이 긴밀하게 결합되어 있음을 알 수 있었다.

2) 구성요소들의 범주의 변화

① 보문화소의 변화

명사구 보문 구성에서 보문 명사와 선행 보문은 보문화소에 의해 연결되는데, 보문화소는 보문 명사를 수식, 보충하는 선행 보문의 시제에 따라 각기 '-는/-ㄴ/-ㄹ'로 달리 선택된다. 그러나 통합형어미들은 '-는/-ㄴ/-ㄹ' 중 하나만이 고정되어 쓰이거나 '-겠-'이나 '-었-'이 결합해서 양태나 시제를 표현하기 때문에, 이를 통해 보문화소인지 아니면 문법화 과정 중인 통합구조체의 일부인지를 구별하는 것이 가능하다.

'법'은 자립명사일 때는 보문화소의 제약이 나타나지 않으나 의존명사일 때는 언제나 '-는'만이 선행하고 있음이 특징적이다.

(11) ㄱ. a. 남녀고용평등법은 여성들을 평등하게 대우하라는 법이야.
         b. 정치인들이 자신의 도덕성을 내세워 보기 위해 만들었다던
             법이라 나도 그리 큰 기대는 하지 않았어.
     ㄱ′. a. 세상에 남자만 사장되라는 법이라도 있다든?
         a′. *세상에 남자만 (사장되라고 할/ 사장되라던) 법이라도 있
             다든?
         b. 이렇게까지 늦게 들어오는 법이 없었거든.
         b′. *이렇게까지 늦게 (들어올/ 들어온) 법이 없었거든.
         c. 운전하는 법도 모르면서 무슨 차를 몰아 보겠다고.
         c′. *(운전할/운전하던) 법도 모르면서 무슨 차를 몰아 보겠다고.

자립명사 '법'은 (11-ㄱ)처럼 법의 구체적 성격을 기술한 보문의 내
용에 따라 '-는/-ㄴ'이 선행한다. 그러나 의존 명사로 쓰이는 경우에는
(11-ㄱ′)처럼 보문화소 '-는'만이 제약적으로 온다.6)

보문화소의 제약은 통합구조체 '-는 법이-'에서도 나타난다.

(12) ㄱ. a. 원래 욕먹는 사람이 오래 (사는/ *산/ *살) 법이야.
         b. 여러 번 고치고 고친 문장일수록 읽기에 (좋은/ *좋던/ *좋
             을) 법이야.

선행요소가 고정되는 현상은 '-기 마련이-' 역시 마찬가지여서 다른
보문화소는 오지 못하고 오로지 '-기/게'만이 선행되고 있다. 특히 명
사구 보문의 수식을 받는 보문 명사로서는 선행할 수 없는 보문화소
'-기/게'가 통합되어 있어 자립명사 '마련'과의 관련성이 많이 상실되
어 보인다.

---

6) 보문화소가 제약된다는 점으로만 보면 의존명사 '법'은 통합구조체의 한 구성
   요소인 '법'과 동일한 특징을 지니고 있다고 할 수 있다. 그러나 보문명사 '법'
   의 범주가 변화되는 등 다른 데에서 구별이 되므로 통합구조체 '-는 법이-'와
   는 달리 처리한다.

(13) ㄱ. a. 너는 우선 음식 마련에나 신경쓰도록 해라.
        b. 우선 밤을 지샐 마련부터 차리자.7)
    ㄱ´. a. 부지런한 사람이 결국엔 이기기 마련이야.
        b. *부지런한 사람이 결국엔 (이기는/이긴/이길) 마련이야.

(13-ㄱ)은 [헤아려 갖춤]의 의미를 가진 자립명사 '마련'이 명사나 보문화소 '-ㄹ'을 선행하고 있음을 보여준다. 그런데 통합구조체의 한 구성요소가 된 '마련'은 자립명사로 쓰일 때는 전혀 나타나지 않던 '-기/-게'만이 선행하고 있다. 원래의 형태와 유연성을 많이 상실했음을 보여주는 것이다.

지금까지 통합구조체 '-는 법이-'와 '-기 마련이-'의 선행 요소인 보문화소의 특징에 대해서 살펴 보았는데, '-는 법이'처럼 '-는'만이 고정되어 쓰이거나 '-기 마련이-'처럼 명사구 보문구성였을 때와 달리 '-기/ -게'가 선행하는 예외적인 현상이 나타나고 있음을 알 수 있었다.

② 보문 명사의 변화

보문 명사는 선행 보문의 수식, 보충을 받는 문장의 핵심 성분으로, '이-'의 선행 NP로도 나타나지만 명사의 특성상 어느 성분으로나 자유로이 쓰일 수 있다. 그리고 복수의 접미사 '-들'이 후행하여 개체의 [+複數]의 특징을 드러내기도 한다.

그런데 '-는 법이-', '-기 마련이-'의 '법', '마련'은 다른 문장성분으로 자유로이 쓰일 수 없고8) 복수의 접미사 '-들'이 후행할 수도 없어

---

7) 필자의 판단으로는 어색한 문장으로 느껴지나 <우리말 큰사전>에 용례로 실려 있으므로 자연스러운 문장으로 처리해 둔다.
8) '-기/게 마련이-'는 외형상 동일한 통사적 구성의 경우가 존재하지 않기 때문에 비교할 수가 없다. 단지 '-기/게 마련이-'를 재구성할 때 '-는 법이-'와 달리 관형구로 재구성하는 것이 가능하다는 점이 독특하다.
  (1) ㄱ. a. 크린싱 크림 덕분인지 아니면 그런 일에 오게 마련인 적응 때문인지.
       b. 군복무를 앞 뒤로 해 생기게 마련인 공백도 집안 또래들을 한 동안 일 없이.

서 보문 명사라 볼 수가 없다.

우선 '법'이 자립명사나 의존 명사로 쓰일 때는 다양한 문장성분으로 재구성될 수 있는 데 비하여 통합구조체의 구성요소인 경우는 일부 제한된 환경에서만 제약적으로 나타나고 있음을 보이면 다음과 같다.

(14) ㄱ. a. 법은 지키고 따르라고 있는 거지, 장식으로 만들어 둔 것은 아니야.
　　　 b. 필요하다고 만든 사람들도 지키지 않는, 그런 법을 지키고 따라야 하는 이유를 모르겠어.
(15) ㄱ. a. 수험생이 아직까지 공부하는 법을 모른다면 할 말 다한 거지.
　　　 b. 사람들마다 살아가는 법이 다르더라구.
　　 ㄴ. a. 그 사람이 평소에 식사 대접하는 법이 있더냐?
　　　 b. 내 계속 곁에서 지켜보았지만 지금까지 아침을 거르는 법을 보지 못했어.

　　 ㄴ. *군복무를 앞 뒤로 해 생기는 법인 공백도 집안 또래들을 한 동안 일 없이.

　(1-ㄱ)의 문장은 '그런 일에 적응이 오게 마련이다'와 '군복무를 앞 뒤로 해 공백이 생기게 마련이다'를 재구성한 것이다. 선행 보문의 주어인 '적응'과 '공백'을 '기/게 마련이-'의 다음으로 옮겨 관형구의 수식을 받는 성분으로 고쳐 쓰는 것이 자연스러운데, '-는 법이-'는 (1-ㄴ)과 같이 어색한 문장이 된다. 이는 오히려 아래의 '-기 일쑤이-'나 '-기 십상이-'와 같은 문장에서 발견되는 특징과 일치하는 점이다.
　(2) ㄱ. 군복무를 앞뒤로 해 생기기 일쑤인 공백도.
　　　 ㄴ. 군복무를 앞뒤로 해 생기기 십상인 공백도.
　(2)는 '-기#일쑤이-'나 '-기#십상이-'처럼 '-기/게 마련이-'가 변화할 수 있을지도 모른다는 증거처럼 보인다. 그렇다면 '마련'이 '다행'과 같은 불구어근으로 변화할 것이기 때문에 '통사적 구성의 문법화'가 아니라 '다의어화'가 된 것으로 처리할 수 있을 것이다. 그렇지만 아직까지 '-기/게 마련이-'는 '-는 법이-'와 같이 고정적으로 '-기/게'만이 선행하고 '이-'의 탈범주화가 분명히 일어나고 있으므로, '통사적 구성의 문법화'에 넣어 처리하기로 한다. 더구나 아래 (3)처럼 '-기'와 '마련' 사이에 다른 구성요소의 개입이 용인되었던 것이 현재에는 불가능할 만큼 공고하게 결합되어 있어 현대국어로 오면서 통합구조체 '-기 마련이-'로 굳어진 경우로 보는 것이 타당할 것으로 생각된다.
　(3) ㄱ. 늘새에는 짝수이가 들어가게끔 마련이라고. (이문희, 흑맥)

ㄷ. a. 요즘 같은 세상에 조강지처라고 반드시 데리고 살라는 법
     이 어디 있담.
  b. 여자만 참고 살라는 법도 있다더냐.

(14)는 자립명사 '법'의 예로 주어나 목적어로 자유롭게 나타날 수 있음을 보여준다. 그리고 의존 명사인 경우에는 [원리]의 의미를 가진 (15-ㄷ)의 '법'만 '있다/없다'의 논항 자리에만 오는 제약을 가지고 있을 뿐, [방법]이나 [관례]의 의미를 가진 '법'은 (15-ㄱ, ㄴ)처럼 자유롭게 여러 성분으로 나타나고 있다.

통합구조체 '-는 법이-'는 아래와 같이 '이-'가 후행하는 환경에서만 '법'이 나타날 뿐 다른 문장 성분으로는 재구성되지 않는다.

(16) ㄱ. a. 칭찬을 받으면 기분이 좋은 법이지.
       b. *칭찬을 받으면 기분이 좋은 법도 모르고 지냈구만.
       c. ?칭찬을 받으면 기분이 좋은 법도 있다.

통합구조체의 '법'이 자립명사 '법'과의 관련성을 잃어가고 있음은 의존 명사 '법'이 복수접미사 '들'이 올 수 없는 제약을 받고 있는 데서부터 짐작할 수가 있다.

(17) ㄱ. a. 이번 회기 내에 처리하겠다는 법들이 모두 야당의 반대를
       심하게 받고 있어서 말야.
    ㄱ′. a. 아이를 어떻게 키워야 하는지 아주 기본적으로 필요한 법
       들을 익히지도 못한 대학생들이 보모 노릇을 한다구요?
       b. 그들만 승진하라는 (법/*법들)이라도 있다든?
       c. 언제 어느 때라도 정신을 놓치는 (법/*법들)이 없었다.
    ㄱ″. a. 아이들은 원래 어리광이 심한 (법/*법들)이지.
       b. 사람들은 칭찬을 받으면 기분이 좋아지는 (법/*법들)이야.

(17-ㄱ)은 자립 명사 '법'에 복수의 접미사 '들'이 결합될 수 있음을 보인 예이다. 그러나 의존 명사 '법'은 (ㄱ′ a)처럼 '들'이 접미히기도

하다가 (ㄱ´-b, c)처럼 제약을 받기도 한다. 그리고 마침내 통합구조체 '-는 법이-'에서는 주어인 '아이들, 사람들'이 복수의 자질을 가지고 있어도 '들'이 접미하지 않게 된다. 이는 (17-ㄱ″)가 외형상 명사구 보문 구성과 동일하지만 보문 명사 '법'과의 관련성을 많이 상실하였음을 알려주는 것이다.

  이는 '법'과 호응을 이루는 동사들의 분포 현황을 비교, 검토해 보면 드러난다.

(18) ㄱ. a. 여성을 평등하게 대우하라는 법조차 지키고 따르지 않으면서 무슨 여권신장론자라고.

ㄱ´. a. 요즘 연애한 여자와 반드시 결혼하라는 법을 누가 지키고 따른다고 그래?

   b. 그이의 수놓는 법을 잘 보고 따라하다 보면 나중에는 다른 사람이 너를 보고 따라하는 날이 올 거야.

   c. 술 마시고 늦게 들어오는 법만 따르지 않는다면 얼마든지 오케이지.

ㄱ″. a. *발없는 말이 천리가는 법으로 누구나 지키고 따라야 한다.

   b. *누구든지 칭찬을 받으면 기분이 좋은 법을 당연한 도리로 여기고 따르고 있어.

  (18)은 자립명사 '법'과의 호응을 이루는 '따르다/지키다' 등 소위 표제항의 요구, 목표함을 나타내는 동사를 써서 문장을 재구성하는 것이 가능한지의 여부를 보인 것이다. (18-ㄱ)은 자립명사 '법'이 '지키다/따르다' 등 실현동사들의 목적어로 재구성하는 것이 가능함을 보여준다. 그리고 [이치]나 [도리]그리고 [방법]을 의미하는 의존명사 '법' 역시 (18-ㄱ´)처럼 재구성이 가능하여 자립명사 '법'과의 관련성을 가지고 있음을 보여준다. 하지만 (18-ㄱ″) 통합구조체의 한 구성요소인 '법'은 '이-'만을 후행요소로 할 뿐이다. 화자의 태도를 의미하는 통합구조체의 한 구성요소로 변화하여 자립명사 '법'과의 관련성을 상실하였기 때문이다.

선행절 없이 홀로 쓰일 수 있는 자립명사 '법'은 분포의 제약과 의미의 변화를 겪어 의존적으로 쓰이게 되었는데 의존 명사 '법'은 자립명사 '법'이 지니고 있던 특징들을 일부 계승하기도 하고 일부 제약받기도 하였다. 그러나 통합구조체가 되면 자립명사 '법'이 지닌 특징들이 모두 나타나지 않는데, 이는 통합구조체의 한 구성요소가 되면서 자립명사 '법'과의 연관성을 잃었기 때문이다.

이는 '-기 마련이-' 역시 동일하다.

(19) ㄱ. a. 음식 마련도 좋지만 중요한 건 그런 게 아니잖아?
       b. 모두들 대책 마련에 정신이 없어서 다른 건 신경도 못썼지.
       c. 인사보담도 그래 돈 마련들은 해왔수?
  ㄱ´. a. 부지런한 사람이 결국엔 이기기 마련이야.
       b. *부지런한 사람이 결국엔 이기기 마련으로 보이던데.
       c. *부지런한 사람이 결국엔 이기기 마련들이야.

자립명사 '마련'은 (ㄱ-a, b)처럼 주어나 부사어로 쓰이며 (ㄱ-c)에서 보이듯이 돈을 마련할 사람들의 [+복수] 자질이 복사되어 복수의 접미사 '들'이 후행하기도 한다. 그러나 통합구조체 '-기 마련이-'의 한 구성요소인 '마련'은 '이-'와만 결합되기 때문에 (ㄱ´-b)치럼 '보이나'의 목적어로 쓰이면 자연스럽지 못한 문장이 된다. 자립명사 '마련'에 비해 분포의 제약을 많이 받고 있고 또한 (ㄱ´-c)처럼 복수의 접미사 '들'도 올 수 없어 원래의 '마련'과의 관련성이 느껴지지가 않는다고 할 수 있다.

지금까지 외형상으로는 선행 보문의 수식을 받는 보문 명사처럼 보이지만, 다른 명사들과 달리 다양한 문장 성분으로 재구성이 되지 않는다든지 복수의 접미사 '-들'이 오지 못하는 '보문 명사의 변화'가 통합구조체 '-는 법이-'와 '-기 마련이-'에서 발견됨을 보았다.

③ '이-'의 변화

'이-'는 선행 NP1과 NP2의 의미적 관계를 나타내 주는 고유한 기능을 지녔으며, 주어에 대한 서술 기능을 담당하는 다른 용언들과 같이 활용하는 특징을 지니고 있다. 또한 선어말어미와의 결합에 의해 사건이 언제 일어났는지 화자는 이를 어떻게 생각하는지를 표현한다.

우선 통합구조체 '-는 법이-'와 '-기 마련이-'의 '이-'는 선어말어미와의 결합에 제약이 없음이 명사구 보문 구성에서와 동일하게 나타난다.

(20) ㄱ. 남녀고용평등법은 여성들을 우대하겠다는 (법이야/ 법이었어/ 법이더라).

   ㄱ'. 그게 그 사람 나름대로 세워둔 공부하는 (법이야/ 법이었어/ 법이더라).

   ㄱ". a. 발없는 말이 천리가는 법이다.

      b. 역시 발없는 말이 천리가는 법이었어.

      c. 역시 인간사 주는 대로 돌려받는 법이더라구.

   ㄴ. a. 봄이 되면 꽃이 피게 마련이야.

      b. 생산지가 달라 가격의 차이가 나기 마련이었어.

      c. 세상에는 자기와 마음이 맞지 않는 사람이 있기 마련이더라.

통합구조체 '-는 법이-'의 한 구성요소인 '이-'가 통사적 구성 (20-ㄱ, ㄱ')의 '이-'와 동일하게 선어말어미와의 결합에 제약이 없음을 (20-ㄱ")에서 볼 수 있다. 또한 '-기 마련이-' 역시 동일하게 (20-ㄴ)처럼 '-었-'이나 '-더-'의 결합으로 시제와 양태를 표현하고 있다.

'이-'에 선어말어미가 결합하는 양상은 동일하지만 통합구조체 '-는 법이-'의 '이-'는 의문형어미로의 활용에 제약을 받고 있어 명사구 보문 구성과 차이를 가진다.

(21) ㄱ. a. 남녀고용평등법은 여성들을 평등하게 대우하겠다는 법이야.

     a'. 그게 여성들을 평등하게 대우하겠다는 법이야?

  a″. 저런 게 바로 여성들을 평등하게 대우하겠다는 법이구나
      싶었지.
ㄱ′. a. 그게 그 사람 나름대로 세워둔 공부하는 법이야.
   a′. 이게 그 사람이 알려준 공부 잘하는 법이야?
   a″. 이런 아주 기본적인 게 수능 만점자들이 터득했다던 공부
      하는 법이구나 생각하니까 별거 아니더라구.
ㄱ″. a. 모두 저 하는 만큼 돌려받는 법이야.
   a′. 모두 저 하는 만큼 돌려받는 (*법이야?/ 법 아닌가?).
   a″. 모두 저 하는 만큼 돌려받는 법이구나 싶었어.

(21)은 복합문의 상위 서술어인 '이-'와 통합구조체의 한 구성요소인 '이-'의 활용양상을 비교해 놓은 예이다. 평서형과 감탄형 어미의 활용은 모두 가능하나, 통합구조체 '-는 법이-'의 '이-'는 (ㄱ″-a′)와 같이 의문형어미의 활용이 자연스럽지 못하다. 청자에게 물어볼 때는 오히려 확인의문문으로 표현하는 것이 자연스럽다. 순수의문문은 화자가 모르고 있는 물음의 대상을 알고자 하는 것이지만, 확인 의문문은 물음의 대상을 알려고 하기보다 자신이 알고 있는 대상을 확인하여 인정받으려 하는 것이 특징이다. 그러므로 (ㄱ″-a′)의 '모두 저 하는 만큼 돌려받는 법 아닌가?'는 '저 하는 대로 돌려받는다'는 사실을 우회적으로 강조하기 위해 의문형 형식을 취하고 있을 뿐, (21-ㄱ,ㄱ′)의 의문형과는 동일한 것이 아니다.

이와 같이 의문형어미의 활용에 제약을 받는 현상은 '-기 마련이-'에서도 동일하게 나타난다.

(22) ㄱ. a. 팔자가 궂은 놈은 꼭 욕먹는 일만 하게 마련이라.
       a′. 팔자가 궂은 놈은 꼭 욕먹는 일만 하게 (*마련이니?/ 마련
          아닌가?).
       a″. 무슨 놈의 팔자가 그래 꼭 욕만 먹는 일을 하게 마련이람.

세 번째로 '아니-'를 사용하여 부정하는 현상이 통합구조체의 '-이'에서는 나타나지 않음을 들 수 있다.9)

> (23) ㄱ. a. 남녀고용평등법은 여자들을 우대하겠다는 법이라고 나는
>   생각해.
>   b. 초등학생들마저도 지키겠다고 나서는 법이 아니라는데 어
>   떻게 이런 법을 법이라고 따르고 지키라고 할 수 있겠어?
>   ㄱ′. a. 개와 고양이는 원래 만나면 싸우는 법이야.
>   b. 신하란 자신의 군주를 절대 배신하지 않는 법이야.

(23-ㄱ)은 [법규]의 의미를 가진 자립명사 '법'의 예로 선행 보문의
내용이 '법'을 수식, 보충하기에 적절하면 (ㄱ-a)처럼 [지정]의 의미를
가진 '이-'를 용언으로 한다. 하지만 '법'이 부정의 대상이 되면 (ㄱ-b)
처럼 '아니-'를 사용하여 '이-'를 부정하게 된다. 그러나 통합구조체 '-는
법이-'는 (23-ㄱ)처럼 '이-'가 부정의 영역에 들지 않는다. 통합구조체
'-는 법이-'의 경우에는 화자의 사유의 대상이 (ㄱ′-a, b)처럼 긍정문인
지 부정문인지의 차이만 있을 뿐 화자의 태도를 의미하는 '-는 법이-'
자체는 부정의 영역에 들지 않는다.

물론 [방법]이나 [이치]를 의미하는 의존명사 '법'의 경우에도 '이-'
는 부정의 영역에 들어 이들과 분리하여 화자의 태도를 의미하는 '-는
법이-'만을 통합구조체로 설정할 필요가 있음을 알 수 있다.

> (24) ㄱ. a. 이건 우등생들이 터득했다던, 공부 잘 하는 법이에요.
>   b. 이건 그 법이 아닌데요.
>   ㄴ. a. 세상사 모든 것이 현숙하지 못하면 조강지처라도 버리는
>   법인 것을….
>   b. 무슨 소리, 조강지처는 버리는 법이 아니야.

---

9) 김정아(2000)에서는 속성적 의미를 가지는 명사와 연결된 '이-'는 '-지 아니-'
   부정형을 취한다고 보았다. 즉 '제방에 비하면 선생님 연구실은 엉망은 아니
   예요'와 '제 방에 비하면 선생님 연구실은 그렇게 엉망이지 않아요' 둘 다 가
   능하다고 보고, 이때의 '이-'는 명사와 재구조화된 것으로 처리하였다. 그러나
   '-는 법이' '-기 마련-' 등 통합구조체의 '이-'는 장형부정 '-지 아니-'나 단형부
   정 '아니-' 둘 모두 되지 않아 '엉망이-'와 같이 명사와 '이-'가 재구조화된 것
   으로 볼 수 없음을 알 수 있다.

(24)는 '법'이 의존적으로 쓰이는 명사구 보문 구성으로 '법'은 (24-ㄱ)에서는 [방법]을 (24-ㄴ)에서는 [이치]를 의미한다. 선행 보문의 내용이 자신의 생각하는 방법이나 이치에 맞지 않다고 생각되는 경우에는 '아니-'를 사용하여 부정하고 있다.

이와 같이 통사적 구성과 달리 통합구조체의 '이-'가 부정의 영역에서 제외되는 현상을 '-기 마련이-'에서도 찾아볼 수 있다.

(25) ㄱ. a. 아이들은 원래 다치면서 크게 마련이야.
       a´. *아이들은 원래 다치면서 크게 마련은 아니야.
       b. 세상 일이 모두 다 그렇게 만만하게 돌아가지는 않기 마련인 것을.

(25)는 통합구조체 '-기 마련이-'가 쓰인 문장으로 '이-'를 부정하여 (ㄱ-a´)처럼 고치면 어색한 문장이 된다. (ㄱ-b)처럼 화자의 사유의 대상이 긍정문이나 부정문으로 제시될 뿐 '-기 마련이-' 자체는 부정의 영역에서 제외된다.

지금까지 통합구조체 '-는 법이-', '-기 마련이-'의 각 구성요소들이 의존적인 요소로 변화한 특정한 환경 아래에서는 외형상으로는 보문화소, 보문 명사 그리고 '이-'처럼 보이지만 명사구 보문 구성에서와 달리 새로운 제약들을 가지고 있음을 알 수 있었다.10)이는 통합구조

---

10) 양태부사 '반드시'의 쓰임이 가능하다는 사실 역시 '이-'의 범주의 변화가 나타남을 보여주는 예이다. 즉 '이-'가 서술어로 쓰인 문장에는 '반드시'가 나타날 수 없다는 점을 생각하면 '-기 마련이-'가 명사구 보문 구성이 아니라 통합구조체임을 보여주는 특징으로 제시할 수 있겠다.

  (1) ㄱ. a. 그 사람은 이 시간이면 반드시 (여기에 나타난다/ 집에 있더라).
      b. *그 사람은 반드시 (예쁘다/ 천재다).
   ㄱ´. a. 절대권력은 틀림없이 부패하기 마련이거늘.
      b. 절대군력은 틀림없이 부패하는 법이거늘.

  (1)은 양태부사 '반드시'가 존재사나 동사와만 함께 쓰일 수 있는 특징을 지니고 있음을 보여주는 예이다. '이-'나 형용사와는 어울릴 수가 없는데 (1-ㄱ) '-는 법이´나 '-기 마련이-'가 쓰인 문장에서는 자유롭게 나타날 수가 있다.

체의 구성요소가 되면서 본래의 명사구 보문 구성에서 지녔던 문법 범주와는 달리 변화되고 있기 때문으로, 결국 '-는 법이-' '-기 마련이-'가 공시적으로 문법화 과정에 들어섰음을 보여주는 것이라 할 수 있겠다.

3) 의미의 변화

통합구조체는 인접한 구성요소들끼리 결합하여 새로운 통사, 의미적 특징을 지니게 되는 것이므로 각 구성요소들은 명사구 보문 구성에서 와는 다른 의미를 지니고 있음을 볼 수 있다.

> (26) ㄱ. a. 남녀고용평등법은 여성들을 우대하겠다는 법이야.
>   b. 조선시대에는 대부분 여자들이 참고 살라는 법이었지만,
>   그래도 이렇게 은밀하게 이루어지는 불평등은 없었다고 봐.
>   ㄱ′. a. 지금도 공부하는 (법/방법)을 모르겠다니 할 말이 없네.
>   b. 지각한 사람은 화장실 청소하라는 (법/교칙/원칙)이라도 있어?
>   c. 아침마다 목풀기 연습을 거르는 (법/일/경우)이 없었어.

(26)은 명사구 보문 구성 '-는 법이-'의 예로, 국가의 강제력을 수반 하는 사회 규범의 의미를 지닌 자립명사 '법'이 쓰였다. 이 문장에서 보문화소 '-는'은 선행절의 시제가 현재임을 의미하고 '법'에 후행하는 '이-'는 선행 **NP**과 '법' 사이의 관계를 지정하여 주는 고유한 의미기 능을 지니고 있다.

그런데 '법'이 선행절이 반드시 필요한 의존 명사로 쓰일 때에는 (26-ㄱ′)에서 비슷한 낱말로 대치된 데서 보이듯이 의미의 변화를 보 인다. (ㄱ′-a)은 [방법] (ㄱ′-b)은 [원리] 그리고 (ㄱ′-c)는 [관례]를 의미 하여 자립명사 '법'과는 다른 의미로 변화하였지만, 그래도 여전히 방

이는 '-는 법이-'나 '-기 마련이-'의 '이-'가 용언으로서의 기능을 잃고 통합구 조체의 한 구성요소가 되었기 때문에 가능한 것으로 보인다.

법, 원리, 관례 등 '지키고 따라야 하는 법'의 기본 속성을 공유하는 방향으로 의미의 변화가 진행되어 자립명사 '법'과의 관련성을 지니고 있는 예라 할 수 있다.

하지만 통합구조체 '-는 법이-'는 자립명사 '법'이 쓰인 (26-ㄱ)과 외형상으로는 동일해 보이지만 이와의 상관성을 읽을 수가 없다.

(27) ㄱ.　a.　솜씨좋은 장인은 연장을 탓하지 않는 법이다.
　　　　　b.　누구나 칭찬을 받으면 기분이 좋은 법이다.

(27) 문장의 핵심은 '솜씨좋은 장인은 연장을 탓하지 않는다'와 '누구나 칭찬 받으면 기분이 좋다'이고 '-는 법이-'는 이것이 당연하다는 화자의 태도를 의미한다. 즉 명사구 보문 구성에서 문장의 핵심이던 '법'이 (27)에서는 부수적인 의미기능을 담당하고, 보충을 해주던 선행 보문이 (27) 문장의 핵심이 된 것이다. 문장의 구조가 변화하였을 뿐만 아니라 '법'은 인접 구성요소들과 결합하여 화자의 태도를 나타내고 있어 보문 명사 '법'이 쓰인 명사구 보문 구성에서의 의미로는 설명을 할 수가 없다.

통합구조체 '-는 법이-'를 형성한 각 구성요소들은 본래 그들이 지니고 있는 고유의 의미를 잃어버리고 새로운 의미로 변화한 것이라 할 수 있는데, 이는 '-기 마련이-' 역시 동일하다.

(28) ㄱ.　a.　위험한 일을 당하지 않도록 대비책을 마련해야 한다.
　　　　　b.　성공하고 말고는 걱정하지 말고 너는 돈마련이나 신경쓰도록 해라.
　　ㄱ'.　a.　한 번 당한 사람들은 위험한 일을 당하지 않도록 대비책을 세워두게 마련이다.
　　　　　b.　위험한 사고에 대비해서 비상금을 마련해 두기 마련이다.

(28-ㄱ)의 '마련'은 '하다' '되다'와 함께 서술어가 되거니 '신경쓰

다'의 부사어로 쓰이고 있으며 둘 모두 [(어떤 것을) 준비하여 갖춤]을 의미한다. 그러나 (28-ㄱ′)의 '마련'은 인접하는 구성요소 '-기/게' 그리고 '이-'와 결합해서 화자의 태도를 나타나게 된다. (ㄱ′-a)의 '한 번 당한 사람들은 위험한 일을 당하지 않도록 대비책을 세워둔다'와 (ㄱ′-b)의 '위험한 사고에 대비해서 비상금을 마련해 둔다'를 아주 당연하다고 생각하는 화자의 태도를 '-기 마련이-'가 의미하고 있는 것이다. 따라서 외형상 보문화소, 보문 명사 '마련' 그리고 '이-'로 이루어져 있지만 명사구 보문 구성에서 그들 각각이 지닌 의미를 합하여 (28-ㄱ′)의 '-기 마련이-'가 가진 의미를 산출할 수 없는 경우라 할 수 있다.

지금까지 '-는 법이-' '-기 마련이-'의 통사, 의미적 특징에 대해서 알아 보았다. 그 결과 명사구 보문 구성에서 나타났던 통사적 특징이 적용되지 않는다거나 보문화소, 보문 명사, 그리고 '이-'가 지니고 있던 의미의 합으로는 드러낼 수 없는 의미를 지니고 있음을 알 수 있었다. 이는 외형상으로는 보문화소, 보문 명사 그리고 '이-'처럼 보이지만 이들이 공고하게 결합하여 문법화되어 가고 있기 때문이다.

3.2. 통합구조체 '-ㄹ 모양이-'의 특징

1) 구성요소들의 긴밀성

'모양'은 [(겉으로 드러난) 생김새나 모습]을 의미하기도 하지만 [꼴, 체면]과 같이 모습을 비하하는 의미를 가지기도 하는 자립명사이다.

> (29) ㄱ. a. 글쎄, 모양은 영 아니던데 맛은 꽤 괜찮더라.
>   b. 사람들이 살아가는 모양이 가지각색인 거는 너도 알 거야.
>   c. 지금 내 모양이 어떤지 아니?

(ㄱ-a)은 [(겉으로 드러나는) 생김새나 모습]을 의미하는 ‘모양’의 예이고 (ㄱ-b)는 [형편] 그리고 (ㄱ-c)는 [꼴]이나 사람들에게 비춰지는 자신의 모습 즉 [체면]을 의미하는 ‘모양’의 예이다. 이들은 모두 대상이 가시적으로 존재하고 있으며 홀로 쓰일 수 있는 자립명사라는 점이 공통적이다.

그런데 외형상으로는 자립명사 ‘모양’이 쓰인 구문 같지만 통사상의 특징이나 의미가 변화되어 동일하게 다룰 수 없는 경우도 있다.

(30) ㄱ. a. 철수가 어디 가는 모양인데, 물어 볼까?
　　　　b. *철수가 모양인데, 물어 볼까?
　　　　c. 철수가 어디 가는 모양을 보았는데 너 혹시 아니?
　　 ㄴ. a. 많은 양의 수증기가 중북부 지방으로 유입되고 있는 모양
　　　　　입니다.
　　　　b. 이곳에 몰려 있는 수증기 모양을 좀 보십시오 의심이 가는 부분
　　　　　입니다.
　　　　c. 많은 양의 수증기가 중북부 지방으로 유입되고 있는 모양
　　　　　을 보니까 덜컥 겁부터 나던데요.

(30-ㄱ)은 의존적인 요소로 변화하며 동시에 자립명사일 때와 달리 다른 문장 성분으로 재구성될 수 없는 ‘모양’의 예이다. 즉 선행절 없이 홀로 쓰이면 (ㄱ-b)처럼 어색한 문장이 되며 서술어 ‘보이다’의 목적어로 재구성하였을 때는 (ㄱ-c)처럼 화자의 추측의 태도를 의미하지 못한다. 이는 (ㄴ-b)처럼 자립적으로 쓰일 수 있고 (ㄴ-c)처럼 목적어로도 재구성될 수 있는 자립명사 ‘모양’과 대조적이다.11)

---

11) ‘이-’는 의미적으로 선행 NP1과 NP2가 필요한 의미적 특징을 가지고 있다. 하지만 자립명사 ‘모양’과 달리 통합구조체 ‘-ㄹ 모양이-’구문은 생략된 선행 NP1을 복원하면 (1-ㄱ)처럼 어색한 문장이 되어 서로 다른 구조를 지니고 있음을 짐작하게 한다.

　(1) ㄱ. a. 내 구두는 앞에 작은 리본이 묶여 있는 모양이야.
　　　　　a′. 내 구두(의 모양)은 앞에 작은 리본이 묶여 있는 모양이야.
　　　　　b. 빼빼로를 3배쯤 위로, 옆으로 늘린 모양이었어.

(30-ㄱ)의 '모양'이 바로 모든 구성요소들이 서로를 필요로 하는 의존적인 요소가 됨으로써 긴밀하게 결합될 수밖에 없는, 통합구조체의 한 구성요소로 변화한 경우라 할 수 있다. 이를 통합구조체로 설정할 수 있는지의 여부는 비분리성, 제한적 공기관계 여부로 확인할 수가 있는데, 우선 통합구조체 '-는 모양이-'의 구성요소들 사이에 다른 요소를 넣는 것이 명사구 보문 구성과 달리 제약되는 것을 보이면 다음과 같다.

(31) ㄱ. a. 아주 작고 까만 세 개의 다리가 위태위태하게 본체를 받치고 있는 모양이었어.
          a′. 아주 작고 까만 세 개의 다리가 위태위태하게 본체를 받치고 있는, 기묘한 모양이었어.
          b. 글쎄, 떵떵거리며 잘 산다는 모양 같아 보이지는 않던데.
          b′. 글쎄, 떵떵거리며 잘 산다는 사람들의 모양 같아 보이지는 않던데.
      ㄱ′. a. 모두 어딘가 나가는 모양이던데.
          a′. 모두 어딘가 나가는 분주한 모양이던데.
          b. 모두 가운데에만 몰려 있는 모양이야.
          b′. ?모두 가운데에만 몰려 있는, 맘에 안드는 모양이야.

(31)은 자립명사 '모양'이 선행 보문의 수식, 보충을 받는 문장으로, 보문화소와 보문 명사 사이에 다른 구성요소를 넣는 것이 (ㄱ-a′, b′)처럼 자연스럽다. 하지만 외형상으로는 보문 명사 '모양'이 쓰인 문장으로 보이지만 '-는'과 '모양' 그리고 '이-'가 공고하게 결합된 통합구

---

      b′. (과자 모양이) 빼빼로를 3배쯤 위로, 옆으로 늘린 모양이었어.
  ㄱ′. a. 가슴이 많이 아픈 모양이야.
      a′. *(그 사람 모양은) 가슴이 많이 아픈 모양이야.
      b. 우리 차는 견인된 모양이야.
      b′. *우리 차(의 모양)은 견인된 모양이야.
      c. 어디로든 데리고 나갈 모양이야.
      c′. *(철수의 모양은) 어디로든 데리고 나갈 모양이야.

조체는 사이에 다른 구성요소를 넣을 수가 없다. (ㄱ´-a´)가 자연스러워 보이는 것은 자립명사 '모양'으로 쓰였을 때이며, 화자의 태도를 의미하는 통합구조체 '-는 모양이-'는 구성요소들 사이에 다른 요소를 넣으면 자연스럽지 못한 문장이 된다.

또한 '모양'이 통합구조체의 한 구성요소로 나타날 때는 '-는/-ㄴ/-ㄹ'과 '모양' 그리고 '이-'만이 결합되기 때문에 명사구 보문 구성에서와 달리 다른 명사로 대체하는 것이 어색하다.

> (32) ㄱ. a. 아주 작고 까만 세 개의 다리가 위태위태하게 본체를 받치고 있는 (모양, 모습)이었어.
>   b. 글쎄, 떵떵거리며 잘 산다는 (모양, 모습)같아 보이지는 않았어.
> ㄱ´. a. 모두 어딘가 나가는 (모양, 모습)이던데.
>   b. 모두 가운데에만 몰려 있는 (모양, 모습)이야.

통합구조체 '-는 모양이'는 (ㄱ´-a, b)처럼 '모양'과 동일한 의미를 가진 '모습'으로 대체하였을 때 화자의 추측을 나타내는 의미를 지니지 못하기 때문에 보문명사의 대체 가능함을 보여준 (32-ㄱ)과 대조적이다.

결국 외형상으로는 보문 명사 '모양'이 쓰인 것처럼 보이지만 '모양'을 비롯해 선, 후행요소들이 모두 의존적인 요소로 이루어진 일정한 환경 아래에서는 구성요소들이 다른 구성요소들로 대체되거나 그 사이에 다른 요소들이 개입되는 것이 어색할 만큼 긴밀하게 결합되어 있어서 '-ㄹ 모양이-'를 통합구조체로 설정할 수가 있을 것이라고 본다.

2) 구성요소들의 범주의 변화

① 보문화소의 변화

통합구조체 '-ㄹ 모양이-'는 앞의 두 통합구조체와 달리 명사구 보문 구성의 보문화소들처럼 시제에 따라 '-는/-ㄴ/-ㄹ'로 달리 나타난다. 그러나 이는 명사구 보문 구성에서 '모양'이 '-ㄹ'을 보문화소로 선택할 수 없었던 점과 대비하면 오히려 기이한 현상이다.

  (33) ㄱ. a. 저 죽을 듯이 날뛰는 모양은 차마 볼 수가 없더라.
      b. 최가가 하던 말과 하던 모양을 낱낱이 하는데.
      c. ?차들이 빽빽이 들어찰 모양이었어.12)
    ㄱ´. a. 가슴이 많이 아픈 모양이야.
      b. 우리 차는 견인된 모양이야.
      c. 모두 어딘가 나갈 모양이야.

(33-ㄱ)는 보문 명사 '모양'이 쓰인 문장이고 (33-ㄱ´)는 통합구조체 '-ㄹ 모양이-'의 예이다. '모양'은 [(존재하는 것의) 외적인 모습, 상태]를 의미하므로 그 의미로 인해 [未然]의 의미를 가진 보문화소 '-ㄹ'은 (ㄱ-c)처럼 제약을 받는다. 그러나 '모양'이 통합구조체의 한 구성요소가 된 경우에는 '-는/-ㄴ/-ㄹ'이 고루 나타나 화자가 추측하는 사건이 언제 일어나는지를 명시적으로 표현하고 있다.13)

---

12) 아래와 같이 '-ㄹ'이 보문화소로 오는 것같이 보이는 예도 있지만. 이는 '것 같다'가 생략된 문장으로 현재 논의의 대상과는 다른 것이다.
 (1) ㄱ. a. 어디서 뒹굴었는지 도저히 눈 뜨고는 못볼 모양이더라구.
     a´. 어디서 뒹굴었는지 도저히 눈 뜨고는 못볼 것 같은 모양이더라구.
     b. 살랑살랑 부는 바람에도 쓰러질 모양을 하고 있으니, 원.
     b´. 살랑살랑 부는 바람에도 쓰러질 것 같은 모양을 하고 있으니, 원.
13) 선행 보문의 내용이 언제 일어나느냐에 따라 보문화소를 달리 선택하여 표현하는 것이 명사구 보문 구성과 동일해 보인다. 그러나 '모양'이 보문 명사로 올 때로 한정되어 비교하는 것임을 생각하면 명사구 보문 구성일 때와 통합

더구나 통합구조체 '-는 모양이-'는 화자가 어떤 사건이 일어날 가능성이 있다고 생각할 때는 '-겠-'을 '-는'에 선접시켜 표현하고 있어 명사구 보문 구성의 보문화소 '-는'과는 확연히 다름을 보여주고 있다.

(34) ㄱ. a. 남편이 말한 내용을 그대로 믿을 모양이야.
　　　 a′. 남편이 말한 내용을 이제는 믿는 모양이야.
　　　 a″. 남편이 말한 내용을 이제는 믿겠는 모양이야.
　　　 b. 어쨌든 저 혼자 알아서 해결할 모양이야.
　　　 b′. 어쨌든 저 혼자 알아서 해결하는 모양이야.
　　　 b″. 어쨌든 저 혼자 알아서 해결하겠는 모양이야.

통합구조체 '-ㄹ 모양이-'는 남편이 말한 내용을 믿는다는 사실을 추측하거나 저 혼자 알아서 해결할 가능성이 있음을 추측하는 화자의 태도를 표현하고 있다. 그런데 화자가 사실 여부를 확인하지 못하여 확실한 사실로 드러낼 수 없는 경우에는 '-ㄹ 모양이-'뿐만 아니라 (ㄱ-a″, b′)처럼 '-겠-'을 '-는'에 선접하여 표현하기도 한다. 이는 명사구 보문을 이끄는 보문화소가 통합형어미의 한 구성요소가 되었을 경우 가지게 된 특징으로, '-는 모양이-'의 '-는' 역시 보문화소의 범주에서 벗어나고 있음을 말해주는 것이다.

② 보문 명사의 변화

보문 명사 '모양'은 겉으로 드러나는 모습이 어떠한지를 구체적으로 기술한 선행 보문의 수식, 보충을 받고 있지만 명사의 특징상 어느 문장 성분으로나 자유로이 쓰일 수 있으며 주어의 복수 자질이 복사되는 경우 복수의 접미사 '-들'이 후행하여 개체의 [+複數]의 특징을 드러내기도 한다.

구조체일 때는 서로 다르다고 할 수 있다.

그런데 보문 명사 '모양'이 문장 내에서 보어나 목적어 등 다른 문장 성분으로도 자유로이 쓰이는 것과 달리 통합구조체 '-ㄹ 모양이-'의 '모양'은 항상 '이-'만을 후행요소로 하고 있어 차이를 보인다.

> (35) ㄱ. a. 이게 이 사람이 평소 노는 모양이에요, 놀랐어요?
>   b. 이 사람이 평소 노는 모양을 보고 몹시 놀란 모양이야.
>   c. 그래, 평소하고 다니는 모양이 어떻든가?
>   ㄱ′. a. ?모두 어딘가 나간 모양으로 생각되는데.
>   b. ?모두 어딘가 나간 모양을 보았어.
>   c. 모두 어딘가 나갈 모양이야.

(35-ㄱ)은 보문 명사 '모양'이 보어나 목적어 또는 주어로 다양하게 나타나 명사로서 기능하고 있음을 보여주는 예이다. 그러나 (35-ㄱ′)의 '모양'은 부사어나 목적어로의 재구성은 어색하고 오로지 '이-'만이 후행할 수 있다. 부사어나 목적어로 재구성하였을 때 자연스럽게 느껴지는 것은 가시적인 외형을 의미하는 자립명사 '모양'으로 쓰였을 때이며 통합구조체의 한 구성요소인 경우에는 가능하지가 않다.

통합구조체의 구성요소인 '모양'이 명사로서의 기능을 잃어가고 있음은 아래 (36)에 제시된 바와 같이 복수의 접미사 '-들'이 후행할 수 없다는 사실에서도 확인된다.

> (36) ㄱ. a. 이게 이 사람들이 평소에 노는 모양들인가 봐요.
>   b. 그래, 평소 놀던 모양들을 새삼 다시 보니 감상이 어떻든가?
>   ㄱ′. a. *우리들도 가야할 모양들이야.
>   b. 모두 외국 캐릭터를 본뜬 모양들이야.

(36-ㄱ)은 명사구 보문 구성의 예로 복수인 주어의 자질이 복사되어 '모양'에도 접미사 '들'이 결합되어 있다. 하지만 주어인 '우리들'이 복수이어도 '모양'에 복수의 접미사 '들'이 오면 (ㄱ′-a)처럼 어색하거나 (ㄱ′-b)처럼 화자의 태도를 드러내는 의미를 가지지 않아 통합구조

체 '-ㄹ 모양이-'의 '모양'이 보문 명사로서 기능을 잃고 있음을 보여 준다.

이와 같이 외형상으로는 선행 보문의 수식을 받는 보문 명사처럼 보이지만, 다른 명사들과 달리 다양한 문장 성분으로 재구성되지 않는다든지 복수의 접미사 '-들'이 오지 못하는 '보문 명사의 범주의 변화'가 통합구조체 '-ㄹ 모양이-'에서 일어남을 보았다. 이는 명사구 보문 구성을 기원으로 하지만 독립된 하나의 형태소로 인정받고 있는 통합형 어미들에서 발견할 수 있는 특징으로 '-ㄹ 모양이-'를 문법화 과정 중인 통합구조체로 설정할 수 있는 근거가 된다.

③ '이-'의 변화

마지막으로 통합구조체 '-ㄹ 모양이-'의 마지막 구성요소인 '이-'의 기능이 변화되고 있는지를 살펴볼 것인데, 앞서 보았듯이 '이-'는 주어에 대한 서술 기능을 담당하는 다른 용언들과 같이 종결어미에 의한 활용이 자연스럽다.

하지만 통합구조체 '-ㄹ 모양이-'의 '이-'는 의문형어미로의 활용에 제약을 빈는다.

(37) ㄱ. a. 이게 이 사람이 평소 노는 (모양이에요/모양이에요?/ 모양이구나).

ㄱ´. a. 여러 그림을 찍어 넣는 걸 아이들이 원하는 (모양이야/ *모양이야?/ 모양이구나).

b. 여러 그림을 찍어 넣는 걸 아이들이 원하는 모양 아냐?14)

---

14) '-ㄹ 모양이다'는 의문형으로 활용하는 것이 자연스럽지 않아 보인다. 현재 언중들은 확인의문문으로 활용하는 것조차 어색해 하지만, '나으리가 가신 모양 아니가?'와 같이 사투리에서는 아직도 사용되고 있는 것으로 문헌('토지'에 나오는 대사중 일부이다)에 보이므로 통합구조체의 한 구성요소인 '모양' 역시 부정의문문의 형식으로 자신의 생각을 확인받으려 한다고 처리해 둔다.

(37-ㄱ)은 명사구 보문 구성 '-는 모양이-'의 '이-'가 활용하는 모습을 보인 예인데, 활용의 제약이 없음을 알 수 있다. 그러나 통합구조체 '-는 모양이-'의 '이-'는 (37-ㄱ´)처럼 의문형이 확인의문문 형식으로 나타나는 제약현상이 있어 명사구 보문 구성에서의 '이-'와는 다르다 할 수 있다.

'이-'는 또한 선어말어미들이 결합하여 시제나 화자의 태도를 드러내거나 '아니-'를 사용하여 문장의 내용을 부정하는 특징을 지니고 있다. 그러나 '-ㄹ 모양이-'의 '이-'는 '-었-'이 결합되지 않고 또한 '아니-'에 의한 부정도 이루어지지 않는다.

(38) ㄱ.　a.　이게 이 사람이 평소 노는 (모양이야/모양이었어/모양이더라).
　　　　b.　이건 이 사람이 평소 노는 모양이 아니에요.
　　ㄱ´.　a.　철수도 따라 갈 (모양이야/*모양이었어/모양이더라).
　　　　b.　*철수도 따라 갈 모양은 아니야.
　　　　b´.　철수도 따라 가지 않을 모양이야.

　　명사구 보문 구성의 '이-'는 (ㄱ-a, b)처럼 시제 선어말 어미 '-었-'이나 '-더-'의 결합이 자유스럽고 부정의 영역에 들고 있다. 그러나 통합구조체 '-ㄹ 모양이-'의 '이-'는 명사구 보문 구성에서와 달리 과거시제 선어말어미 '-었-'의 결합에 제약을 받고 있고 부정의 영역에 들지 않음을 보여준다. 오히려 문장을 부정할 때는 (ㄱ´-b)처럼 '철수가 따라간다'는 사건 자체를 부정하는 것이 자연스러워 '이-'의 문법적 특징을 지니지 않고 있음을 알 수 있다. 이는 통합구조체의 한 구성요소가 되면서 '이-'가 명사구 보문에서 보이던 특징을 지니지 않게 되는, 범주의 변화가 일어나고 있음을 말해주는 것이라 할 수 있다.

3) 통합환경의 변화

　　통사적 구성의 명사구 보문 구성에서 기원하였지만 인접한 구성요소들끼리 결합하여 새로운 통사, 의미적 기능을 가지게 되면 그에 맞게 통합환경에서의 변화도 나타나게 된다. 이미 기원이 됐던 명사구 보문 구성과의 관련성을 잃어가고 있기 때문에 새롭게 변화한 자신의 특징에 걸맞게 통합환경도 변화를 겪게 되는 것이다.

'-ㄹ 모양이-' 역시 우선 명사 '모양'의 영향으로 형용사가 선행 서술어로 올 수가 없던 특징이 통합구조체가 되면서 없어지게 되었음을 들 수 있다. 아래는 '모양'이 통합구조체의 한 구성요소가 되면 통사적 구성에서 선행할 수 없었던 '좋다/착하다/친절하다' 등 형용사를 선행함을 보인 예이다.15)

> (39) ㄱ.　a.　언뜻 봐서 잘 모르겠지만, 기분이 아주 좋은 (모양16)/모습)이던데.
> 　　　　b.　착하디 착한 (?모양/모습)으로 사람을 대하니 거부감이 없지.
> 　　　　c.　아주 친절한 (?모양/모습)을 보니 손님이 많은 이유를 알겠더군.
> 　　ㄱ´.　a.　자기 남편이 무척 좋은 모양이야.
> 　　　　b.　아들이 무척 착한 모양이야.
> 　　　　c.　그렇게 무뚝뚝한 사람이 너에게만은 친절한 모양이지?

(39-ㄱ)은 화자의 **추측**을 나타내는 의미가 아닌, [외양]을 의미하는 자립명사 '모양'이 쓰인 문장으로 형용사를 선행 서술어로 할 수 없음

---

15) 통합구조체 '-ㄹ 모양이-'는 일부 형용사들이 선행 서술어로 올 수 있다.
　　(1) ㄱ.　a. 기상예보를 들어보니 올해 겨울도 몹시 추울 모양이야.
　　　　　　b. ?그 언니를 보니 동생도 무척 예쁠 모양이에요.
　　　　　b´. 그 언니를 보니 동생도 무척 예쁜가 봐요.
　　(1)은 통합구조체 '-ㄹ 모양이-'가 선행 서술어로 형용사를 취할 수 있음을 보여주는 것이다. 앞으로 일어날 일이므로 추울지 더울지 기상은 예상가능하며 따라서 화자는 이를 추측할 수가 있어 '-ㄹ 모양이-'에 형용사가 선행하는 것이다. 하지만 (ㄱ-b)과 같이 이미 존재하는 대상의 상태에 대해서는 추측을 할 수가 없다. 대신 '-ㄴ가 보다'로 표현하여야 자연스럽다.
16) 이 역시 자연스럽다고 느끼는 것은 화자의 태도를 나타내는 통합구조체 '-ㄴ 모양이-'로 쓰였을 때이다.

을 보여준다. 이는 [외양][겉모습]을 의미하는 보문 명사 '모양'이 지닌 [+가시성]이 형용사의 [-가시성]과 어울리지 않기 때문에 생기는 제약이다. 하지만 통합구조체 '-(으)ㄴ 모양이-'는 자립명사 '모양'과 통합될 수 없었던 '좋다/착하다/친절하다' 등 형용사들이 선행 서술어로 나올 수 있다. '모양'은 앞, 뒤 구성요소들과 결합되어 통합구조체가 되면 통합할 수 있는 서술어에 제한이 없어져 확연하게 통사적 구성과는 다른 것임을 알 수 있다.

또한 보문화소의 범주의 변화에서도 지적하였지만 자립명사 '모양'은 가시적인 외형을 지시하기 때문에 보문화소 '-ㄹ'을 선행할 수 없는 것이 특징이지만, 통합구조체가 되면서 그들 나름대로의 체계를 확립하고 있어 '-는/-ㄴ/-ㄹ'이 선행하여 과거, 현재, 미래의 사건들이 화자의 사유의 대상으로 표현될 수가 있다.

> (40) ㄱ. a. 어디 갈 모양이에요.
>   b. 어디 가는 모양이에요.
>   c. 어디 간 모양이에요.

(40)는 명사구 보문 구성과 달리 '-ㄹ'이 선행한 통합구조체 '-ㄹ 모양이-'가 제시된 것이다. 이는 앞으로 일어날 일에 대해 추측해 보는 화자의 태도를 드러내고 있으며 보문 명사 '모양'과 통합구조체의 한 구성요소인 '모양'이 구별되는 바이기도 하다.

마지막으로 '이-'와 '-시-'의 결합여부에 대해서 볼 것인데, 높임의 선어말어미 '-시-'의 결합 여부만을 놓고 보면 통합구조체 '-ㄹ 모양이-'가 아직까지 명사구 보문 구성으로서의 구조에서 완전히 벗어나지 못함을 알 수 있다.

> (41) ㄱ. a. 아버님이 원하는 건 어머님을 가운데에 세우시는 모양이거든.
>   a´. 아버님이 원하는 건 어머님을 가운데에 세우는 모양이시거든.

      a″. 아버님이 원하는 건 어머님을 가운데에 세우시는 모양이시
거든.
ㄱ′. a. 선생님도 이제는 눈치채신 모양이네요.
      a′. 선생님도 이제는 눈치챈 모양이시네요.
      a″. 선생님도 이제는 눈치채신 모양이시네요.

(41-ㄱ)은 명사구 보문구성에서 높임의 선어말어미 '-시-'가 결합되는 양상을 보인 것이다. 보문의 서술어 '세우다'에 '-시-'가 결합되는 것은 어머님이 화자보다 손위 대상이기 때문이며, '이-'에 '-시-'가 결합되는 것은 선행하는 명사 '모양'이 화자보다 손위 대상인 '아버님이 원하는 모양'이기 때문에 아버님을 높이려는 화자의 의도를 반영하였기 때문이다. 보문과 상위문 서술어 양자에 모두 '-시-'가 결합되는 이러한 특징을 통합구조체 '-ㄹ 모양이-' 역시 지니고 있음을 (41-ㄱ′)에서 알 수 있다. 이는 인접 구성요소들과 결합되어 새로운 통사, 의미적 특징을 가지게 되었지만 원래의 문장 구조에서 아직까지 벗어나지 못하고 있음을 보여주는 것이다.

결국 통합구조체 '-ㄹ 모양이-'는 '-ㄹ'이 선행 요소로 오거나 서술어에 제약이 없는 등 명사구 보문 구성에서와는 다른 양상을 보여주는 동시에 높임의 선어말어미 '-시-'와의 결합양상에서는 명사구 보문 구성과 동일한 구조를 지니고 있음을 보여준다. 이는 변화의 조짐을 보이는 동시에 원래의 구조적 특징을 완전히 버리지 못하고 있음을 보이는 것으로 문법화의 중간 단계에 나타나는 자연스러운 현상이다.

4) 의미의 변화

통합구조체는 인접한 구성요소들끼리 결합하여 새로운 통사, 의미적 기능을 가지게 되므로 각 구성요소들이 명사구 보문 구성에서 지니고 있던 의미와 동일한 의미를 가지고 있지 않다.

‘모양’ 역시 통합구조체의 한 구성요소로 변화한 경우에는 선, 후행 요소들과 결합하여 화자의 태도를 나타내고 있기 때문에 [겉모습이나 외양]의 의미를 가지지 않는다.

(42) ㄱ. a. 그 사람 평소 놀던 모양이 원래 이래.
    b. 저게 화가 나서 거칠게 나오는 모양이야?
  ㄱ′. a. 시장이라도 가려던 모양이네.
    b. 저쪽에서 거칠게 나오는 모양이야.

(42-ㄱ)은 [(외형상 나타나는) 모습, 외양]을 의미하는 보문 명사 ‘모양’이 쓰인 예이고, (42-ㄱ′)는 ‘모양’이 선, 후행요소와 결합하여 화자의 추측의 태도를 나타내고 있는 예이다. 즉 (42-ㄱ)은 보문화소 ‘-는/-ㄴ’이 시제의 의미를, 모양은 [겉모습]을 그리고 ‘이-’는 [지정]의 의미를 각각 나타내고 있어 과거에 어떤 사람이 놀던 행태나 현재 화가 나서 거칠게 나오는 모습임을 말하고 있는 문장이다. 그러나 (42-ㄱ′)에서는 시장이라도 가려고 하는 것이나 저쪽에서 거칠게 나오는 사건이 확실하지는 않지만 그럴 수도 있을 것 같음을 통합구조체 ‘-니/-ㄹ 모양이-’로 표현하고 있어 의미의 변화가 목격된다.

지금까지 ‘-ㄹ 모양이-’를 중심으로 명사구 보문 구성의 구조처럼 보이지만 보문화소나 보문 명사 그리고 ‘이-’가 자신의 고유한 특징을 지니지 못하고 있고 따라서 각 구성요소들의 의미의 합이 전체 의미를 산출하지 못하는 특징을 지니고 있음을 보았다. 또한 새로운 의미의 변화에 맞춰 통합 환경에서의 변화도 나타나고 있어 ‘-ㄹ 모양이-’를 통합구조체로 설정할 수 있음을 확인할 수 있었다.

3.3. 통합구조체 '-ㄴ/ㄹ 것이-'와 '-ㄹ 터이-'의 특징

1) 구성요소들의 긴밀성

명사구 보문 구성이 일부 제한된 환경에서 문법 형태소로 변화할 때 그 구성요소들이 긴밀하게 통합될 수 있도록 모두 의존적 요소로 이루어져 있음을 확인하였다.

'-ㄹ 터이-'의 '터'는 자립명사와 의존 명사로 쓰이는데, 특히 후자는 선, 후행요소들과 긴밀하게 결합될 수 있는 비분리성, 제한적 공기 관계 등 통사적 제약을 가지고 있어 통합구조체로 설정할 수 있는 경우가 목격된다.

(43) ㄱ. 터를 잘 잡으면 열매도 잘 맺히는 법이야.
　　 ㄱ´. a. 그 사람이 여러 번 찾아 왔지만 난 이미 결정을 내린 터였다.
　　　　 a´. *그 사람이 여러 번 찾아 왔지만 난 터였어.
　　　　 b. 곧 이사할 터라 새 가구를 사들일 필요가 없었던 거지.
　　　　 b´. *곧 터라 새 가구를 사들일 필요가 없었던 거지.
　　 ㄱ″. a. 철수가 곧 가지고 올 테니 기다렸다가 받아 가렴.
　　　　 a´. *철수가 테니 기다렸다가 받아 가렴.

(43-ㄱ)은 선행 보문없이 홀로 쓰여도 자연스러운 자립 명사 '터'가 나온 문장으로, '터'는 [基] 즉 공간을 지시하는 구체적인 의미를 지니고 있다. 그러나 (43-ㄱ´) '터'는 자립적이지 않다. (ㄱ´-a´, b´)처럼 선행 보문 없이 '터' 홀로 쓰이면 비문이 되고 의미 역시 '그 사람이 여러 번 찾아 왔지만 난 이미 결정을 내린 상황이었다'나 '곧 이사할 상황이라'처럼 '터'는 좀더 추상적인 [상황]의 의미를 가지게 된다. '터'가 가진 통사, 의미적 특징의 변화는 (43-ㄱ″)에서도 나타난다. '터'는 (ㄱ″-a) 처럼 선행절 없이는 홀로 쓰일 수 없고 [基]를 의미하지도 않는다.

의존적이면서 의미의 변화까지 목격되는 것은 (43-ㄱ´, ㄱ″)에서 동일하게 나타나나 (43-ㄱ´)의 '-ㄴ/ㄹ 터이-'는 통합구조체로 보지 않는다. '터'를 포함하여 선, 후행요소들이 모두 의존적인 요소이기 때문에 긴밀하게 결합될 수 있는 조건이 갖춰진 상태이긴 하지만 (43-ㄱ´)의 '터'는 선, 후행요소들과 제한적 공기관계를 이루지 않아 공고하게 결합된 통합구조체로 보지 않는다.

먼저 (43-ㄱ´)가 긴밀하게 결합되어 있음을 보이면 다음과 같다.

> (44) ㄱ. a. 돈도 없고 전철마저 끊겨 버린 터라 집으로 돌아가기가 좀 그렇더구나.
> a´. *돈도 없고 전철마저 끊겨 버린 그 터라 집으로 돌아가기가 좀 그렇더구나.
> b. 곧 이사할 터라 새 가구를 들일 수가 없었어.
> b´. *곧 이사할 바로 그 터라 새 가구를 들일 수가 없었어.

(44)는 [상황]을 의미하는 의존적인 '터'가 쓰인 문장인데, 보문화소와 보문 명사 사이에 다른 요소가 개입되는 것이 어색하여 구성요소들의 결합관계가 긴밀하다는 특징이 발견된다.

그러나 [상황]의 '터'가 쓰인 '-ㄴ/ㄹ 터이-'는 아래 (45)에서 보이듯이 '터'가 다른 명사들로 대체되지 않을 만큼 선, 후행요소들과 제한적 공기관계를 이루지 않아, 공고하게 결합되지 않은 경우라 할 수 있다.

> (45) ㄱ. a. 그 사람이 여러 번 찾아 왔지만 난 이미 결정을 내린 터였어.
> a´. 그 사람이 여러 번 찾아 왔지만 난 이미 결정을 내린 (터, 상황, 처지)였어.
> b. 곧 이사할 터라 새 가구를 들일 수가 없었어.
> b´. 곧 이사할 (터, 상황, 처지)라 새 가구를 들일 수가 없었어.

그러나 아래의 '-ㄹ 터이-'는 의존적인 '터'와 인접 구성요소들 사이에 다른 요소가 개입되는 것이 어색할 뿐만 아니라 '터'를 다른 명사로 대체하는 것도 어색하여, [상황]의 의미를 가진 보문 명사 '터'가 쓰인 (43-ㄱ´)와 구별된다.

> (46) ㄱ. a. 그 사람이 먼저 올 테니까 그이만 신경 쓰면 돼.
>   a´. *그 사람이 먼저 올, 확실한 테니까 그이만 신경 쓰면 돼.
>   a″. *그 사람이 먼저 올 (터, 상황, 처지)니까 그이만 신경 쓰
>   면 돼.
>   b. 회사로 갈 테면 가라지, 누가 붙잡는대?
>   b´. *회사로 갈, 제멋대로 할 테면 가라지, 누가 붙잡는대?
>   b″. *회사로 갈 (터, 상황, 처지)면 가라지, 누가 붙잡는대?

(46)의 '-ㄹ 터이-'는 선행절이 없이는 홀로 쓰일 수 없는 의존적인 '터'가 쓰인 예로, 선, 후행요소들과 긴밀하게 결합되어 (ㄱ-a″, b″)처럼 사이에 다른 구성요소가 개입되는 것이 어색하다. 그리고 '터'를 '상황, 처지' 등 다른 명사들로 대체하였을 때 (ㄱ-a″, b″)처럼 어색한 문장이 되는 데에서 알 수 있듯이 '-ㄹ'과 '터' 그리고 '이-'만이 서로 제한적으로 결합되어 있다. '제한적 공기관계'는 (46)의 '-ㄹ 터이'가 외형상 보문 명사처럼 보이지만 이미 인접 구성요소들과 결합하여 통합구조체를 형성하였음을 보여주는 특징으로 (43-ㄱ´)와 구별되는 점이다.

따라서 (46)의 '-ㄹ 터이'를 선, 후행요소와 긴밀하게 결합하여 새로운 통사, 의미적 특징을 가지게 된, 명사구 보문 구성의 문법화 예로 설정한다.

'것'은 의존 명사이므로 원래 구성요소들이 긴밀하게 결합되어야 하는 제약을 전제하고 있다 할 수 있다. 그러나 '것' 역시 후행용언 '이-'와 함께 축약을 일으켜 '게다'로 실현되는 경우에 한하여 새로운 통사, 의미적 특징을 가진 통합구조체로 설정한다.

> (47) ㄱ. a. 그 사람의 목표는 어떻게 하든지 제일 일찍 끝내는 것이야.
>   a´. 그 사람의 목표는 어떻게 하든지 제일 일찍 끝내는 거야.
>   a″. *그 사람의 목표는 어떻게 하든지 제일 일찍 끝내는 게야.

ㄱ´. a. 아버지가 먼저 들어오시는 것이야.
　　a´. 아버지가 먼저 들어오시는 거야.
　　a″. 아버지가 먼저 들어오시는 게야.

(47-ㄱ)은 명사구 보문 구성 '-는 것이-'의 예로 보문 명사 '것'은 '이-'의 보어로 [物(thing)]을 의미하고 있다. 그러나 (47-ㄱ´)의 '-ㄴ 것이-'는 '것'이 선, 후행요소들과 결합하여 화자가 확연하다고 여기는 태도를 의미하고 있어 (47-ㄱ)과는 다름을 예상할 수 있다. 그러나 명사구 보문 구성과 통합구조체 '-는 것이-'는 외형상으로는 구별하기 힘들다. 하지만 전자가 (ㄱ-a″)처럼 '것'과 '이-'가 축약된 '게-'로 실현되지 않는 데 비해 후자는 그것이 가능하여 구별할 수가 있다. 따라서 구성요소들이 긴밀하게 결합될 수 있는 제약조건을 갖추고 있으면서 '것'이 후행용언 '이-'와 축약되어 '게-'로 실현되는 (47-ㄱ´)만을 문법화를 겪고 있는 통합구조체로 설정한다.17)

명사구 보문 구성에서와 달리 '것'과 '이-'의 축약현상이 나타나는 '-ㄴ/ㄹ 것이-'는 다른 통합구조체처럼 비분리성, 제한적 공기관계를 특징으로 하고 있어 문법화 과정 중에 있는 예로 볼 수 있다.

(48) ㄱ. a. 그 사람의 목표는 제일 먼저 졸업하는 거야.
　　　a´. 그 사람의 목표는 제일 먼저 졸업하는 바로 그거야.
　　　a″. 그 사람의 목표는 제일 먼저 졸업하는 (것, 일)이야.

---

17) 아래와 같이 '-ㄹ'이 선행되는 경우에도 '것'은 통합구조체의 한 구성요소가 된다.

(1) ㄱ. a. 그 사람이 모두 해 놓을 것이야.
　　　a´. 그 사람이 모두 해 놓을 게야.

(1)의 '-ㄹ 것이-'는 '것'과 '이-'가 축약된 '-게-'로 실현되고 있어 통합구조체의 예임을 알 수 있다. 그러나 '-ㄹ'이 선행하는 경우에 '것'은 보문 명사가 아니라 관계절의 head로만 나타나기 때문에, 통합구조체 '-ㄹ 것이-'와 병치시켜 논의를 진행시킬 수 있는 명사구 보문 구성의 '-ㄹ 것이-' 예로 들 수가 없다. 따라서 논의는 '-ㄴ 것이-'에서 보여진 바가 '-ㄹ 것이-'에도 나타나는지를 보는 식으로 진행될 것이다.

ㄱ´. a. 아버지가 먼저 들어오시는 거야.
      a´. 아버지가 먼저 들어오시는 바로 그 거야.
      a″. *아버지가 먼저 들어오시는 (것, 일)이야.

(48-ㄱ´)는 '-는' '것' 그리고 '이-'가 긴밀하게 결합되어 통합구조체가 된 경우로 명사구 보문 구성의 (48-ㄱ)과 달리 각 구성요소들 사이에 다른 요소가 개입되는 것이 자연스럽지 못하다. (ㄱ´-a´)가 자연스럽게 느껴지는 것은 [物(thing)]의 의미를 가진 보문 명사 '것'이 쓰인 경우일 뿐 화자의 확연하다는 태도를 의미하는 통합구조체 '-ㄴ 것이-'는 자연스럽지 못하다. 또한 (ㄱ´-a″)처럼 '것'이 비슷한 의미의 '일'로 대체되지 않고, 오로지 '것'과 '-는' '이-'만이 제한적으로 공기하고 있어 명사구 보문 구성 (ㄱ-a´)와는 다르다.

구성요소들의 비분리성은 통합구조체 '-ㄹ 것이-'에서도 동일하게 나타난다.

(49) ㄱ. a. 어떤 말도 저이의 고집을 껵을 수 없을 거야.
         a´. ?어떤 말도 저이의 고집을 껵을 수 없을 바로 그거야.
         a″. *어떤 말도 저이의 고집을 껵을 수 없을 (것, 일)이야.

문법화되면 원형식이 가지고 있던 통사, 의미적 특징과는 다른 모습들을 가지게 되는데, 통합구조체 '-ㄹ 터이-' '-ㄴ/ㄹ 것이-'도 동일한 이유로 해서 비분리성, 제한적 공기관계 등의 특징을 지니고 있는 것이라 할 수 있다.

2) 구성요소들의 범주의 변화

① 보문화소의 변화

통합구조체의 한 구성요소로 그 기능이 변화된 경우에 '-는/-ㄴ/-ㄹ'

은 더 이상 명사구 보문을 이끄는 보문화소와 같은 특징을 지니지 않게 되는, 이른바 범주의 변화가 목격된다. 명사구 보문 구성에서와 같이 보문화소가 시제에 따라 달리 선택되는 현상이 나타나지 않고 통합구조체는 '-ㄴ/-ㄹ' 앞에 시제 선어말어미가 결합되는 양상을 보이는 것이다. 우선 '터'가 보문 명사로 쓰인 경우부터 보면 다음과 같다.

    (50) ㄱ. a. 이사라도 가보려는 터라 요즘 좀 바빠.
           a′. 이사라도 가보려던 터라 요즘 좀 바빴어.
           a″. 곧 이사 갈 터라 가구를 전혀 들이지 않았지.

  (50)은 보문의 시제에 따라 '-는'과 '-던' 그리고 '-ㄹ'이 보문화소로 왔으므로 보문 명사 '터'가 쓰인 예이다.

  그러나 구성요소들이 긴밀하게 결합되어 통합구조체가 된 경우, '-ㄹ 터이-'는 과거시제 선어말어미 '-었-'을 '-ㄹ' 앞에 선접하여 과거의 사건임을 표현하고 있다.

    (51) ㄱ. a. 그 사람이 어디로 갈지 아무도 모<u>를 테</u>니까 우리만 조용히
              있으면 돼.
           a′. 그 사람이 어디로 갔을지 아무도 몰<u>랐을 테</u>니까 용서해 주렴.
           a″. *그 사람이 어디로 갔을지 아무도 모<u>른 테</u>니까 용서해 주렴.
           b. 미라는 이미 떠났고, 그 녀석도 곧 <u>갈 테</u>고.
           b′. 미라는 이미 떠났고, 그 녀석도 <u>갔을 테</u>고.
           b″. *미라는 이미 떠났고, 그 녀석도 <u>간 테</u>고.

  (51)은 화자의 사유대상인 사건의 시제에 따라 'ㄹ-'과 '-었을'로 표현되고 있음을 보여주는 예이다. 과거의 사건에 대해 추측할 때에는 '-ㄴ'이 아니라 (a′, b′)처럼 과거 시제 선어말어미 '-었-'을 '-ㄹ'에 선접하여 표현하는데, 이는 통합구조체 '-ㄹ 터이-'의 '-ㄹ'이 보문화소가 아니라는 점을 확인시켜 주고 있다.

사건의 시제에 따라 보문화소가 달리 선택되지 않고 시제 선어말어미가 '-ㄴ/ㄹ'에 선접하는 것은 통합구조체를 '-ㄴ/ㄹ 것이-'에서도 발견되는 현상이다.

> (52) 갑: 왜 안갔어?
>   ㄱ. a. 을: 가만히 지켜보고 있으니까 눈이 더 많이 내리는 거야,
>   그래서 생각을 접었지.
>   a′. 을: 가만히 지켜보고 있으니까 눈이 더 많이 내리겠는 거
>   야. 그래서 생각을 접었지, 뭐.
>   a″. 을: *가만히 지켜보고 있으니까 눈이 더 많이 내릴 거야.
>   그래서 생각을 접었지, 뭐.
>   ㄴ. a. 아마 내일은 눈이 올 거야.
>   a′. 아마 어제는 눈이 왔을 거야.
>   a″. *아마 어제는 눈이 온 거야.

(52-ㄱ)은 통합구조체 '-는 것이-'의 예로, 눈이 더 많이 내리는 사건이 현재에 일어나고 있을 때 (ㄱ-a)처럼 '-는'이 오고 아직 확실히 모르지만 일어날 수도 있는 일이라고 생각할 때는 '-는' 앞에 '-겠-'을 선접하여 (ㄱ-a′)처럼 '-겠는-'으로 표현하고 있다.[18]

통합구조체 '-ㄹ 것이-' 역시 아직 일어나지 않은 사건은 (ㄴ-a)처럼 '-ㄹ'로 표현하고 이미 일어난 일을 추측할 때는 (ㄴ-a′)처럼 '-었-'을 '-ㄹ' 앞에 선접하여 표현한 것이 자연스럽다. 이들은 모두 명사구 보문 구성과 외형상 같지만 통합형어미로 굳어진 경우, 그 구성요소 중

---

18) '-는'은 '눈이 더 많이 내린다'는 사건이 현재일 때 선택되고, 현재 일어나는 여러 정황들을 토대로 화자가 앞으로 일어날 것이라고 말할 때는 (ㄱ-a′)와 같이 '-겠-'을 선접하여 표현하고 있다. (ㄱ′-a′)의 '-ㄹ'이 오는 경우는 현재 눈이 올 징후들이 없더라도 화자가 앞으로 일어날 수 있는 일이라 생각하여 말하는 경우이기 때문에 선행절 '가만히 지켜보고 있으니까'와 호응을 이루지 못한다. 결국 (ㄱ-a)의 '눈이 더 많이 내리다'는 문장은 아직 일어나지 않은 일로 표현할 때 '-ㄹ'이 아니라 '-겠는'과 같이 '-겠-'을 선접하여 쓰는 것을 알 수 있다.

하나인 '-ㄴ/ㄹ'에게서 발견되는 특징과 일치하는 점이다.19)

보문화소의 변화는 시제에 따라 보문화소가 달리 선택되던 명사구 보문 구성과 달리 고정되어 쓰이는 것으로도 설명되는데, 아래 (53) [약속]의 종결어미 '-ㄹ게'가 '-ㄹ'만을 고정적으로 취하고 있는 것처럼 통합구조체 '-ㄹ 터이-'도 '-ㄹ'만을 구성요소로 하고 있다.

> (53) ㄱ. a. 내가 먼저 손을 내밀어 볼 테야.
>   a′. *내가 먼저 손을 내밀어 (보는/ 볼) 테야.
>   a″. *내가 먼저 손을 내밀어 봤을 테야.
>   ㄴ. a. 이 다음에는 내가 먼저 손을 내밀게.
>   a′. *이 다음에는 내가 먼저 손을 (내미는/ 내민)게.
>   a″. *이 다음에는 내가 먼저 손을 내밀었을게.

(53-ㄱ)은 1인칭 화자의 의지를 표현하고 있는 통합구조체 '-ㄹ 터이-'의 예로, 다른 보문화소들은 오지 못하고 오직 '-ㄹ'만 선접하고 있다든지 (ㄱ-a′)처럼 '-ㄹ'에는 과거 시제 선어말어미 '-었-'도 오지 못하여 고정적으로 '-ㄹ'만을 구성요소로 하는 특징이 발견되는데, 이 모든 특징이 통합형어미 '-ㄹ게'와 일치하고 있다.

보문화소가 시제에 따라 달리 선택되던 명사구 보문 구성과 달리 선어말어미 '-었-'이나 '-겠-'이 선접된다거나 '-ㄹ' 하나만이 고정적으로 나타나고 있는 현상은 통합형어미로 굳어진 예들에게서 발견되는

---

19) 이지양(1998)은 '-는 것이다'가 '-었는 것이다'와 같이 과거 시제 선어말어미 '-었-'을 선접할 수 있다고 하였다. 그러나 그가 든 예문 '밤새 술을 다 먹었는 게다'는 자연스럽지 않은 문장이라 생각된다. 오히려 '결국 밤새 술을 마신 것이야/게야'와 같이 고치면 자연스러워 '-었-'이 '-는-' 앞에 선접하는 것은 불가능하다고 생각된다. 그러므로 통합구조체 '-는 것이-'의 '-는'은 '-겠-'이 선접할 수 있는 것을 보면 통합형어미의 '-는'과 같이 변하였다고 할 수 있고 '-었-'이 선접할 수 없는 것을 보면 아직 보문화소 '-는'으로서의 기능도 가지고 있다고 할 수 있다. 이는 문법화의 과정상 원래의 낱말이 지니던 통사적 특징과 새롭게 변화하는 것으로 볼 수 있는 통사적 특징이 혼재할 수밖에 없다는 점과 일치하는 바이다.

특징으로, '-ㄹ 터이-'와 '-ㄴ/ㄹ 것이-'를 명사구 보문 구성이 아닌 문법화 과정 중인 통합구조체로 달리 설정해야 하는 이유가 돼 준다.

② 보문 명사의 변화

외형상으로는 명사구 보문 구성이지만 문법화되어 하나의 형태소로 변화하게 되면 기존의 구문에서 보문 명사로 기능하던 것들은 명사로서의 통사, 의미적 기능을 잃게 된다. 이른바 보문 명사의 범주의 변화가 일어나게 되는데, 우선 명사가 여러 조사들을 후접시켜 어느 문장 성분으로나 자유로이 쓰일 수 있는 데 비하여 통합구조체의 '터, 것'은 그렇지 못한 점을 들 수 있다.

(54) ㄱ. a. 더 어려운 일도 이겨내야 할 터라 겨우 이런 일로 쓰러질 수는 없었어.
　　　　a´. 더 어려운 일도 이겨내야 할 터에 겨우 이런 일로 쓰러져서야.
　　　　b. 더 어려운 일도 이겨내야 할 (터, 처지)라 겨우 이런 일로 쓰러질 수는 없었어.
　　ㄱ´. a. 아마 무서운 선생님이 부임해 올 텐데 그때도 이렇게 힐거냐?
　　　　a´. 무서운 선생님이 부임해 올 터에 그렇게 할 수 있겠니?

(54)는 (ㄱ-b)처럼 '상황, 처지, 마당' 등으로 대체되어도 자연스러운 점으로 미루어 [상황]의 의미를 가진 의존 명사 '터'가 사용된 명사구 보문 구성임을 알 수 있다. '터'가 보문 명사임은 (ㄱ-a, a´)처럼 '이-'의 보어로 쓰이기도 하지만 '-에'가 후행하여 부사절로 재구성될 수 있는 데에서 보여진다.

그러나 '터'가 선, 후행성분들과 결합하여 화자의 추측의 태도를 나타내는 통합구조체가 되면 부사절로 재구성되지 않는다. (54-ㄱ´)가 그 예인데, 통합구조체 '-ㄹ 터이'의 '터'는 부사절로 재구성하면 (ㄱ´-a´)

처럼 추측의 의미를 잃는다. 이는 통합구조체 ‘-ㄹ 터이-’의 ‘터’가 명사
로서의 기능을 상실하여 가고 있음을 보여준다.20)

　이는 통합구조체 ‘-ㄴ 것이-’에서도 동일하게 나타나는데 아래 (55)
는 ‘것’에 조사 ‘-을’을 후접시켜 목적어로 재구성하는 것이 자연스럽
지 못함을 보여준다.

> (55) ㄱ. a.　마지막 말도 역시 끝까지 사랑하겠다는 거야.
> 　　　　b.　끝까지 사랑하겠다는 것을 그 사람이 맹세했다고?
> 　　ㄱ′. a.　내가 나가려 했는데, 아버지가 먼저 들어오신 거야.
> 　　　　b.　내가 나가려 했는데, 아버지가 먼저 들어오신 거로는 보이
> 　　　　　　지 않았어.

　(55-ㄱ)의 예는 보문 명사 ‘것’이 ‘이-’의 보어로 쓰이거나 ‘맹세하
다’의 목적어로 쓰이는 등 다른 문장 성분으로 재구성되는 것이 자연
스러움을 보여준다. 그러나 통합구조체 ‘-ㄴ 것이-’의 ‘것’은 (ㄱ′-b)와
같이 ‘보이다’의 부사어로 올 수가 없어21) 여러 문장 성분으로 자유로
이 재구성될 수 있다는 명사의 기본적인 특징을 잃어 가고 있는 예로
볼 수 있다.

　이는 통합구조체 ‘-ㄹ 것이-’에서도 동일하게 나타난다.

> (56) ㄱ. a.　아마 내일은 모두 해야 될 거야.
> 　　　　b.　아마 내일은 모두 해야 될 거로 처리될 지도 몰라.

　화자의 추측을 나타내는 ‘-ㄹ 것이-’는 ‘처리되다’의 목적어로 재구
성되지 않는다. (ㄱ-b) 문장이 자연스러운 것은 [物, 事]의 의미를 가

---

20) 통사적 구성 단계에 놓인 명사구 보문구성 ‘-ㄴ 터이-’와 달리 오로지 ‘이-’의
　　보어 자리에만 오는 제약을 지니고 있다는 점은 ‘-ㄹ 터이-’의 ‘터’가 후행요
　　소인 ‘이-’와 더욱 긴밀하게 통합될 수 있는 조건을 갖추고 있다고 할 수 있다.
21) 이 문장이 자연스러운 것은 ‘것’이 [事(thing)]의 의미를 지녔을 경우이다.

진 보문 명사 '것'으로 쓰인 문장일 뿐, 통합구조체 '-ㄹ 것이-'의 '것'은 다양한 문장성분으로 쓰이지 못한다.

지금까지 살펴 본 대로, 통합구조체 '-ㄹ 터이-'와 '-ㄴ/ㄹ 것이-'의 '터'와 '것'은 고정된 위치에서만 나타나는 제약을 보이고 있었다. 이와 같이 다른 문장 성분으로의 변형이 자유스럽지 않은 것은 '터'와 '것'이 명사로서의 기능을 잃어가고 있음을 말하는 것[22]으로 이들을 문법화 과정에 들어선 통합구조체로 설정할 수 있는 근거이기도 하다.

③ '이-'의 변화

명사구 보문 구성에서의 '이-'는 주어에 대한 서술 기능을 담당하여 다른 용언들과 같이 활용을 하는 특징을 지니고 있다. 그러나 통합구조체 'ㄹ 터아'와 '-ㄴ/ㄹ것이-'의 '이-'는 명사구 보문 구성에서의 '이-'와는 다른 양상을 보인다.

먼저 '이-'가 종결어미를 달리하여 활용하는 것과 선어말어미와의 결합 양상을 명사구 보문 구성의 '-ㄴ/ㄹ 터이-'에서 보이면 다음과 같다.

---

22) 통합구조체'-ㄴ/ㄹ 것이-'의 '것'에 [복수]의 접미사 '들'이 후접할 수 없음을 근거로 들 수 있다. 하지만 비교의 대상이 되는 복합문이 보문이 아니라 관계문을 선행으로 하는 구조이기 때문에 따로 설명하지 않는다.

  (1) ㄱ. a. 내가 할 게 여기 있는 거고 저건 다른 사람이 해도 되는 거야.
         a′. 내가 할 게 여기 있는 것들이고, 저건 다른 사람들이 해도 되는 것들이야.
      ㄱ′. a. 갑자기 아버지 친구분들께서 놀러오신 (거/ *것들이)야.
          b. 우리들이 처리할 (거/?것들이)니까 너무 걱정하지 마세요.

  (1-ㄱ)은 관계문의 head로 쓰인 '것'의 예로, 대상이 여러 개 이상일 때는 '것'에 복수의 접미사 '들'이 후접된다. 그러나 (1-ㄱ′)처럼 통합구조체 '-ㄴ/ㄹ 것이-'의 '것'은 복수의 접미사 '들'이 오는 것이 자연스럽지 못하다. '것'이 사물이나 사람, 또는 현상을 지시하는 명사로서의 특징을 잃고 있음을 보여주는 것이다.

(57) ㄱ.　a.　저 사람도 나가려던 (터였어, 터였어?, 터였구나).
　　　　b.　누군가 만나러 가던 터였거든.
　　　　b′.　일부를 떼이고 겨우 몸만 빠져 나왔던 터였더라도 그렇지.
　　ㄱ′.　a.　무슨 일이든 마다 않고 해야 할 (터였어, 터였어?, 터였구나).
　　　　b.　그이도 그러자고 말할 터였거든. 그러니 놀랄 수밖에.
　　　　b′.　아무리 그 사람에게 부탁해야 할 터였더라도.

(57)은 [상황]을 의미하는 의존명사 '터'가 쓰인 문장에서 상위문 서술어 '이-'가 활용하는 양상을 보인 것이다. (ㄱ, ㄱ′-a)와 같이 평서형, 의문형, 감탄형으로 활용하는 것이나 (ㄱ, ㄱ′-b)처럼 '-었-' '-더-' 등 시제나 양태의 선어말어미들이 자유롭게 결합하는 것 모두 동일하게 나타난다.

그러나 통합구조체 '-ㄹ 터이-'는 차이를 보인다.

(58) ㄱ.　a.　나도 한 번 해 볼 테야.
　　　　a′.　너도 한 번 해볼 (테냐?/ *테구나).
　　　　b.　나도 한 번 해 볼 (테야, *테였어, *테더라).

(58)는 통합구조체 '-ㄹ 터이-'에서 '이-'가 활용을 하는 모습을 보인 예인데, (ㄱ-a′)처럼 감탄형 어미로의 활용이 어색하다.23) 또한 (ㄱ-b)에서 보듯이 시제나 양태의 선어말어미의 결합이 제약되고 있어 통사적 구성의 명사구 보문구성과는 다른 양상을 보이고 있다. 이는 '이-'가 선행 요소들과 함께 긴밀하게 결합되어 화자의 의지를 표현하는 통합구조체 '-ㄹ 터이-'로 변하였기 때문에 '이-'와 활용체계가 동일하

---

23) 물론 의문형 어미의 활용에서도 차이는 나타난다. '너도 한 번 해볼 테냐'는 단지 너의 앞으로의 상황이 어떤지를 묻는 것이 아니라 어떻게 할 것인지의 여부를 묻는 문장으로 해석되기도 한다. 즉 '터'가 [상황]을 의미하는 명사가 아니라 인접 요소들과 결합하여 화자의 태도를 나타내고 있기 때문에 순수하게 의사를 묻는 것이 아니라 따져 묻는 문장으로도 해석될 수 있다. 이런 점에서 보면 (57)의 명사구 보문 구성에서의 의문형과는 다르다고 할 수 있다.

지 않은 것이다.

이는 통합구조체 '-ㄴ/ㄹ 것이-'에서도 나타난다.

(59) ㄱ. a. 저녀석이 알아서 할 (거야, 거냐?, 거구나).
　　　 b. 아마 네 몫도 챙길 수 있을 (거야, ?거였어, ?거더라).
　　ㄴ. a. 그냥 아버지가 알아서 하신 (거야, 거야?, 거구나).
　　　 b. 그냥 아버지가 알아서 하신 (거야, 거였어, 거더라).

(59)는 통합구조체 '-ㄹ/ㄴ 것이-'의 종결어미에 의한 활용과 선어말 어미와의 결합양상을 보인 것이다. 활용에는 제약이 없지만 (ㄱ, ㄴ-b) 처럼 선어말어미와의 결합에 제약을 받는다.24) 명사구 보문 구성의 상위문 서술어 '이-'와 달리 선어말 어미의 결합에 제약이 따르는 것은 '이-'가 통합구조체의 한 구성요소가 되어 용언으로서의 기능을 잃어가고 있기 때문이다.

'이-'의 범주가 변화되고 있는지를 알아보는 두 번째 기준으로는 문장을 부정할 때 '이-'가 부정의 영역에 들어가는지의 여부를 들 수 있다.

우선 '이-'가 상위문의 서술어로 쓰인 명사구 보문 구성부터 제시하면 다음과 같다.

(60) ㄱ. a. 오늘 끝장을 보려던 터였어.
　　　 b. 오늘 끝장을 보려던 터는 아니었는데, 어쩌다 보니 이렇게 돼버렸네.
　　ㄴ. a. 곧 이사나갈 터인지라 이렇게까지 하고 싶지 않았는데.
　　　 b. 지금 곧 이사나갈 터는 아닌지라 이렇게까지 하고 싶지 않았던 거야.

(60)은 [상황]을 의미하는 보문 명사 '터'가 쓰인 문장으로, '아니-'를 사용하여 '-이'가 부정되고 있는 것이 명사구 보문 구성에서와 같다.

---

24) (ㄴ-b)가 자연스러운 것은 역시 '것'이 [事(thing)]의 의미를 가진 경우이다.

  그러나 아래의 '-ㄹ 터이-'의 '이-'는 이미 명사구 보문 구성의 '이-'
와는 그 기능이 달라졌기 때문에 '아니-'를 사용한 부정이 자연스럽지
못하다.

  (61) ㄱ. a. 나도 이번에는 열심히 할 테야.
          a´. *나도 이번에는 열심히 할 터는 아니야.
          a″. 나도 이번에는 열심히 하지 않을 테야.
          b. 철수는 이번 일에 참가할 테지만.
          b´. *철수는 이번 일에 참가할 터는 아니지만.
          b″. 철수는 이번 일에 참가하지 않을 테지만.

  (ㄱ-a´)는 '아니-'를 사용한 문장의 부정이 통합구조체 '-ㄹ 터이-'가
나온 구문에서는 어색함을 보여준다. 대신 (ㄱ-a″, b´)와 같이 선행 서
술어 '하다'와 '참가하다'를 부정시키는 것이 자연스럽다.
  이러한 특징은 통합구조체 '-ㄴ/ㄹ 것이-'에서도 나타난다.

  (62) ㄱ. a. 아버지가 일찍 오신 것이다.
          a´. ?아버지가 일찍 오신 것은 아니다.
          a″. 아버지가 일찍 오시지 않은 것이다.
      ㄴ. a. 아버지가 직접 가지고 오실 거야.
          a´. ?아버지가 직접 가지고 오실 거는 아니야.
          a″. 아버지가 직접 가지고 오시지 않을 거야.

  통합구조체 '-ㄴ/ㄹ 것이-'가 쓰인 (62)에서는 '이-'가 부정된 (ㄱ, ㄴ-a´)
는 부자연스러운 데 비해 화자의 사유 대상인 사건 즉 '아버지가 일
찍 오시다'와 '아버지가 직접 가지고 오신다'를 부정한 (ㄱ, ㄴ-a″)는
자연스러운 문장이 됨을 알 수 있다. 이는 명사구 보문 구성에서의
'이-'와 기능이 달라졌기 때문에 부정의 양상이 달리 실현되고 있는
것이다.
  지금까지 통합구조체에서 '이-'가 지닌 특징들에 대해서 살펴보았는

데, '이-'의 활용체계에서 벗어난 점. 선어말어미와의 결합여부에서 제약을 보이는 점, 그리고 부정의 영역에서 제외되는 점 등 명사구 보문 구성의 '이-'와는 그 특징이 다름을 알 수 있다. 이는 통합구조체의 '이-'를 명사구 보문의 '이-'와 더 이상 동일한 것으로 다룰 수 없음을 보여주는 것이다.25)

3) 통합환경의 변화

문법화를 겪은 통합형어미는 변화된 통사, 의미 상의 특징들에 맞추

---

25) 통합구조체의 구성요소인 '이-'가 명사구 보문 구성의 '이-'와는 그 특징이 다름은 이들이 전형적인 '이-' 구문에서 벗어나 있음에서도 알 수 있다. '이-'는 NP1과 NP2를 필요로 하는 두자리 서술어로 NP2는 NP1과 동일성을 가지거나 NP1의 속성을 드러내는 의미적 관계를 맺고 있다. 그러나 통합구조체를 이루는 '-ㄹ 터이-'의 '이-'는 두자리 서술어가 아니어서 NP1과 NP2의 의미관계 역시 찾기 힘든 구문이라 할 수 있다.

　(1) ㄱ. a. 그 녀석도 어떻게 벗어날까 궁리하고 있을 터라.
　　　　　b. 선생님도 지금 막 떠나려던 터였어.

　(1)은 통사적 구성의 예로 NP1은 '그 녀석'과 '선생님' 그리고 NP2는 '(주어가 처한) 터'이다. '터'는 그 녀석이나 선생님이 처한 상황을 의미하므로, NP1과 NP2가 속성적 관계를 맺는 '이-' 구문이다.

　그러나 통합구조체 '-ㄹ 터이-'가 쓰인 문장에서는 '이-'의 의미적 특징상 요구되는 NP1이 존재하지 않는다.

　(2) ㄱ. a. 나도 반드시 가볼 테야.
　　　　　b. 철수라면 언젠가 할 수 있을 테지만 영희는 영 그렇지가 못해.

　(ㄱ-a)는 NP2를 '터', NP1을 '나'로 보는 것이 적절치 않다. '나'는 선행 서술어인 '가보다'의 행위주일 뿐, '이-'의 보어 자리에 있는 '터'와 동일한 대상을 지시하는 의미를 지니지도 못하고 또한 '터'의 속성적 의미를 가지고 있지 않아서 NP1이라 할 수 없다. (ㄱ-b) 역시 마찬가지로 '철수'는 '언젠가 할 수 있다'의 주어, 즉 행위의 주체자일 뿐 '터'와 호응하는 NP1은 아니다. '-ㄹ'과 '터' 그리고 '이-'가 하나로 결합하여 화자의 태도를 표현하고 있어 더 이상 '이-'의 NP1과 NP2를 상정할 수 없는, 예외적인 문장 구조를 지니게 되었다 할 수 있다. 결국 명사구 보문구성과 외형상 동일하게 '이-'를 가지고 있지만, NP1과 NP2의 의미적 관계가 성립되지 않는 문장구조를 가지고 있는 것으로, 통합구조체의 '이-'가 명사구 보문 구성에서의 '이-'와는 다른 기능을 가지고 있음을 드러내는 것이다.

어 통합환경마저 명사구 보문 구성에서와 다르다. 통합환경의 변화 여부가 문법화 과정을 겪고 있는지의 여부를 판별할 수 있는 근거가 될 수 있음인데, 통합구조체 '-ㄹ 터이-'와 '-ㄹ 것이-'는 일부 어미들만 후접하는 특징을 지니고 있다.

통합구조체 '-ㄹ 터이-'는 7개의 어미만이 후접될 수 있다.

(63) ㄱ. a. 너는 아버지가 나서서 해결해 줄 터이나 나같이 혼자인 사람이야, 뭐.
　　　 b. 내가 어떻게든 막아볼 테니까 너는 걱정 말고 집에 있어.
　　　 c. 이겨보겠다고 애야 쓸 테지만 일이 그렇게 쉽게 풀리지는 않을 거야.
　　　 d. 무슨 일이 생기면 자기 아버지가 다 막아줄 테고.
　　　 e. 다 알아서 할 텐데 뭔 걱정이 그리 많을까?
　　　 f. 다음에는 꼭 저 산을 올라가 볼 테야.

(63)처럼 통합구조체 '-ㄹ 터이-'는 '-나/-니까/-지만/-고/-ㄴ데/-면/-야' 일곱 어미만을 후행요소로 하고 있는데, 이는 '-ㄹ'과 '터' 그리고 '이-'가 결합되어 새롭게 갖게 된 의미 영역에 따라 일부 어미군만이 후접될 수 있어서이다. 즉 통합구조체 '-ㄹ 터이-'가 어떤 사건이 실현될 가능성이 있다고 추측하는 화자의 태도를 의미하고 있어, 이러한 특징으로 인해 일부 연결어미는 후접되지 않은 것으로 보인다.

이와 동일하게 화자의 추측의 태도를 나타내는 통합구조체 '-ㄹ 것이-'가 쓰인 문장에서도 일부 연결어미가 후접되지 않는다.

(64) ㄱ. a. 내일 할머니 집에 갈 (거야, 거니까, 건데, 거지만, 거고, 거면).
　　　 a´. *내일 할머니 집에 갈 거(도록, 려고, 며) 오늘은 숙제 해야만 해.

(64)는 통합구조체 '-ㄹ 것이-'에 후행하는 연결어미들의 모습을 보인 것인데 '-니(까)/-고/-면' 등은 올 수 있으나 '-도록/-려고/-며' 등은

제약을 받는다. (64)에서 허용가능하다고 보인 연결어미들은 '-ㄹ 터이-'에 후접되는 어미들과 일치하고 있어 의미적 특징으로 인해 연결어미들의 제약현상이 일어난다고 볼 수 있다.26)

그리고 통합구조체 '-ㄴ 것이-'는 아예 어미가 후접할 수 없는 분포의 제약을 가진다. 어미가 후접될 수 있는 것처럼 보이는 것은 '것'이 보문 명사로 기능하고 있을 때이며 화자의 태도를 나타내는 '-ㄴ 것이-'는 제약을 받는다.

(65) ㄱ. a. 우선 처리해야 할 일은 그 사람이 먼저 오도록 하는 거야.
     　 b. 우선 해야 할 일이 바로 그 거(야, 니까, 지만, 고).
   ㄱ´. a. 아버지가 나보다 먼저 오신 거야.
     　 b. 아버지가 나보다 먼저 오신 거(야, 니까, 지만, 고).

---

26) 통합구조체 '-ㄹ 터이-', '-ㄹ 것이-'는 어떤 사건이 실현가능하다고 보는 화자의 태도를 의미하고 있기 때문에 (1)확실한 상황이 전제되어야 하는 연결어미나 (2)1인칭 화자의 심리적 상태가 사실로 실현될 가능성이 있다는 의미를 가진, '-겠-'의 결합이 가능한 연결어미 등에서는 제한을 받게 된다.

(1) ㄱ. a. *어떻게 하든 박아볼 테고서 너를 만나러 갈 테니 기다리고 있어라.
     　 b. *그서 할 테면서 내 말도 좀 들어봐라.
     　 c. *한번 이겨볼 테려고 저 딴에는 노력하더니만, 결국 안되고 말았구나.
     　 d. *좋게 마무리 지어질 테도록 할 수 있는 건 다 해 봤어.
     　 e. *저녀석이야 무엇이든 잘해낼 테며 난 네가 더 걱정이다.

계기의 '-고(서)'나 동시의 '-면서'(a, b)는 연이어 사건이 일어나야 하는 선, 후행절의 관계상 '-ㄹ 터이-'가 제약을 받는다. 선행절의 사건이 먼저 일어나야 하기 때문에 아직 화자가 가능성이 있다고만 생각하는 태도는 논리상 선행절에 나올 수가 없다. 이는 목적, 의도의 '-려고'나 결과의 '-도록'(c, d) 역시 마찬가지이다. 화자가 목적하는 행위는 확실한 것이므로 가능성만 탐지하는 모호한 화자의 태도가 반영된 선행절은 올 수가 없고 '-도록' 역시 후행절에 의해 결과적으로 나타나는 사건을 선행절이 담아야 하므로 가능하다는 태도는 화자가 추구하는 바가 될 수 없다. 이러한 의미상의 특징 이외에 '-며'는(e) '-고'와 달리 화제를 일단락짓는 데는 나타날 수 없다는 화용상의 제약 때문에 오지 못하기도 한다.

지금까지 통합구조체 '-ㄹ 터이-'와 '-ㄴ/ㄹ 것이-'가 화자의 태도를 드러내는 의미상의 특징으로 인해 후접하는 어미군의 분포에서 명사구 보문 구성에서와 달리 제약을 받고 있음을 볼 수 있었다. 이는 새로운 의미를 가진 통합구조체로 변화하여 그 의미에 맞게 통합환경의 변화가 일어나고 있기 때문이며, 통합환경의 변화는 이들이 고유한 의미적 특징을 가지게 되었다는 것을 의미하여 통합구조체로서 체계가 일정하게 자리잡혀 가고 있음을 말해준다. 결국 후접하는 어미군의 제약현상은 각 구성요소들을 더욱 긴밀하게 결합시켜 주어 문법화를 촉진시키는 한 방편이 될 것이라고 생각한다.

어미군의 제한된 분포와 함께 통합구조체 '-ㄹ 터이-'는 높임의 선어말어미 '-시-'가 '이-' 다음에는 올 수 없어 명사구 보문 구성과 선어말어미의 결합양상이 다름을 보여준다.

(66) ㄱ. a. 아버님이 너 데리러 나가시려던 터였거든.
　　　a′. 아버님이 너 데리러 나가시려던 터이셨거든.27)
　　ㄱ′. a. 아빠가 곧 오실 테니까 준비하고 있어
　　　a′. *아빠가 곧 올 테시니까 준비하고 있어

(66-ㄱ′)는 주어가 '아빠'로 화자의 손위 사람이다. 화자는 당연히 존대를 해줘야 하지만 선행 서술어 '오다'에 '-시-'가 결합되어 있을 뿐 '이-'에는 결합되지 않는다. 높임의 선어말어미 '-시-'는 화자의 존대의 뜻을 담아 자유로이 모든 서술어에 결합될 수 있는 화용상의 특징을 지닌 선어말어미로 명사구 보문 구성에서는 주어인 '아버님'을 높이기 위해 (ㄱ-a′)처럼 보문의 서술어 '나가다' 뿐만 아니라 상위문

---

27) 이 문장이 어색하다고 느껴질 수 있다. 이 때는 통어적 구성의 '-ㄴ 터이-'는 '-시-'의 결합이 제약받는 것은 '터'가 지닌 [+무정물]의 의미로 인해 생긴 것으로 보이는데, 이러한 통어적 구성에서부터의 제약현상은 통합구조체 '-ㄹ 터이-'가 다른 것들보다 문법화가 더 빨리 진행될 수 있는 요인이 돼주었을 것이기 때문에 논의 전개에는 별무리가 없다고 보여진다.

의 서술어 '이-'에도 결합되고 있어 (66-ㄱ´)와는 차이를 보인다.28)

　높임의 선어말어미 '-시-'가 '이-'에 결합하지 않은 것은 통합구조체 '-ㄴ/ㄹ 것이-'에서도 동일하게 나타난다.

> (67) ㄱ.　a.　아마 무척 예쁠 거야.
> 　　　　a´.　아마 무척 예쁘실 거야.
> 　　　　a″.　*아마 무척 예쁠 것이셔.
> 　　ㄴ.　a.　아버지가 먼저 들어오신 거야.
> 　　　　a´.　*아버지가 먼저 들어오신 거셔.

　통합환경의 차이는 원래 형식과의 관련성이 멀어졌음을 보여주는 것으로 문법화의 정도에 따라 더 많이 나타나고 덜 나타나고 할 것이다. 이는 통합구조체 '-ㄹ 것이-'가 1인칭 화자가 주어로 오는 제한된 환경 아래에서 화자의 의도를 담은 [약속]의 종결어미 '-ㄹ게'로 굳어진 데서 드러난다.

> (68) ㄱ.　a.　어떻게 해놔도 예뻐 보일 거야.
> 　　　　a´.　그 녀석도 꾸며 놓으면 예쁠 거야.
> 　　　　a″.　지금 가면 아무도 없을 거야.
> 　　　　a‴.　아마 우리 선생님이실 거야.
> 　　ㄱ´.　a.　어떻게든 가볼게, 걱정하지마.
> 　　　　a´.　*그렇게 꾸며 놓으면 나도 아주 예쁠게.
> 　　　　a″.　내가 먼저 가 있을게.
> 　　　　a‴.　*내가 선생님일게.

---

28) 높임의 선어말어미 '-시-'와의 결합양상에서 드러나는 것은 통합구조체 '-ㄹ 터이-'가 양태의 선어말어미들과 같은 특징을 지닌다는 점에서 의미를 가진다. 양태의 선어말어미보다 높임의 선어말어미 '-시-'가 선행하는 것이 우리말의 형태배합상 특징인데, 통합구조체 '-ㄹ 터이-'역시 '-*ㄹ 터이시다'가 아니라 '-실 터이다'와 같이 '-시-'가 선행하여야 자연스러워 양태의 선어말어미와 동일한 특징을 지니고 있음을 볼 수 있다. 이는 통합구조체 '-ㄹ 터이-'가 화자의 태도를 드러내는 의미를 가질 뿐만 아니라 높임의 선어말어미와의 결합양상에서도 양태의 선어말어미와 동일한 특징을 지니고 있어 시사하는 바가 크다 할 수 있디.

(68-ㄱ)은 인칭 제약 없이 화자의 실현가능하다는 태도를 의미하고 있는 통합구조체 '-ㄹ 것이-'의 예이다. 그런데 (68-ㄱ´)과 같이 1인칭 화자가 주어인 제한된 환경 아래에서는 [약속]을 의미하는 종결어미 '-ㄹ게'로 굳어지게 되었고 선행 서술어 역시 동사나 존재사만 올 수 있는 제약을 가지게 되었다. 화자 자신이 주체가 되는 사건을 화자 스스로 가능하다고 보는 태도는 이를 실천에 옮기려는 화자 자신의 의지만 있다면 [약속]이나 [의도] 등의 의미로 변화할 수 있기 때문에 사건의 가능성을 추측하는 통합구조체 '-ㄹ 것이-'에서 화자의 [의도]를 의미하는 종결어미 '-ㄹ게'로의 변화는 자연스러운 것이다.

결국 환경이 제한되면서 선행 서술어의 제약현상과 의미의 변화가 뒤따르게 되고 결국 이러한 제약현상이 통합구조체 '-ㄹ 것이-'와의 관련성을 상실하게 하여 종결어미 '-ㄹ게'로 굳어지게 하였을 것이라고 생각한다.

통합구조체 '-ㄹ 터이-' 역시 종결어미 '-야'가 후행하는 환경에서 주어 인칭 제약 현상이 나타난다.

> (69) ㄱ. a. 나도 이번에는 1등을 노려 볼 테야.
>   b. *이런 일 할 사람은 나밖에 없을 테야.
>   c. *반드시 이번만은 나도 과장일테야.
>   d. *이번에 통과하면 무척 기쁠테야.

(69)는 통합구조체 '-ㄹ 터이-'에 종결어미 '-야'가 후행할 경우 주어 인칭 제약과 선행 서술어의 제약현상이 나타남을 보여주는 예이다.29)

---

29) 다른 환경에 나타났을 때 통합구조체 '-ㄹ 터이-'는 선행 서술어의 통합상에 제약을 받지 않는다.

  (1) ㄱ. a. 아직 다 못다한 일은 다음에 와서 처리하면 될 테지만.
        b. 이런 일 벌일 사람이야 그 녀석밖에 없을 테지만.
        c. 이번에 수상하실 분은 우리 선생님이실 테고.
        d. 얼음에만 보관하면 며칠이 지나도 싱싱할 테니까 걱정하지 마.

(69-ㄱ)과 같이 동사 '노려보다'가 서술어에 온 문장은 자연스러운 데 비해 '없다' '이-' 그리고 형용사 '기쁘다'가 서술어로 왔을 때는 비문을 이룬다. 이는 화자의 의지가 개입될 여지가 없는 '존재하는 상황'의 의미를 지니는 서술어들과는 통합될 수 없기 때문이다.

결국 '-ㄹ터이-'는 종결어미 '-야'를 후행으로 할 때 주어로 1인칭 화자만이 오고 서술어로 동사만이 오는 제약을 지니게 되며 화자의 [의도]를 표현하는 새로운 의미로 변화하게 되었는데, 이런 제약들로 인해 다른 환경들에 분포할 때보다 문법화가 더 많이 진행되었을 것이라고 본다.

4) 의미의 변화

문법화를 겪은 통합형어미는 각 구성요소들이 긴밀하게 통합되어 명사구 보문 구성에서 그들이 지녔던 통사적 특징 뿐만 아니라 의미마저 잃게 되었다. 따라서 명사구 보문 구성에서처럼 각 구성요소의 의미의 합으로 통합형어미의 의미를 산출할 수가 없다.

> (70) ㄱ. 이건 내가 처리할 것이야.
>   ㄱ'. 이건 내가 처리할게.

(70-ㄱ')는 통사적 구성 '-ㄹ 것이-'에 그 기원을 두고 있다고 생각되는 통합형 어미 '-ㄹ게'의 예이다. 통사적 구성 '-ㄹ 것이-'에서 '-ㄹ'은 아직 일어나지 않은 사건임을 나타내고 '것'은 [事, 物]을, '이-'는 [지정]을 의미하여 (70-ㄱ)은 '이것은 내가 앞으로 처리할 일이다'로 해석된다. 그러나 (70-ㄱ') 통합형어미 '-ㄹ게'는 화자의 [약속]을 의미하여

---

(1)의 예는 통합구조체 '-ㄹ 터이-'가 연결어미 '-지만, -니까, -고'를 후행요소로 취한 문장으로 동사(a)뿐만 아니라 존재사(b), 지정사, 형용사(c, d)가 온 경우도 자연스러운 문장이 되고 있다.

단순히 '앞으로 처리할 일임'을 의미하는 명사구 보문 구성과는 의미가 다르다.

이와 같은 현상은 '터'가 보문 명사로 올 때에도 마찬가지인데, 통사적 구성의 '-ㄴ 터이-'는 보문화소, 보문 명사 그리고 '이-'의 의미의 합으로 전체 의미를 산출할 수가 있다.

> (71) ㄱ. a. 열심히 쫓아가 보았지만 기차는 이미 떠나버린 터였어.
>   b. 무슨 일이든 해야할 터라 마음이 조급했던 것도 사실이야.
>   ㄱ´. a. 모두 아실 테지만 우려가 돼서 다시 말씀드리는 것이니 이
>   해해 주시기 바랍니다.
>   b. 열심히 한 번 해 볼 테야.

(ㄱ-a)는 통사적 구성의 '-ㄴ 터이-'의 예로, '터'의 시간과 공간이 함께 존재하는 [상황]의 의미와 '-ㄴ'의 [既然] 그리고 '이-'의 [지정]의 의미를 합하여 기차가 떠난 것이 '이미 일어난 상황임'을 의미하고 있다. 그리고 (ㄱ-b) '-ㄹ 터이-' 역시 [未然]의 '-ㄹ' [상황]의 '터' 그리고 '이-'의 [지정]의 의미가 더해져서 무슨 일이든 해야 하는 것이 미래의 상황이라는 의미를 가진다.

그러나 통합구조체 '-ㄹ 터이-'는 구성요소들이 긴밀하게 결합하여 (ㄱ´-a)는 '모두 안다'는 사실을 확실하지는 않다고 추측하는 화자의 태도를 의미하고 있다. 이는 (ㄱ´-b) 역시 마찬가지로 '-ㄹ 터이'는 열심히 한 번 해 보겠다는 자신의 [의도]를 드러낸다. 두 예 모두 '-ㄹ 터이-'가 화자의 태도를 의미하여 선행 보문의 사건이 '과거나 미래에 존재하는 공간임'을 표현하는 명사구 보문 구성과는 다름을 알 수 있다. 의미 면에서도 명사구 보문 구성이 아니라 통합구조체로 설정하는 것이 타당함을 보여주는 것이다.

이와 같은 의미의 변화는 통합구조체 '-ㄴ/ㄹ 것이-'에서도 나타난다.

(72) ㄱ. 아빠가 갑자기 오신 거야.
     ㄴ. 내일은 할머니 집에 갈 거야.

(72)의 '-ㄴ 것이-'와 '-ㄹ 것이-'는 가능한 사건을 추측하는 화자의 태도를 나타내고 있다. 이러한 의미는 명사구 보문 구성에서 지니고 있던 의미로는 산출되지 않는다. 즉 보문화소 '-ㄴ'의 [旣然]과 '-ㄹ'의 [未然] 그리고 '것'의 [物, 事] '이-'의 [지정]의 의미를 합하면 (72-ㄱ)은 아빠가 갑자기 오신 일이 '과거의 상황임'을 (72-ㄴ)은 내일 할머니 집에 가는 일이 '아직 일어나지 않은 일이다'로 해석되어야 한다. 하지만 현재 (72)의 '-ㄴ/ㄹ 것이-'는 서로 결합하여 화자의 태도를 의미하기 때문에 의미 면에서도 차이를 보이고 있다.

결국 통합구조체 '-ㄹ 터이-' '-ㄴ/ㄹ 것이-'는 명사구 보문 구성에서처럼 보문화소, 보문 명사, 그리고 '이-'의 의미가 합해져서 산출되지 않고 구성요소들끼리 결합하여 제 3의 의미를 지니고 있음을 볼 수 있었는데, 이 사실로도 이들이 통사적 구성과는 구별되는 즉, 문법화 과정 중에 있는 것임을 알 수 있다.

5) 음운상의 변화와 복원 불가능성

통합구조체가 되면 이들은 명사구 보문 구성과 다르게 나름대로의 체계를 형성하게 되는데, '-ㄹ 터이-' 경우에는 통사적 구성에서는 볼 수 없었던 음운상의 변화를 가지고 있다.

'이-'는 앞이 자음으로 끝났을 경우에는 탈락되지 않지만, 모음으로 끝난 경우는 '이-'가 탈락되거나 탈락되지 않는, 수의적인 규칙이 적용된다.

(73) ㄱ. a. 유심히 바라보고 있던 터이니까 조그마한 움직임도 금방
            알아챘지만.

    a´. 그 사람이야 유심히 바라보고 있던 터니까 그렇게 금방 알
        았지만.
    b. 아버님이 곧 오실 터이라 나갈 수가 없었어.
    b´. 아버님이 곧 오실 터라 나갈 수가 없었어.

(73)은 [상황]의 의미를 가진 보문 명사 '터'가 나온 명사구 보문 구
성으로 '이-'는 (ㄱ-a, b)처럼 탈락되지 않거나 (a´, b´)처럼 탈락되는,
수의적인 규칙이 적용되고 있음을 보여준다. 모음 '터'를 선행요소로
하는 '이-'의 음운상 실현양상이 다른 통사적 구성의 경우와 동일하다.
   그러나 통합구조체 '-ㄹ 터이-'의 '이-'는 수의적인 규칙이 적용되지
않은 데다가 선행 요소 '터'와 통합된 '테'로도 실현되고 있어 통사적
구성과는 차이를 가진다.30)

    (74) ㄱ. a. 내 일은 내가 알아서 할 터이니까 너나 잘해.
          a´. 내 일은 내가 알아서 할 테니까 너나 잘해.
          a″. *내 일은 내가 알아서 할 터니까 너나 잘해.
          b. 나도 끝까지 해볼 터이지만 너도 포기하지 말아야지.
          b´. 나도 끝까지 해볼 테지만 너도 포기하지 말아야지.
          b″. *나도 끝까지 해볼 터지만 너도 포기하지 말아야지.

   (74)는 통합구조체 '-ㄹ 터이-'에서 '이-'가 실현되는 모습을 보인 예
로, 모음인 '터'가 선행하였지만 (a, a´) (b, b´)처럼 '이-'가 탈락되지
않은 것이 자연스럽다. 물론 통사적 구성의 (73) 경우와 같이 '이-'가
탈락된 (a″, b´)는 비문이다.31)

---

30) 연결어미 '-나'와 '-므로'가 후행하는 경우에는 '이-'가 '터'와 통합된 '테'로
    실현되지 않는다. 이는 마지막 장에서 문법화의 정도와 관련지어 설명할 것
    이므로 여기서는 제외하였다.
31) '이-'의 탈락이 일어나는 현상을 보면 다음과 같다.
   (1) a. 선행을 베푼 사람은 철수(니까, 이니까).
       b. 그래, 영욱(이겠구만, *겠구만).
   (1-a)는 선행요소가 모음으로 끝난 경우에 '이-'가 탈락되기도 하고 탈락되지

‘이-’의 실현 양상에 따라 통합구조체와 명사구 보문 구성을 구별할 수 있는 것은 ‘-ㄴ/ㄹ 것이-’도 마찬가지이다.

(75) ㄱ. a. 요즘 그녀의 목표는 어디든지 취직하는 것이야.
　　　　a´. 요즘 그녀의 목표는 어디든지 취직하는 거야.
　　　　a″. *요즘 그녀의 목표는 어디든지 취직하는 게야.
　　ㄱ´. a. 아버지가 더 먼저 오신 것이야.
　　　　a´. 아버지가 더 먼저 오신 거야.
　　　　a″. 아버지가 더 먼저 오신 게야.
　　ㄴ. a. 아마 그 사람이 알아서 할 것이야.
　　　　a´. 아마 그 사람이 알아서 할 거야.
　　　　a″. 아마 그 사람이 알아서 할 게야.

(75-ㄱ)는 통사적 구성인 명사구 보문 구성의 예로, ‘것’이 ‘이-’를 후행할 때 ‘이-’는 (ㄱ-a, a´)처럼 탈락되거나 탈락되지 않는, 수의적 음운규칙이 적용되고 있음을 보여준다.

이와 같이 ‘이-’의 탈락이 수의적이라는 것은 통합구조체 ‘-ㄴ/ㄹ 것이-’ 역시 동일한데, 통합구조체는 명사구 보문 구성과 달리 (ㄱ´, ㄴ-a´)처럼 ‘이-’가 탈락하지 않고 ‘것’과 추야을 일으켜 ‘게’로 실현되는 모습이 (ㄱ-a″)와 달리 나타난다.

음운상 ‘이-’의 실현 양상이 서로 다른 데 더해 통합구조체 ‘-ㄹ 터

않기도 하는 수의적 규칙이 적용됨을 보여주고, (1-b)는 자음으로 끝난 경우에는 탈락되지 않음을 보여주는 예이다. 선행 요소가 모음으로 끝난 경우는 특히 수의적인 음운규칙이 적용되므로 ‘-ㄹ 터이-’의 ‘이-’처럼 절대 탈락되지 않은 경우는 예외적인 현상이라 할 수 있다. 기존의 연구에서는 ‘이-’가 가진 서술성을 상실하여 특수조사가 된 경우 ‘이-’탈락이 필수적(나라도/*나이라도)이라고 하여 예외적인 음운규칙의 실현을 ‘이’의 범주의 변화로 설명하였다. (이승재 1997, 김성규 2000) 물론 현재 통합구조체의 경우는 ‘이-’의 탈락이 필수적인 것이 아니라 ‘이-’의 실현이 필수적이어서 서로 똑같지는 않지만, 둘 모두 ‘이-’의 실현양상이 수의적이 아니라 규칙적으로 적용되고 있음에 초점을 맞추면 공통점을 찾을 수 있다. 그렇게 되면 문법화되면서 ‘이-’ 탈락 時 예외석인 음운규칙이 석봉되고 있다는 설명을 할 수 있을 것이다.

이-’는 ‘터’와 ‘이-’가 통합된 ‘-ㄹ 테’로만 실현될 뿐 ‘-ㄹ 터이’로 복원하면 어색한 경우가 있다. 이는 통사적 구성이 형태적 구성으로 굳어졌을 때 원래의 것과의 관련성을 완전히 잃어버리게 되어 원래대로 복원하는 것이 무의미한 것과 동일한 현상으로 새로운 낱말로 거듭 태어나는 과정에서 겪게 되는 과정이다.

> (76) ㄱ. a. ?나도 한 번 입어 볼 터이야.
> a′. ?나도 한 번 입어 볼 터야.
> a″. 나도 한 번 입어 볼 테야.
> b. ?덤빌 터이면 덤벼 봐라.
> b′. ?덤빌 터면 덤벼 봐라.
> b″. 덤빌 테면 덤벼 봐라.

(76)은 통합구조체 ‘-ㄹ 터이-’가 ‘터’와 ‘이-’가 축약된 ‘테’로만 실현되고 원래대로 ‘-ㄹ 터이’로 복원하였을 때는 어색한 문장이 됨을 보여준다. 종결어미 ‘-야’와 조건의 연결어미 ‘-면’이 후행하는 경우에 ‘-ㄹ 터이’는 (74)와 달리 (ㄱ-a, b)마저 어색한 문장이 된다. ‘이-’가 탈락되지 않은 ‘-ㄹ 터이’가 어색한 문장이 된다는 것은 원래 ‘-ㄹ 터이’로의 복원이 불가능함을 말해주는 것이다. 이러한 현상은 문법화를 겪은 종결어미 ‘-ㄹ게’에게서도 발견되는 특징32)으로, 원래대로 복원하였을 때와 형태, 의미, 통사적인 특징이 모두 달라져 그 연관성을 찾기가 힘들기 때문에 불가능한 것이다. 이는 결국 통합구조체인 ‘-ㄹ 터이-’가 다른 환경에 비해서 종결어미 ‘-야’와 조건의 연결어미 ‘-면’이 후행하는 환경에서 문법화가 더 많이 진행되었음을 보여준다.

지금까지 ‘-ㄹ 터이-’ ‘-ㄴ/ㄹ 것이-’가 명사구 보문 구성이었을 때와 통합구조체였을 때의 통사, 의미, 음운상 특징들을 비교하여 보았다. 그 결과 통합구조체 ‘-ㄹ 터이-’ ‘ㄴ/ㄹ 것이-’는 ‘-ㄹ’과 ‘터’ ‘것’

---

32) 이는 ‘2장 문법화 논의를 위한 기본 전제’에서 살핀 바 있으므로 다시 쓰지 않는다.

그리고 '이-'가 긴밀하게 결합되어 있고, 통사, 의미, 음운상의 변화 등 다방면에서 명사구 보문 구성과는 차이를 보이고 있었다. 이는 오히려 문법화된 통합형 어미에게서 발견되는 특징들과 일치하고 있어 이들은 통사적 구성이 아니라 구성요소들이 긴밀하게 결합되어 통합구조체를 이루고 있는, 공시적으로 문법화되고 있는 예로 처리하는 것이 적절할 것이라 생각한다.

3.4. 통합구조체의 특징과 문법화의 정도

우리말에는 외형상 명사구 보문을 가진 복합문처럼 보이지만 보문화소, 보문 명사 그리고 후행하는 조사, 용언의 활용형 등이 통합하여 하나의 어미로 변화한 예들이 다수 존재한다. 통사적 구성인 명사구 보문 구성에서 형태적 구성인 단일 형태소로 문법화된 것으로 이들 중에는 오랜 시간에 걸쳐 변화가 조금씩 이루어진 경우도 존재한다. 이러한 현상으로 유추해 보면 현대국어에도 아직 완전한 문법형태소로 변화한 것은 아니지만 변화의 과정 중에 있는 것으로 생각되는 예들이 다수 있나고 생각할 수 있다.

명사구 보문 구성과 동일한 구조를 가진 것처럼 보이지만 이미 인접 구성요소들끼리 긴밀하게 결합되어 새로운 통사, 의미적 특징들을 지니게 된 '-는 법이-' '-기/게 마련이-' '-ㄹ 모양이-' 그리고 '-ㄹ 터이-' '-ㄴ/-ㄹ 것이-'가 그 대상으로, 이들은 명사구 보문 구성에서 보여주었던 보문화소, 보문 명사, 그리고 용언 '이-'의 특징들을 가지지 않는다. 이러한 특징들은 명사구 보문 구성을 기원으로 하지만 통합형어미로 변한 예들에게서 발견되는 특징과도 일치하고 있기 때문에 이들을 문법화 과정에 들어간 통합구조체로 정의하였다. 하지만 아직까지는 완전히 문법화되어 통합형어미로 굳어지지 못하였기 때문에 통합구조체는 통사적 구성이 하나의 형태소로 변화한 것, 즉 한 낱말로 굳어진 것이라고는 할 수 없다.

결국 이들은 명사구 보문을 가진 복합문으로도 볼 수 없고 한 단어로도 볼 수 없는, 그 중간범주에 속한 것이라 할 수 있다. 예를 들면 통합구조체 '-는 법이-'는 '-는'과 '법' 사이에 휴지가 존재하여 음운론적인 면에서 통사적 구성과 일치하는 반면에 '-는'과 '법' 그리고 '이-' 사이에 다른 구성요소들이 끼어들 수 없는 비분리성, 의미가 비슷한 다른 요소들로 대체가 되지 않는 제한적 공기 관계를 특징으로 지녀 더 이상 통사적 구성으로만 볼 수 없다. 이와 같이 중간범주에 속하는 예들이 양면적인 속성을 가지고 있음을 근거로 통합구조체들이 문법화 과정에 있음을 논할 수 있다.

이는 다른 통합구조체들 역시 마찬가지이다. 그러나 인접한 구성요소들끼리의 결합 정도가 모두 동일한 것은 아니어서 완전히 통합되어 더 이상 원래대로 복원할 수 없는 상태에까지 이른 것일 수도 있지만 문법화의 낮은 단계에 머물러 단순히 구성요소들끼리 긴밀하게 결합되어 있는 것일 수도 있다.

본 절에서는 각 통합구조체의 문법화 정도를 살펴볼 것인데, 이는 앞 절에서 보았던 각 통합구조체의 통사, 의미적 특징들을 요약, 제시하고 그 정도 차에 따라 문법화의 정도를 세분화하여 살펴보는 순서대로 진행될 것이다.[33]

---

[33] 다음 장의 표의 빈칸은 명사구 보문 구성에서 통합구조체로 변화되었지만 통사적 특징과 변화된 바가 없음을 보여주는 것이다. 따라서 빈칸이 많을수록 문법화가 덜 진행된 것이라 할 수 있다.

특 징 / 항 목		'-는 법이-'	'-기 마련이-'	'-ㄹ 모양이-'	'-ㄴ 것이-'	'-ㄹ 것이-'	'-ㄹ 터이-'
구성요소 간의 긴밀성	비분리성	비분리	비분리	비분리	비분리	비분리	비분리
	구성요소의 대체	불가능	불가능	불가능	불가능	불가능	불가능
범주의 변화	보문화소의 변화 — '-었-/-겠-' 선접			'-겠-' 선접	'-겠-' 선접	'-었-' 선접	'-었-' 선접
	보문화소의 변화 — 시제에 따라 선접되는 보문화소	하나로 고정	하나로 고정	제약이 없어짐	하나로 고정	하나로 고정	하나로 고정
	보문명사의 변화 — 재구성	제약	제약	제약	제약	제약	제약
	보문명사의 변화 — 複數化	제약	제약	제약	제약	제약	제약
	'이-'의 변화 — 종결어미의 활용	의문형 제약	의문형 제약	의문형 제약			제약
	'이-'의 변화 — 선어말어미의 결합상					제약	제약
	'이-'의 변화 — '이-'의 부정	제약	제약	제약	제약	제약	제약
통합양상의 변화	후접어미군의 분포				제약	제약	제약
	'이다'와 '-시-'의 결합				제약	제약	제약
	선행서술어			변화			변화
	주어인칭						제약
의미의 변화		변화	변화	변화	변화	변화	변화
복원 가능성							불가
음운상의 변화						변화	변화

우선 가장 눈에 띄는 것은 '-ㄹ 터이-'로, 특히 종결어미 '-야'와 조건의 연결어미 '-면'이 후행하는 경우 통합형어미로 굳어진 종결어미 '-ㄹ게'가 지니고 있었던 변화의 양상들을 모두 가지고 있다. 그리고 '터'와 '이-'가 축약된 '-ㄹ테(야/면)'를 원래대로 복원하는 것이 불가능하므로 이를 더 이상 명사구 보문 구성으로 처리하기는 어렵다.

그러나 '-ㄹ테'를 어미로 볼 수 없는 것은 다른 연결어미들이 뒤따를 때 여선히 원래대로 복원가능하기 때문이다. 더구나 접속어미 '-나'

가 뒤따를 때는 '-ㄹ 터이나'만 가능할 뿐 '터'와 '이-'가 축약된 '*-ㄹ 테나'로 나타나지 않아34) 아직까지 통합구조체 '-ㄹ 터이-'는 선어말어미로 규정할 만큼 문법화가 진행된 것은 아니라고 할 수 있다. 그러나 상대적으로 다른 통합구조체들에 비해 분포가 축소된다거나 통사상의 제약이 가장 심하여 '-ㄹ 터이-'의 문법화가 가장 많이 진척된 것이라 할 수 있겠다.

두 번째로 문법화가 많이 진행된 것으로 '-ㄴ/ㄹ 것이-'를 들 수 있다.35) 이 역시 명사구 보문 구성처럼 보이지만 '-것'이 인접 구성요소들과 공고하게 결합하여 자신이 지녔던 범주에서 벗어나 새로운 통사, 의미적 기능을 가지게 되었다.

---

34) 아래에서 보듯이 '-ㄹ 터이나'는 '*-ㄹ 테나'와 같이 '이-'와 '터'가 축약된 형태는 실현되지 않는다.

  (1) ㄱ. 어차피 오지 말래도 올 터이나 내 생각에는 이번만은 좀 참아 줬으면 좋겠어.
      ㄴ. *어차피 오지 말래도 올 테나 내 생각에는 이번만은 좀 참아 줬으면 좋겠어.

35) 물론 '-ㄴ 것이-'가 '-ㄹ 것이-'에 비해서 아직 문법화가 덜 이루어진 것으로 보이지만 '-ㄹ 모양이-'보다 문법화가 덜 이루어졌다고도 할 수 없으므로 편의상 둘을 묶어 제시하였다.

  '-ㄴ 것이-'가 '-ㄹ 것이-'에 비해 아직 문법화가 더 진척되지 않았음을 보여주는 것으로 두 용언 모두에 시제선어말어미의 결합이 가능함을 들 수 있다.

  (1) ㄱ. a. 아버지가 오셨던 것이다.
       b. 아버지가 오셨던 것이었다.
     ㄴ. a. 아버지가 오셨을 것이다.
       b. *아버지가 오셨을 것이었다.

  (1-ㄱ)은 '-ㄴ 것이-'의 예로 '오시다'와 '이-' 모두에 시제 선어말어미가 결합할 수가 있어 아직까지 두 용언으로 구성된 복문구조를 완전히 벗어나지 못하고 있음을 보여준다. 더군다 '이-'에 시제선어말어미가 결합되면 김기혁(2000)에서 지적하였듯이 선행 보문과 '것이다'의 긴밀성이 느슨해지고 단일 서술어로서의 특징마저 약화될 수 있기 때문에 문법화의 진척이 늦어질 수밖에 없다. 그러나 (1-ㄴ) '-ㄹ 것이-'는 '오시다'에 시제 선어말어미가 결합되어 있을 뿐, 상위문 서술어 '이-'에 결합되면 (ㄴ-b)처럼 비문이 된다. '이-'가 용언으로서의 기능을 잃어 마치 통합구조체 '-ㄹ 것이-'가 선행 서술어 '오시다'에 결합된, 양태소로 기능하는 것처럼 여겨지게 한다.

그러나 선행 서술어나 주어의 인칭 제약 등 통합환경상의 제약이 상대적으로 덜하고 무엇보다 원래대로 복원하여 쓰여도 무방하다는 점에서 문법화가 '-ㄹ 터이-'만큼 진행되지 않았다 할 수 있다.

세 번째는 통합구조체 '-ㄹ 모양이-'를 들 수 있는데, 이는 보문 명사 '모양'의 의미자질상 통합에 제약을 받던 '-ㄹ'이 선행할 수 있고 형용사가 선행 서술어로 올 수 있다든지 또는 아직 일어나지 않은 일을 추측할 때 '-겠-'을 선접한 '-겠는'이 온다든지 명사구 보문 구성과는 달리 나름대로의 체계를 세워 나가고 있는 통합구조체임을 알 수 있다.

반면에 현재 존재하지 않는 것의 상태를 추측할 때는 여전히 제약을 받는다거나 '이-'의 활용이 비교적 자유스럽다는 등 각 구성요소들의 범주의 변화가 더디게 진행되었고 '이-' 다음에 '-시-'가 결합될 수 있을 만큼 구성요소들이 공고하게 결합되지는 못하였으며, 음운상의 변화가 나타나지 않거나 원래대로 복원가능한 점 등 앞의 두 통합구조체보다 문법화가 더디 진행된 예임을 보여주는 특징들도 지니고 있다.

그리고 마지막으로 이제 문법화의 첫 단계를 밟고 있다고 보이는 '-는 법이-'와 '-기/게 마련이-'가 있다. 이들은 각 구성요소들이 제한적으로 공기하고 있다거나 '법'과 '마련'이 명사성을 잃어가고 있는 등 변화된 모습을 보여주기도 하지만 통사, 의미상의 특징들이 명사구 보문 구성에서와 완전히 달라지지는 않고 있다. 특히 통합 환경에서의 변화가 목격되지 않는다거나 높임의 선어말어미 '-시-'가 '이-'에 결합될 수 있어서 용언이 두 개인 복합문의 구조를 지니고 있는 점, 또한 '이-'가 용언으로서의 역할을 수행하고 있는 것36) 등은 문법화가 아주

---

36) '-ㄹ 터이-'와 '-ㄴ/ㄹ 것이-'의 '이-'는 용언으로서의 문법적 기능을 상실해 가고 있는 데 비해 '-ㄹ 모양이-', '-는 법이-' 그리고 '-기 마련이-'의 '이-'는 아직까지 용언으로서의 기능을 가지고 있고 단지 의미적 기능을 상실한 정도로 문법화가 진행되고 있다고 할 수 있다.

낮은 단계에 머물러 있는 예들임을 말해준다.37)

---

37) 지금까지 명사구 보문 구성을 이루던 보문화소, 보문 명사 그리고 '이-'가 각기 자신이 지닌 통사, 의미적 특징을 잃고 이전에 보이지 않던 제약들을 가지게 되는 모습을 비교하면서 문법화의 진전 정도를 살펴보았는데, 아직까지 모두 문법화가 모두 완결되어 한 형태소로 변화한 것이 아니기 때문에 중간 과정에 있는 예들을 순서대로 나열하는 것은 무리가 따를 수 있다. 어떤 양상으로 변화할 것인지에 대해서는 아직 정해진 것이 없기 때문이다.
　　그럼에도 불구하고 그들이 현재 가진 특징들을 비교해서 나열해 본 것은 '-ㄹ 터이-'처럼 문법화가 거의 완성되어 가는 통합구조체도 있고 '-는 법이-'처럼 이제 시작단계에 있는 통합구조체도 있기 때문에 이들을 분류해 보는 것이 의미있을 것으로 생각했기 때문이다.

통합구조체의 의미 4

  통합구조체는 외형상으로는 명사구 보문 구성과 같아 보이지만 보문화소, 보문 명사 그리고 '이-'의 의미를 합하여 산출되는 의미를 가지고 있지 않다. 오히려 인접 구성요소들과 결합하여 '-겠-'이나 '-더-' 등과 같이 어떤 사건이나 사태를 대하는 화자의 태도를 의미하고 있다. 본 장에서는 이와 같이 화자의 태도를 의미하는 통합구조체의 미세한 의미 차이를 유념하면서 그들의 의미 특징에 대해서 기술하고자 한다. 이는 선행 보문의 수식, 보충을 받는 보문 명사가 문장의 핵심이 되는 명사구 보문 구성의 구조상, 보문 명사의 의미가 어떻게 변화되었는지를 살피는 일이 될 것이다. 보문 명사가 통합구조체의 일부가 되었을 때 그들의 의미가 어느 정도 실현되고 있는지 알아보는 것은 결국 각 통합구조체의 문법화 정도와 관련되기 때문에 의미를 가지고 있다.

4.1. 화자의 태도 '양태'

  화자의 태도, 즉 양태는 전통적으로 의무 양태와 인식 양태로 나누어진다. 의무 양태는 행위자가 수행하는 행동의 필연성이나 가능성과 관련된 것으로 허용이나 의무와 연관되어 있는 것이고 인식 양태는 명제의 진리치에 대한 가능성이나 필연성과 관련된 것으로 그것에 대한 화자의 지식이나 믿음을 포함하는 것[1]이다. 통합구조체는 이미 지

---

1) Palmer(1979) 참조.

적한 대로 어떤 사건이나 사태가 확실하지는 않지만 실현 가능성이 있음을 나타내는 화자의 태도를 의미하기 때문에 인식 양태의 체계 내에 드는 것이며 따라서 본 연구에서 사용하는 양태란 용어는 명제의 가능성, 개연성, 확실성 등에 대한 화자의 심리적인 태도에 한정되어 있다.

양태가 실현되는 방식은 다양하다. '-겠-'이나 '-더-' 등 형태소를 통해 형태론적으로 나타날 수도 있고, 동사, 형용사, 부사 등 다양한 품사의 어휘를 통해 어휘적으로도 실현될 수 있으며 현재 논의의 대상인 통합구조체에 의해서도 실현될 수 있다.

> (1) ㄱ. 아마 그가 곧 올 거야.
>   ㄴ. 그가 곧 올 거야.
>   ㄷ. 그가 곧 올 모양이야.
>   ㄹ. 그가 곧 오겠지.

(1)은 '그가 곧 온다'는 사건이 실현가능하다고 추측하는 화자의 태도를 여러 표현 수단에 의해 드러낸 것이다. (1-ㄱ)은 부사 '아마'와 통합구조체 '-ㄹ 것이-'로 (1-ㄴ)은 통합구조체 '-ㄹ 것이-'만으로 그리고 (1-ㄷ)은 통합구조체 '-ㄹ 모양이-' (1-ㄹ)은 선어말어미 '-겠-'과 종결어미 '-지'[2]로 '그가 곧 온다'는 사건이 이미 알고 있는 정보를 근거로 하여볼 때 실현 가능하다고 생각하는 화자의 태도를 드러내고 있다.[3]

---

2) '-겠-'과 '-지'의 의미에 대해서는 장경희(1985) 참조.

3) '양태(modality)'를 '화자의 정신적인 태도를 표현하는 문법범주'로 한정시켜 범주화하는 Jespersen(1924) 이래의 전통에서 보면 통합구조체는 문법 범주가 아님으로 인해 양태에 포함되기 어렵다. 하지만 '화자의 태도'라는 관념을 양태로 본다면 이를 표현하는 보조용언, 부사, 어미 그리고 통합구조체까지 모든 것이 이 범주 내에 묶일 수 있을 것으로 생각한다. 양태, 즉 화자의 태도는 '청자에 대한 태도'와 '사건에 대한 태도' 크게 나누어질 수 있다. 이중 청자에 대한 태도는 '-다' '-냐' '-라' '-마' '-자'와 같은 종결어미에 의해 표현되는 [진

 그런데 사실이 아닌, 사실로 실현될 가능성이 있는 '그가 곧 온다'
는 사건은 화자에 따라 실현 가능성의 정도를 달리하여 표현할 수도
있다.

 (2) ㄱ. 아마 그가 곧 올 거야.
  ㄴ. 분명히 그가 곧 올 거야.

 (2)는 '그가 곧 온다'는 사건을 실현가능하다고 보는 화자의 태도가
부사 '아마'와 '분명히'에 의해 정도의 차이를 지니고 있음을 보여주
는 예로, '아마'를 쓴 (2-ㄱ)보다는 '분명히'를 쓴 (2-ㄴ)이 실현가능성
에 대한 화자의 확신이 좀더 강함을 드러내고 있다.

 이와 같이 화자의 확신에 차이가 생기는 것은 사유대상인 사건이나
사태가 사실이 아니기 때문이며 결국 어떤 사유 과정을 거치는지에
따라 화자의 태도는 다양하게 층위지어질 수밖에 없을 것이다. 따라서
우선 양태의 하위 개념들이 화자의 확신도에 따라 어떻게 세분화될
수 있는지를 살펴보도록 하겠다. 이는 다음 절에서 각 통합구조체가
어떤 의미를 가지게 되는지를 구별하여 보여줄 수 있는 기준이 되어
줄 것이다.

 이미 알고 있는 사실들을 토대로 사건이나 사태가 실제로 실현될
수 있음을 추측하는 사유 과정상, 화자의 생각은 眞이 되는 사실은
아니다. 단지 화자의 주관적 판단 하에서는 眞으로 여겨지는 사실들
이다. 그러므로 화자가 생각하는 사실과 실제의 사실은 차이를 가질
수 있으며 결국 이 차이는 화자가 추론된 사건에 어느 정도 확신을
가지고 있는지에 반영되어 화자의 태도는 '확신도의 정도'에 따라 다

술] [의문] [명령] [약속] [권유]의 의미를 포함한다. 하지만 이는 서술하는 태
도를 나타내는 것이므로 서법으로 따로 분류하고 양태는 '사건이나 사태를 대
하는 화자의 태도'로 한정하여 보는 것이 좋을 듯하다. 양태에 관한 자세한 설
명은 Palmer(1979), 고영근(1976), 장경희(1985), Bybee(1994)등 참조.

시 여러 개로 하위 구분될 수 있을 것이다.

화자의 확신도를 보여줄 수 있는 개념들을 설정하기 위해서 우선 화자가 바라보고 있는 현상들이 어떻게 존재하는지를 살펴보려고 한다. 본 절에서는 이를 위하여 우리가 사용하는 낱말들 중 'X然(하다)'를 대상으로 화자가 바라보고 있는 현상4)을 구별지어 줄 수 있는 개념을 설정한다. '然'은 '그러하다'로 해석할 수 있는데 이는 이미 세상에 존재하고 있음을 말한다. 존재하는 대상은 전제된 의미를 지니고 있을 것이고 이는 달리 말하면 인간의 앎의 대상이 되었다는 것을 뜻하므로, 'X然(하다)'는 어떻게 앎의 대상이 이루어졌는지를 보여주는 데 적절한 낱말이라고 생각되기 때문이다.

사전에 제시된 낱말들을 그 의미적 속성이 같은 것끼리 묶어서 보이면 다음과 같다.

> (3) ㄱ. 漠然, 蓋然, 當然, 確然, 必然.
> ㄴ. 固然, 理所固然, 應然, 奄然, 歷然, 蜓然, 宛然, 杳然.
> ㄷ. 自然, 天然, 依然, 整然.
> ㄹ. 突然, 啞然, 蠢然, 燦然.

(3-ㄱ)에는 뚜렷하지 못하고 어렴풋한 [막연]과 확실하게 단정할 수는 없지만 대개 그럴 것같은 [개연], 앞 뒤 사정을 놓고 판단할 때 마땅히 그렇게 하여야 하거나 되리라고 여겨지는 [당연] 그리고 어떤 일

---

4) 화자의 앎이 이루어지는 과정에서 화자가 알고 있는 것(X knows that p)을 대상으로 하는 것과 화자가 믿고 있는 것(X believes that p)을 대상으로 하는 것을 구별하기도 한다. 하지만 알고 있는 것은 믿고 있는 것을 함의하기 때문에 이 둘을 나누어서 보지 않고 한 데 넣어서 '화자의 태도가 드러나는 대상'를 뜻하는 개념으로 보려고 한다. 이는 다음과 같은 Lyons의 의견을 바탕으로 하고 있다.
 하나의 명제가 뜻하는 것을 안다는 것은 어떤 조건에서 그 명제가 참인가를 안다는 것을 뜻한다. 따라서 '어떤 사람이 알고 있는 것' 혹은 '믿고 있는 것'을 안다는 것은 그가 참이라고 동의하거나 참이라고 간주하는 명제(사건, 사태)의 의미내용을 알고 있음을 뜻한다(Lyons 1977:793).

이나 사실이 틀림없이 그러한 [확연], 또한 어떤 일이 반드시 그렇게 되는 것을 말하는 [필연] 다섯 낱말이 제시되었는데, 이들은 모두 사건이나 사태에 대한 화자의 태도를 담고 있다.

그러나 [필연]은 논리적 연산자에 어울릴 뿐, 일상 언어생활에는 적절치 않은 용어로 생각이 된다. 실제 언어생활에서 화자가 알고 있는 사실들은 세계가 달라지면 변할 수 있기 때문에 상황에 따라 다른 것을 가리킬 수도 있다. 금속이 물보다 무겁다는 명제는 현재 우리가 알고 있는 금, 은, 철 등이 물보다 무겁기 때문에 사실로 여겨지는 것이다. 그러나 물보다 가벼운 새로운 금속이 발견될 수 있기 때문에 절대적 확실성에는 도달할 수가 없다. 즉 현재 우리가 알고 있는 사실들은 아직까지 밝혀지지 않은 많은 사실들을 배제한 것이기 때문에 새로운 사실들이 밝혀지고 나면 우리가 알고 있는 사실은 수정되어야 한다.5) 따라서 가능세계에서 참이라고 인식되는 것이 아니라 모든 세계에서 참이 되는 것을 말하는 [필연]은 자연언어를 대상으로 하였을 때는 적절하지 않아 제외한다.

(3-ㄴ)은 (3-ㄱ)의 예들과 의미가 겹쳐서 현재로서는 고려의 대상으로 삼지 않는다. '본디부터 그러하다'의 의미를 가진 固然, '마땅히 그러하다'의 應然은 [당연]과 의미가 겹치고 '어떠한 사실이나 현상이 부인할 수 없을 만큼 뚜렷하다'는 奄然과 歷然, '어떤 현상이 눈에 보이는 것처럼 아주 뚜렷함'을 의미하는 宛然과 蜒然 모두는 [확연]과 겹친다. 그리고 '뚜렷하지 못하고 어렴풋함'을 의미하는 杳然은 [막연]과 의미가 겹쳐 이들 모두는 동일한 현상을 달리 이름 붙인 데에 불과하므로 화자의 태도를 개념짓는 용어로 고려하지 않는다.

(3-ㄷ)은 저절로 되어가는 존재나 상태(自然, 天然) 또는 전과 다름없는 상태(依然), 가지런하고 질서가 있는 상태(整然) 등 현상 그 자체에 대한 설명이므로 사건을 바라보는 화자의 태도에는 어울리지 않

---

5) White(1975) 참조.

은 개념이다.

(3-ㄹ) 역시 갑자기 행하는 행동(突然)이나 너무 놀라거나 어이없어서 말을 못하는 상태(啞然) 등 행동이나 태도를 묘사하는 낱말이거나 눈부시게 밝다거나(燦然) 모양새가 굼떠 보인다는(蠢然) 등 개인적인 태도나 성격 등에 대한 감정적인 평가를 담고 있는 낱말들이다. 어떤 사건이나 사태의 실현 가능성 여부에 대한 화자의 태도란 결국 주어진 근거를 토대로 실현 가능한 사실들을 추론해 내는 과정을 거치므로 감정에 대한 개념들은 어울리지 않다.

결국 양태는 [막연]부터 시작하여 [확연]까지 이어지는 그 사이에 [개연], [당연]의 두 개념이 더 설정되어 '막연, 개연, 당연, 확연'6) 네 개념으로 하위 구분될 수 있다고 보이는데, 구체적으로 이들이 자연언어에서 어떻게 다른지 알아보기 위하여 어떤 문장에서 사용되는 낱말인지를 먼저 살펴보려 한다.

먼저 [당연]은 이치로 보아 그렇게 될 수밖에 없거나 그렇게 해야만 하는 것을 말하는데, 다음과 같은 예에서 사용된다.

    (4) ㄱ. 공부를 게을리 했으니 시험에 떨어지는 것은 당연하다.
        ㄴ. 고생 끝에 낙이 오는 건 당연한 거야.
        ㄷ. 사람은 만나고 헤어지는 것이 당연지사라고 하지 않던가.
        ㄹ. 죄를 지은 사람이 벌을 받는 것은 응당한 일이다.

---

6) 장경희(1985)는 인지양태는 인지적 태도를 드러내는 데 비해 평가양태는 사건에 대한 확실하다거나 불확실하다고 하는 화자의 평가를 드러내는 것으로 정리하고 있다. 그러나 실현 가능성 여부에 대한 화자의 판단이 내려지는 과정에서 행동의 단계와 평가라는 두 단계를 분리할 수 없을 것으로 보인다. 화자의 인지적 태도를 드러내는 추측의 개념에 확실의 개념이 포함되어 있기 때문이다. 즉 화자가 어느 정도 가능하다고 추측하는 행위는 어느 정도 사실에 가깝다고 확신하고 있는 화자의 행위를 포함하기 때문에 확실성, 불확실성과 추측, 앎, 지각 등 인지적 태도를 별개의 것으로 나누어 생각할 수 없을 것으로 본다. 따라서 본고는 인지 양태의 개념을 [막연]부터 [확연]까지로 세분화하여 정리하고 있다.

(4)는 당연한 명제,7) 因果應報(ㄱ, ㄹ) 苦盡甘來(ㄴ) 色卽是空(ㄷ) 등 인간세상에서 오랫동안 적용되어 오는 원리들을 대상으로 하고 있으므로 화자가 확신을 가질 수 있는 사회, 문화적 배경이 충분하다 할 수 있다.

그러나 이는 역으로 말하면 시대나 문화가 바뀌면 적용될 수 없는 원리들이 될 수도 있다는 말이 되기 때문에 반드시 확실한 것은 아니다. 재수좋은 인간은 공부를 게을리 해도 시험에 붙기도 하고, 죄를 지은 정치인들은 석방되고 그 밑에서 일하던 사람은 계속 구속 상태인 현재의 사회, 문화적 배경 아래에서 因果應報는 확연한 사실이 아니다. 따라서 이는 당연하다고 표현할 수 있는 내용들이다.

결국 [당연]은 理致상 그렇게 되어야 할 것처럼 보이지만 그것이 반드시 참이라거나 진실이라고는 확실하게 말할 수 없는 화자의 태도를 반영한 것이라 할 수 있다.

이에 반해 [확연]은 어떤 명제가 참인 것으로 여겨질 수 있는, 정도가 틀림없이 그러한 것들을 대상으로 한다.

    (5) ㄱ 그의 죄상이 확연하게 드러났다.
        ㄴ. 사건의 전모가 밝혀져서 내가 죄인이 아니라는 것이 확연해졌다.
        ㄷ. 그들이 서로 사랑하는 것은 확연한 사실이었다.
        ㄹ. 가서 정밀하게 검사해 봐야 내 병이 뭔지를 확연하게 볼 수 있거든.

(5)는 '확연하다'가 사용된 예로, 조사를 하여 시비가 가려졌을 때 (5-ㄱ, ㄴ) 사태의 본질이 눈앞에 보일 때(5-ㄷ) 그리고 검사를 하여 병명이 드러났을 때(5-ㄹ) 등 화자가 자신의 생각에 확신을 가질 수

---

7) (4-라)는 '응당하다'를 쓰고 있지만 '응당하다'는 '마땅하다'로 순화해야 하는 낱말이고 '마땅하다'는 '당연하다'와 비슷한 말이므로 이 역시 '당연'의 의미로 포괄할 수 있는 예라 할 수 있다.

있는 객관적인 근거들이 제시되어 있다. 사건이나 사태를 대하는 화자에게 진실이나 참이라고 생각되어질 수 있는 정도의 차이는 존재하기 마련이며, 그 중 [확연]은 그 확신의 정도가 가장 높은 것임을 알 수 있다.

[개연]은 확실하게 단정할 수는 없지만 대개 그럴 것 같은 것을 가리키는 개념어로 아래와 같이 가능성이 있는 사건들을 대상으로 한다.

(6) ㄱ. 이 사고는 일어났을 (가능성/개연성)이 높은 거지만 저건 아니
　　　 라고 봐.
　　 ㄴ. 작업 중에 오류가 발생했을 (가능성/개연성)이 크다.
　　 ㄷ. 이건 말이 좀 되네. (가능성/개연성)이 있는 것들을 묶어 놓았는데.

(6)은 모두 미확정적인 사건들을 대상으로 하고 있어 [개연]은 확실하지 않는 사건들을 바라보는 화자의 태도를 지칭하는 말이라 할 수 있다. 미확정적인 사건 중에는 일어날 가능성을 전제한 것이 있는 반면에 일어날지 여부부터 관심을 기울이는 것도 있다. 그 중[개연]은 (6)처럼 가능성과 자유로이 교체될 수 있는 것으로 보아 가능성을 전제로 하고 있는 개념이라 할 수 있다.

단지 [개연]은 높다, 낮다, 크다, 적다 등 수치를 대략적으로 말할 수 있는 경우에 사용되어 실현의 빈도에 초점을 맞추고 있음이 특징적이다. 아래 (7)의 예에서 이를 확인할 수 있다.

(7) ㄱ. 그 가설이 높은 (*가능성/개연성)을 지니고 있다고 생각되기에
　　　 이르렀다.
　　 ㄴ. 이것은 귀납적 논거이기 때문에 강한 (*가능성/개연성)을 가질
　　　 수도 있고 약한 (*가능성/개연성)을 가질 수도 있다.

그러나 [개연]은 가설, 귀납적 논거(7-ㄱ, ㄴ)와 같은 어휘에서 보이듯이 가능성이 있을 뿐이다. 근거가 불필요할 만큼 사실로 보이는 [당연]이나 화자가 직접 체험한 분명한 근거를 들이대고 있는 [확연]과

같이 확신의 정도가 높은 개념은 아니다. 따라서 [개연]은 [확연]이나 [당연]보다는 확신의 정도가 낮은 개념으로 설정된다.

마지막으로 [막연]은 그 근거가 불충분하여 확신을 가지지 못하는 상태를 이르는 어휘이다.8)

(8) ㄱ. 막연히 짐작하고 상상할 뿐이었던 노년의 고독과 당혹감이 너무도 진솔하게 들려왔다.
　　ㄴ. 병원에 오는 사람들 중에는 몸이 나른하고 막연히 피로하다는 느낌만 가져도 오는 사람들이 많다.
　　ㄷ. 사전 정지 작업 없이 막연히 통일만을 바라는 것은 너무나도 비현실적인 기대일 수밖에 없다.

인지동사 '짐작하다'를 수식하는 어휘로 나타난 (8-ㄱ)에서 보듯, [막연]은 추측된 사실에 대한 화자의 확신도를 나타내 줄 수 있는 어휘로 분류된다. 하지만 자신의 느낌을 근거로 가지고 있는 (8-ㄴ)이나 '사전정지 작업 없다=막연하다'와 같이 구체적인 방안이나 기준이 제시되지 않은 (8-ㄷ)에서 보이듯, [막연]은 화자의 확신도에서 보면 최하위에 놓이는 개념으로 설정할 수 있다. [막연]은 모든 사람들에게 인식되는 일이 아니라 어떤 사람에게 사실일 수 있다고 추측되는 일 따라서 상대적으로 화자의 확신이 그다지 높지 않은 정도를 표시하는 개념인 것이다.

지금까지 동일한 사건을 대하더라도 화자가 가진 지식, 정보 등 기본적인 토대의 차이에 의해 확신의 정도가 다를 수밖에 없다는 인식 아래, 그 정도의 차이를 표현하는 것으로 [막연], [개연], [당연], [확연] 네 개념이 존재하고 있음을, 그리고 실제 언어 생활에서도 그 의미 차이를 반영하고 있음을 보았다. 따라서 명제의 사실성에 대한 화자의

---

8) 졸고(2000)에서 [가능]의 개념을 넣어서 화자의 확신의 정도차를 구분 지었으나 [가능]은 양태표지들이 모두 공유하는 자질, 출발선상에 놓인 개념일 뿐, 정도의 차이를 지니고 있는 개념은 아닌 듯하다.

태도를 등급화하는 데 이 네 어휘를 잣대로 지니는 것이 타당하다고 생각이 된다. 다음 장에서 이들 개념 아래 통합구조체들의 의미가 구별되는 것을 검토하여 볼 것이다.

4.2 확신의 정도를 나타내는 통합구조체의 의미

1) 화자의 태도 1 [막연] [개연] [당연]

화자는 과거에 일어난 사건은 이미 경험한 것이기 때문에 그것이 실제한 사건인지의 여부를 알 수 있다. 따라서 사건이 실제하였다면 과거시제로 표현하고 그렇지 않다면 부정하면 된다. 그러나 과거에 일어난 사실 중에는 너무 오래 되었다거나 신경써서 보지 않았다거나 등등의 이유로 확실하게 알지 못하는 것들도 있어 화자는 이를 眞인 사실로 표현할 수가 없다. 또한 미래에 일어날 일은 지금 미래의 사건들을 경험할 수 없으므로 그것의 실현 여부를 알 수가 없다. 이러한 여러 이유로 인해 화자는 자신의 생각을 실제의 사실 자체가 아니라 사실에 어느 정도 근접해 있는 것으로 표현하게 된다.

이와 같이 사실은 아니지만 실현 가능한 사실이라고 추측하는 화자의 태도를 표현하는 것으로 선어말어미 '-겠-'과 통합구조체 '-ㄴ/ㄹ 모양이-' '-ㄹ 것이-' 그리고 '-ㄹ 터이-'를 들 수 있다.

> (9) ㄱ. 돈 안 받아가겠어. 오라고 해도 안 오더라구.
> ㄴ. 돈 안 받아 갈 모양이야. 오라고 해도 안 오더라구.
> ㄷ. 돈 안 받아갈 거야. 오라고 해도 안 오더라구.
> ㄹ. 돈 안 받아갈 테니까 그냥 써버려. 오라고 해도 안 오더라구.

(9)는 '그 사람이 돈을 안 받아간다'는 사건을 실현 가능하다고 보는 화자의 태도가 '-겠-' '-ㄹ 모양이-' '-ㄹ 것이-' 그리고 '-ㄹ 터이-'

로 표현된 예이다. 그런데 화자가 이를 실현가능하다고 여기게 된 것은 화자에게 주어져 있는 사실(what is known) '돈 받으러 올 사람이 오라고 해도 오지 않는 것'을 바탕으로 하고 있다. 따라서 (9)의 '-겠-', '-ㄹ 모양이-' '-ㄹ 것이-' 그리고 '-ㄹ 터이-'는 자신이 알고 있는 사실들을 근거로 하여 어떤 사건이나 사태가 실현가능하다고 추측하는 화자의 태도를 표현하는 것이라 할 수 있다.

앞서 양태의 하위 개념을 정리하면서 [막연] [개연] [당연] [확연]이 동일한 의미를 공유하면서도 또 대별되는 의미를 지니고 있음을 보았다. 이는 어떤 환경, 어떤 맥락에서 의미의 차이 없이 대체된다 하여 '-겠-'이나 '-ㄹ 모양이-' 등이 똑같은 의미를 지녔다고 볼 수 없음을 말해준다.9) 지금부터는 이들 통합구조체의 의미 하나 하나를 짚어볼 것인데, 먼저 [막연]과 [개연]의 태도를 표현하는 통합구조체부터 볼 것이다.

① '-ㄹ 모양이-' 의 의미

통합구조체 '-ㄹ 모양이-'는 주어진 근거를 토대로 어떤 사건이 실현 가능하다고 추측하는 화자의 태도를 표현하는 의미를 가졌는데, 구

---

9) 지금까지 여러 학자들에 의해 '화자의 태도를 의미하는 문법형태소들'이 각자 지니고 있는 고유한 의미가 무엇인지 연구되었다. 이는 화자가 어떤 사건을 생각해 낼 수 있게 하는 근거에 초점을 맞추어 볼 것인지 또는 화자가 어떤 사건을 어느 정도 확실하게 여기고 있는지에 초점을 맞출 것인지에 따라 나뉘어 지는데, 전자는 서정수(1978)이나 성기철(1979), 안명철(1983) 등이 대표적이고 후자는 이기용(1978)이 대표적이다. 그러나 근거에 초점을 맞출 것인지, 사건의 확실성에 초점을 맞출 것인지는 나뉘어 생각될 수 있는 것이 아니다. 화자가 사건이나 사태를 어느 정도 실현가능하다고 생각하는지는 그들의 사유 과정이 어떻게 다른 것인지를 바탕으로 할 수밖에 없을 것이며 사유 과정은 근거와 사건의 확실성 등이 종합적으로 작용하는 장이기 때문이다. 따라서 화자가 어떤 상황에서 어떤 사실들을 근거로 하여 어떤 사건이나 사태들을 추측하게 되었는지, 모든 과정을 아울어서 설명하는 것이 '화자의 앎'의 양상이 어떻게 다른지 살펴보는 데 가장 적절할 것이라고 생각하고 이를 중심으로 '양태'의 의미를 재정립해야 할 것이라 생각한다.

체적으로 어떤 근거들이며 어떤 사실들이 추측되는지를 살펴보면 다음과 같다.

    (10) ㄱ. a. (하늘이 흐린 것을 보고) 오늘은 보름달을 보기가 어려울 모양이야.
           b. (비행기가 결항된 것을 듣고) 오늘 거기는 눈이 온 모양이야.

  (ㄱ-a)는 화자가 알고 있는 사실 즉 하늘이 흐리면 보름달을 보기가 어렵다는 것과 현재 하늘이 흐리다는 것을 토대로 '오늘 보름달을 보기가 어렵다'는 실현 가능한 사건을 추측하는 화자의 태도를 '-ㄹ 모양이-'로 표현하고 있다. (ㄱ-b) 역시 눈이 오면 비행기가 결항한다는 사실과 현재 비행기가 결항했다는 것을 토대로 화자에게 아직까지 확인되지 못한, 그래서 새로운 사실인 '오늘 거기 눈이 왔다'는 사건이 일어났었을 수도 있다는 화자의 태도를 '-ㄴ 모양이-'가 표현하고 있다.

  이미 알고 있는 사실들과 이를 근거로 실현될 가능성이 있다고 추측되는 사건이나 사태 간의 관계를 보기 위하여 (13)의 각 상황을 도식화시켜 보면 다음과 같다.10)

    (11) ㄱ. a. P이면 Q이다   하늘이 흐리면 보름달을 볼 수 없다.
            P이다   하늘이 흐리다.
            Q일 모양이다   보름달을 볼 수 없을 모양이야.
         b. P이면 Q이다   눈이 내리면 비행기가 결항한다.
            Q이다   비행기가 결항했다.
            P인 모양이다   눈이 내린 모양이야.

  (11)는 (10) 문장들이 발화되는 상황을 도식화한 것인데, 화자가 생각해 낸 사건과 이를 생각해 낼 수 있었던 근거들 간의 관계가 두 경우 다르다는 점이 눈에 띤다. '하늘이 흐리면 보름달을 보기 어렵다'

---

10) 장경희(1985)에서 다루었던 설명방식을 도입하였다.

와 '비가 오면 비행기가 결항한다'는 우리가 살아가면서 익히게 된, 일반적으로 사실로 여겨지는 것들이다. 이러한 원리 아래 화자는 하늘이 흐린 사실과 비행기가 결항되었다는 사실을 근거로 확보하게 되는데, (ㄱ-a)의 '보름달을 보기가 어렵다'는 하늘이 흐려서 결과적으로 나타나는 일이며, (ㄱ-b)의 '눈이 왔다'는 비행기의 결항이 나타나게 된 전제조건이다.11)

따라서 전제 조건을 근거로 하여 결과적으로 나타날 일이 실현가능하다고 생각하는 화자의 태도는 '-ㄹ 모양이-'로,12) 결과를 토대로 알

---

11) '-ㄴ 모양이-'가 쓰이는 발화 상황을 보면, 인과관계보다는 '조건-결과' 관계로 설명하는 것이 적절함을 알 수 있다.

  (1) ㄱ. a. 갑: 길이 너무 막히네.
          을: 사고가 난 모양이야.
        b. 갑: 철수가 오늘 결석했어.
          을: 어디 아픈 모양이다.
      ㄴ. a. 갑: 그 집 건물에 금이 갔더라.
          을: 무너지려는 모양이네.
        b. 갑: 날이 너무 안 좋아.
          을: 그래? 비가 오려는 모양이다. 빨리 가서 쉬어라.

  (1)은 갑이 제시한 의견에 을이 가능성이 있는 사실을 팁으로 제시하고 있는 상황이지만 갑과 을, 두 문장이 맺은 관계는 (1-ㄱ)와 (1-ㄴ)이 서로 다르다. (1-ㄱ)은 길이 막히는 원인, 철수가 결석한 원인을 화자인 '을' 나름대로 추정하여 제시하고 있다. 갑과 을의 두 문장을 인과관계를 나타내는 연결어미 '-어서'에 의해 연결해 보면 (1-ㄱ)은 '사고가 나서 길이 너무 막힌다' '어디 아파서 오늘 결석했다'와 같이 자연스럽다. 그러나 (1-ㄴ) 갑과 을의 발화를 '-어서'로 연결하여 보면 '건물에 금이 가서 무너진다' '날이 너무 안 좋아서 비가 온다'와 같이 어색한 문장이 되어 이들이 인과관계로 얽혀 있지 않음을 알 수 있다. 오히려 이는 '건물에 금이 가면 무너진다' '날씨가 잔뜩 흐리면 비가 온다'처럼 조건의 연결어미 '-면'이 결합되면 자연스러워져 이들이 조건과 결과 관계로 맺어져 있음을 알 수 있다. 어떤 일정한 현상이 어떤 상황 아래에서 일어났을 때 배경이 되는 상황을 원인이라 할 수도 있고 조건이라 할 수도 있다. 본고에서는 조건이 원인보다 더 큰 개념이며 원인은 특별한 조건 안에 포함되는 개념(철학대사전 1989)이라는 설명에 착안하여 '-ㄴ/ㄹ 모양이-'는 조건과 그 결과 나타날 수 있는 사건들로 얽혀 있는 상황 아래에서 화자의 가능하다는 태도를 나타내고 있는 것이라고 본다.
12) '-ㄹ 모양이-'기 결과적으로 나타날 사건이나 사태를 추측하는 화자의 태도를

수 있는 전제 조건이 사실로 실현될 가능성이 있다고 생각하는 화자의 태도는 '-ㄴ 모양이-'로 표현하는 것이라 할 수 있다.

그런데 결과적으로 발생하는 사건이라도 화자에게 사실로 확인되지 않아 확실히 모르는 경우에는 실현가능한 사건으로 표현될 수 있으며 이 때에는 '-ㄴ 모양이-'가 사용된다.

(12) ㄱ. 갑: 밖에 전화 고장났어.
　　　을: 그래? 그럼 아까 철수도 순이에게 전화를 못했던 모양이네.
　　ㄴ. 갑: 비가 왔었어.
　　　을: 그래서 사람들이 우산을 들고 다녔던 모양이구나.

의미하고 있음은 이 통합구조체가 일부 형용사를 선행할 수 없는 제약을 지니고 있는 데에서 더 분명해진다.

(1) ㄱ. a. *다른 사람보다도 당신이 그렇게 믿어주니 좋을 모양이에요.
　　　a′. 다른 사람보다도 당신이 그렇게 믿어주니 (좋은/ 좋았던) 모양이에요.
　　ㄴ. a. *저렇게 아무것도 안하고 먹기만 해서 원. 아무래도 뚱뚱할 모양이에요.
　　　a′. 저렇게 아무것도 안하고 먹기만 해서 원. 아무래도 뚱뚱해질 모양이에요.

(1)에서 보듯이 '-ㄹ 모양이-'는 형용사 '좋다'와 '뚱뚱하다'가 선행서술어로 오면 제약을 받는다. 이는 상태는 이미 존재하는 것이므로 미래에 일어날 일로 생각하는 화자의 태도와 상충되기 때문인데, 이는 (ㄱ-a′)처럼 과거나 현재에 '좋다'는 화자의 생각으로 고치거나 (ㄴ-a′)처럼 동사로 고치면 자연스러워진다.

아래의 예는 이의 반박근거처럼 보이지만 존재하는 대상의 상태가 추측의 대상이 아닌 경우에 한해서이다.

(2) ㄱ. a. 기상예보를 들어보니 올해 겨울도 몹시 추울 모양이야.
　　　b. ?그 언니를 보니 동생도 무척 예쁠 모양이에요.
　　　b′. 그 언니를 보니 동생도 무척 예쁜가 봐요.

(2)는 통합구조체 '-ㄹ 모양이-'가 선행 서술어로 형용사를 취할 수 있음을 보여주는 것이다. 앞으로 일어날 일이므로 추울지 더울지 기상은 예상가능하며 따라서 화자는 이를 추측할 수가 있어 '-ㄹ 모양이-'에 형용사가 선행하는 것이다. 하지만 (ㄱ-b)과 같이 이미 존재하는 대상의 상태에 대해서는 추측을 할 수가 없다.

(12)는 전제 조건을 토대로 그 결과 나타날 수 있는 사건을 추측해 보는 화자의 태도를 '-ㄴ 모양이-'로 표현한 문장이다. (12-ㄱ)은 밖에 전화가 고장났다는 말을 듣고 이를 토대로 을이 철수가 순희한테 전화를 걸지 못했었다는 사태를 추측해 보는 상황이다. 전제조건이 되는 '전화의 고장'을 토대로 하여 그 결과 '철수가 전화를 걸지 못했다'는 사태가 가능하다고 보는 화자의 태도가 드러나고 있다. (12-ㄴ) 역시 마찬가지이다. 비가 오면 우산을 들고 다닌다는 사실과 비가 왔다는 전제조건을 바탕으로 그 결과 생겨날 수 있는 '우산을 들고 다녔다'는 사건을 추측해 보는[13] 화자의 태도가 '-ㄴ 모양이-'로 표현되고 있다.

지금까지 살펴본 내용 대로라면, '-ㄹ 모양이-'는 전제된 사실을 토대로 결과적으로 나타날 수 있는 사건을 추측하는 화자의 태도를 표현하고 있으며, '-ㄴ 모양이-'는 이 외에도 전제 조건이 되는 사건까지도 추측하는 화자의 태도를 표현하는 통합구조체라 할 수 있다. 그렇다면 이들을 사용하는 경우 화자의 확신의 정도는 어떻게 될까? 이를 위해 구체적인 발화상황 속에서 추측의 태도를 표현하는 다른 표지들과의 비교를 해보겠다.

먼저 '-ㄴ/ㄹ 모양이-'는 '-겠-'과 자유롭게 대체되어 서로 동일한 의미를 공유하고 있음을 알 수 있다.

    (13) ㄱ. (하늘이 흐린 것을 보고) 오늘은 보름달을 못 (볼 모양이야/ 보겠어).
         ㄴ. (전화가 고장났다는 것을 듣고) 철수도 순이한테 전화를 (못했던 모양이네/ 못했겠네).
         ㄷ. (비가 왔다는 것을 듣고) 우산을 들고 (다닌 모양이구나/ 다녔겠구나).

(13)의 예만으로는 '-겠-'과 '-ㄴ/ㄹ 모양이-'가 화자의 확신의 정도에 있어서도 공통된 의미영역을 지니고 있다는 결론을 이끄는데, 통합

---

13) 이런 경우는 화자가 발화하고 있는 당시의 일이 아니라 과거의 일이기 때문에 사실로 말하지 않고 가능한 일로 말하는 것이다.

구조체 '-ㄴ/ㄹ 모양이-'는 '모양'을 구성요소로 하고 있기 때문에 '-겠-'과
는 의미차이를 지닐 것으로 예상되며 이는 아래의 예에서 확인된다.

    (14) ㄱ. 갑: 몇시야?
           을: 5시인데.
           갑: 그래? 할머니가 (일어나셨겠네/ *일어나신 모양이네) 식사
              내갈 준비하자.
       ㄴ. 갑: 몇시야?
           을: 5시인데.
           갑: 5시라, 할머니 방에 불은 켜졌고?
           을: 응.
           갑: 그래? 할머니가 (일어나셨겠네/ 일어나신 모양이네). 식사
              내갈 준비하자.

    (14-ㄱ, ㄴ)은 화자인 갑이 동일하게 '그래'를 사용한 데서 보이듯이
이미 일어난 일, 주어진 사실을 토대로 하여 할머니가 일어나셨음을
추측해 보는 상황이다. 그런데 '-겠-'은 어느 경우에서나 자연스럽게
나타나는 데 비해 '-ㄴ 모양이-'는 (14-ㄱ)에서는 제약을 받는다.

    (14)의 발화 상황에서 가장 큰 차이로는 '할머니가 일어나셨다'는
사건을 화자가 이끌어 내도록 만든 근거가 다르다는 점을 들 수 있다.
(14-ㄱ)은 할머니의 기상을 5시라는 사실로부터 이끌어 내고 있고
(14-ㄴ)은 할머니의 방에 불이 켜졌다는 사실로부터 이끌어 내었다.
즉 할머니의 기상을 생각해 낸 근거가 서로 다르다는 말인데, (14-ㄱ)
은 '5시면 할머니가 일어나신다'는 평소의 생활습관과 '5시다'는 사실
을 토대로 '할머니가 일어나셨다'를 이끌어낸 것이고 (14-ㄴ)은 '할머
니의 방에 불이 켜지면 할머니가 일어나셨다'와 '할머니의 방에 불이
켜졌다'는 가시적인 근거를 토대14)로 할머니의 기상을 이끌어 내고 있다.

---

14) 이는 갑이 을에게 여러 가지 근거들을 묻지 않고 자신이 직접 할머니의 방에 불
    이 켜졌는지 확인한 후 '방에 불이 켜진 것을 보니 할머니가 일어나신 모양이야.
    식사 내갈 준비하자'와 같이 을에게 말할 수 있다는 점에서 더욱 그러하다.

결국 '-ㄴ 모양이-'는 'P이면 Q이다/ P이다 ⇒ Q인 모양이다'와 같은 사유과정을 거치지만 근거가 되는 'P이다'가 가시적인 증거, 화자에게 증거가 확보된 상황 아래에서만 나타나는 통합구조체이며, 따라서 화자가 자신의 추측이 그럴 만하다고 생각하는 상황, 즉 [개연]적이라고 바라보는 화자의 태도를 나타낸다 하겠다.

이는 근거가 현장에 존재하는 상황에 '-ㄴ 모양이-'가 나타나는 데서도 알 수 있다.

   (15) 갑: 어? 조금 전에 간호부장님이 계셨는데 어딜 가셨지?
        을: 아마 나가셨을 거에요. 그분은 이런 거 보고 계실 분이 아니에요. 굉장히 열심이시거든요.
        갑: 자네는 그렇지 못한 모양이네.
        을: 예?

(15)는 주어진 사실들을 근거로 '을이 열심이지 않은 사람임'을 병이 추측해 보는 상황으로 근거가 현장에 주어져 있다.

현재 간호부장은 TV를 보는 자리에 없고 을은 TV를 보고 있는 자리에 있나. 이를 근거로 갑은 간호부장은 열심이고 'TV를 보는 자리에 있는 을은 열심이지 않다고 생각하고 있다. 'TV를 보는 자리에 있다'는 사건은 현장에서 을과 갑이 확인할 수 있는 것으로 '을이 열심이지 않다'고 말할 수 있는 좀더 확실한 근거가 된다. 즉 갑의 입장에서는 좀더 그럴듯한 사실로 여겨질 수 있을 만큼 근거가 확보되었다고 볼 수 있는 상황이다. 화자가 확신을 좀더 가질 수 있는 근거를 토대로 하고 있다는 점은 '-ㄴ 모양이-'가 [막연]보다는 [개연]하다고 보는 화자의 태도를 의미하고 있음을 말해주고 있다.

이는 남에게 들은 사실들 즉 주관성을 벗어날 수 있는 근거들을 토대로 하여 추측하는 화자의 태도를 '-ㄴ 모양이-'로 표현하는 데에서 좀더 확실해진다.[15)]

아래 (16)은 '지금 생각하니까'보다는 '들어 보니까'와 같이 다른 이의 정보를 근거로 하는 상황에서 '-ㄴ 모양이-'가 사용되는 것을 보여주고 있다.

(16) ㄱ. a. 어제 아는 집에 빈손으로 찾아 갔었거든. 지금 생각하니까 아줌마가 예의없다고 생각했겠더라.
　　 b. ?어제 아는 집에 빈손으로 찾아 갔었거든. 지금 생각하니까 아줌마가 예의없다고 생각하신 모양이더라.
　　ㄴ. a. ?어제 아는 집에 빈손으로 찾아 갔었거든. 들어 보니까 아줌마가 예의없다고 생각했겠더라.
　　 b. 어제 아는 집에 빈손으로 찾아 갔었거든. 들어 보니까 아줌마가 예의없다고 생각하신 모양이더라.

(16)은 둘 모두 어제 빈손으로 찾아간 일을 근거로 하고 있다. 단지 (16-ㄱ)은 '지금 과거의 상황을 생각하는' 것이 근거로 제시되었고 (16-ㄴ)은 '남에게 아줌마가 행동한 바를 들은' 상황이 근거로 제시되어 차이를 가진다. (16-ㄱ)과 비교해 보았을 때 (16-ㄴ)은 화자 자신이 스스로 깨달은 사실이 아니라 누군가에게서 정보를 제공받았다는 점이 강조되었다 할 수 있다. 즉 다른 이의 경험을 근거로 내세우는 화자의 태도에는 청자에게 좀더 객관적인 자료를 자신이 가지고 있음을 보이려는 의도가 반영되기 때문에 (16-ㄱ)은 주관적인 판단이 개입되었음에 비해 (16-ㄴ)은 좀더 객관적인 증거를 근거로 제시하고 있는 상황이라 할 수 있다.

개연적인 사태나 사건을 추측하는 화자의 태도를 드러내는 것은 '-ㄹ 모양이-' 역시 마찬가지여서 남에게서 확인 받은 사실을 근거로 하여 추측하는 상황에서 사용되고 있다.

---

15) 자신이 겪은 내용만을 근거로 하기보다는 타인의 경험을 근거로 하였을 때 화자 자신은 사실이 아닐 수도 있다는 책임감에서 해방되게 된다. 따라서 타인의 경험을 자신의 추론에 근거로 넣은 경우는 오로지 자신만이 겪은 경험을 근거로 삼은 경우보다 좀더 사실적이라고 강조하여 표현할 수가 있다고 생각된다.

(17) ㄱ. 갑: 구름이 많이 끼었어.
　　　을: 그래? 그럼 이번에는 보름달을 (못보겠네/ 못볼 모양이네).
　　　　　단념하고 일찍 가서 자.
　　　ㄴ. 갑: 구름이 많이 낀대.
　　　을: 그래? 그럼 이번에는 보름달을 (못보겠네/ 못볼 모양이네).
　　　　　단념하고 일찍 가서 자.

(17-ㄱ)은 갑이 직접 본 구름이 많이 끼었다는 사실을 근거로 하고 있음에 반하여 (17-ㄴ)의 갑은 구름이 많이 끼었는지의 여부를 직접 눈으로 보고 확인하지는 못한 상태다. 그럼에도 불구하고 이를 근거로 하고 있음은 구름이 많이 낀다는 사실을 들어서 알게 되었든 동영상으로 정보를 제공받아서 알게 되었든간에 갑이 보장해 주고 있다고 을이 생각해서이다. 따라서 (17)은 갑이 알고 있다고 생각되는 사실을 을이 판단의 근거로 삼아 그 결과 나타날 사건을 추측해 보는 상황에 '-ㄹ 모양이-'가 사용된 경우라 할 수 있다.

결국 가시적으로 드러난 증거가 있어서 또는 제 3자에 의해 확인이 되어서 등등 여러 가지 이유로 인해 좀더 분명한 근거들이라고 생각되는 것들을 토대로 화자의 사유과정이 이루어지게 되므로 통합구조체 '-ㄴ/ㄹ 모양이-'는 화자가 현재 대하고 있는 사선들이 일어나기 십상인 즉 [개연]적인 사건이라고 보는 태도를 드러낸다 할 수 있다.16)

---

16) 가시적으로 나타난 일, 타인에게 들은 정보가 근거로 제시된 상황에서 '-ㄴ 모양이-'가 사용되는 것은 화자가 자신의 생각에 확신을 가질 수 있다는 말로, 이는 논리적으로는 이해할 수 없는 상황 아래에서도 자신을 납득시킬 수 있는 근거만 제시되어 있으면 실현가능하다고 추측하는 태도를 취할 수 있는 상황까지도 만들게 된다. 아래는 논리적으로 선행절과 후행절이 '조건-결과'의 관계로 맺어질 수 없는 상황인데도 화자의 실현가능하다는 태도가 드러날 수 있음을 보이는 예이다.
　(1) ㄱ. 밥을 너무 많이 먹어서 움직이기조차 (힘들었던 모양이야/힘들었겠다).
　　　ㄴ. 밥을 먹으니까 이상하게 배가 더 (고픈 모양이야/ *고팠겠다).
　(1-ㄱ)의 예는 '밥을 너무 많이 먹으면 움직이기 힘들다'와 '움직이기 힘들

따라서 화자 자신의 느낌과 같이 가시적인, 좀더 분명하게 증거로 제시될 수 없는 일들은 '-겠-'만이 가능하고 '-ㄹ 모양이-'는 나타날 수 없게 된다.

(18) ㄱ. a. 몸이 아파 죽겠다.
　　　　 b. ?몸이 아파 죽을 모양이야.
　　 ㄴ. a. 그녀석이 걱정돼 미치겠다.
　　　　 b. ?그녀석이 걱정돼 미칠 모양이야.

다' 두 가지 사실을 근거로 '밥을 너무 많이 먹었다'는 사실을 이끌어 내는 문장이다. 즉 'P이면 Q이다/Q이다⇒P인 모양이다'인 상황인데, 근거인 '움직이기 힘들다'와 이를 토대로 한 화자의 생각 '밥을 너무 많이 먹었다'는 인과관계가 분명한 사실이다. 이는 연결어미 '-어서'의 사용에서도 알 수 있다. 이와 같이 인과 관계가 분명한 사실들을 '조건-결과'로 놓고 사유하게 되는 것은 논리적으로도 무리가 없는데 비해 (1-ㄴ)은 그렇지가 않다. (1-ㄴ)은 '밥을 먹는다'는 사실 즉 'P이다'를 근거로 하여 '배가 더 고프다'는 결과적인 사건을 이끌어 내고 있다. 즉 'P이면 Q이다/P이다⇒Q인 모양이다'인 상황인데, 'P이다'인 '밥을 먹는다'와 'Q이다'인 '배가 더 고프다'는 '?밥을 먹으면 배가 더 고프다'처럼 상식적으로 판단해 보았을 때 '조건-결과'로 맺어질 수 없는 사실들이다. 이는 접속어미 '-어서'가 아니라 '-니까'를 사용하고 있다는 데서도 드러나는데, '-니까'는 시간상 선, 후관계가 드러나는 선, 후행절을 연결해 주는 것이 특징이다. 즉 (1-ㄱ)은 선행절이 조건이 되어 후행절이 나타나는 경우이고 (1-ㄴ)은 인과법칙에는 얽매이지 않고 선행절의 결과 후행절이 나타나는 경우이다. 이와 같이 (1-나)의 문장이 자연스러운 것은 결국 화자 자신이 아니라 타인의 경험을 대상으로 하고 있기 때문에 가능한 것으로 보인다. 이는 아래처럼 주어를 '나'로 하였을 때는 자연스럽지 못한 문장이 되는 것에서 알 수 있다.

(2) ㄴ. (철수는, *나는) 밥을 먹으니까 이상하게 배가 더 고픈 모양이야

화자 자신의 경험은 청자에게 확고한 사실처럼 말하기에는 지극히 개인적이고 주관적이지만, 화자가 경험한 제 3자의 모습은 청자를 설득할 수 있는 객관적인 증거가 보충된 것으로 볼 수가 있다. 따라서 화자는 제 3자가 배가 더 고파한다는 사건에 대해 가능하다는 태도를 취할 수가 있는 것이다. 사실, 화자가 추측하는 사건들은 모두 화자의 주관적인 판단 아래에서 사실로 여겨지는 것들이다. 따라서 화자 자신에게만 납득가능하면 이는 실현가능한 사실로 말해질 수가 있다. (1)의 예는 이러한 점을 잘 보여주는 것이고 결국 '-ㄴ 모양이-'는 가시적인 근거가 존재하는 상황에서 어떤 사건의 가능성을 추측하는 화자의 태도를 드러내는 통합구조체라 할 수 있을 것이다.

화자에게 주어진 사건들이 결과적으로 일어날 사건들을 추측해 보는 데 단서를 제공해 주는 경우 거의 예외없이 '-ㄹ 모양이-'는 '-겠-'으로의 대체가 가능하다. 그러나 (18)과 같이 화자가 자신의 몸 상태나 마음 상태를 근거로 하여 몸이 아프다거나 그녀석이 걱정이 된다는 것을 추측하는 데에는 '-겠-'이 자연스럽고 '-ㄹ 모양이-'는 (ㄱ, ㄴ-b)와 같이 어색한 문장이 된다. 이와 같은 제약은 자신의 몸이나 마음의 상태는 화자의 내적 상태, 비가시적인 대상이기 때문에 일어나는 것이다. 즉 화자의 입장에서는 개연적인 사건이라고 설득할 수 있는 대상이 아니며 따라서 [개연]적인 화자의 태도를 나타내는 '-ㄹ 모양이-'가 제약을 받는 것이다.

지금까지 '-겠-'과 '-ㄴ/ㄹ 모양이-'가 서로 대체될 수 없는 상황들을 중심으로 '-ㄴ/ㄹ 모양이-'만이 가지는 의미를 살펴 보았는데, 가시적, 객관적인 근거들이 존재할 때 화자의 추측이 이루어지고 있기 때문에 '-ㄴ/ㄹ 모양이-'가 좀더 그럴듯한, 개연적인 화자의 태도를 드러내는 의미 가지고 있음을 알 수 있었다. 이는 통합구조체 '-ㄴ/ㄹ 모양이-'가 [+가시성]을 의미 특징으로 하는 '모양'을 구성요소로 하기 때문에 가지게 된 것으로 보인다.

② '-ㄹ 것이-' 의 의미

다음은 통합구조체 '-ㄹ 것이-'의 의미를 알아보고, '-겠-'이나 '-ㄴ/ㄹ 모양이-'와 구별되는 의미 특징이 무엇인지를 살펴볼 것이다.

우선 '-ㄹ 것이-'는 '-겠-'이나 '-ㄴ/ㄹ 모양이-'와의 대체가 자연스러워 실현 가능한 사건을 추측해 보는 화자의 태도를 의미하는 통합구조체임을 알 수 있다.

(19) ㄱ. a. (하늘이 흐린 것을 보고) 오늘은 보름달을 보기 어려울 거야.
　　　 b. (전화가 고장났다는 것을 듣고) 철수도 순희한테 전화를 못했을 거야.

ㄴ. a. (비행기가 결항된 것을 듣고) 오늘 거기는 비가 왔을 거야.
    b. (시장을 봤다는 것을 듣고) 반찬이 다 떨어졌을 거야.

(19)는 (ㄱ-a, b)처럼 조건이 되는 사실을 토대로 결과적으로 발생하는 사건을 추측해 보거나 (ㄴ-a, b)처럼 결과되는 사실을 토대로 조건이 되는 사건을 추측해 보는 문장으로 '-ㄴ/ㄹ 모양이-'의 예로 제시되었던 것이다. 그런데 (19)처럼 '-ㄹ 것이-' 역시 자연스럽게 쓰일 수가 있어 '-ㄴ/ㄹ 모양이-'처럼 조건이나 결과되는 사건들을 추측해 보는 화자의 태도를 의미하는 통합구조체라 할 수 있겠다. 그런데 아래의 경우에서는 '-ㄹ 것이-'의 사용만 제한을 받아 '-겠-'이나 '-ㄴ/ㄹ 모양이-'와는 다른, 개별적인 의미 특징을 지니고 있음을 알 수 있다.

(20) ㄱ. a. 나도 어제 가서 봤는데, 그 방이 우리가 쓰기에 좀 (작겠더라구/ 작은 모양이더라구/ ?작았을 거야).
      b. 나도 어제 가서 들었는데, 그 방이 우리가 쓰기에 좀 (작겠더라/ 작은 모양이더라/ ?작았을 거야).

(20)은 '-겠-'이나 '-ㄴ 모양이-'는 자연스럽게 나타나는 데 비해 '-ㄹ 것이-'는 제약을 받음을 보여주는 예이다. 이 문장의 특징은 근거가 되는 사실이 화자가 본 내용이거나 들은 내용이라는 점에 있다. (ㄱ-a)는 화자가 어제 가서 방을 본 것을 근거로 하고 있고 (ㄱ-b)는 화자가 어제 가서 들었던 사실들을 근거로 하고 있어서, 이에 따르면 '-ㄹ 것이-'는 화자가 직접 보고 들은 내용을 근거로 하는 사유 과정에서는 제약을 받는 통합구조체라 할 수 있다.

이를 좀더 구체적으로 보기 위하여 '화자가 본 내용임'을 근거로 제시한 문장에 '-ㄹ 것이-'가 쓰이는지를 보면 다음과 같다.

(21) ㄱ. a. 10시가 지난 것을 보니 오늘 순이는 안 (오겠다/*올 거야).
      b. 10시가 지났으니 오늘 순이는 안 (오겠다/올 거야).

(21)은 동일하게 순이가 오늘 안 온다는 사건을 추측하고 있는 문장으로, 이의 실현 가능성을 추측하는 화자의 태도는 (ㄱ-a)에서는 '-겠-'만으로 (ㄱ-b)에서는 '-겠-'과 '-ㄹ 것이-'로 표현하고 있음을 보인다.

(ㄱ-a, b)의 차이는 선행절 '10시가 지난 것을 보니'와 '10시가 지났으니'에 있다. 즉 근거가 되는 사실에 차이가 있다는 말인데, (ㄱ-a)는 10시가 지난 것을 시각적으로 확인한, 화자가 지각한 사실인 데 비해 (ㄱ-b)는 화자가 10시가 지났다는 사실을 어떻게 알게 되었는지 굳이 밝히지 않았듯이 감각작용에 의한 지각행위를 언급하지 않은 경우이다.17) 따라서 '-ㄹ 것이-'는 감각작용에 의해 직접 지각한 사실을 근거로 하여 화자의 추측이 이루어지는 상황에는 쓰이지 않는 통합구조체로 보인다.

이는 아래의 예에서도 확인된다.

(22) ㄱ. a. 10분 후면 수업이 끝나겠다.
          a´. 10분 후면 수업이 끝날 것이다.

(22)는 10분 후면 수업이 끝난다는 사건을 추측하고 있는 화자의 태도를 '-겠-'과 '-ㄹ 것이-'에 의해 표현한 문장이다. 추측된 사실은 동일해 보이지만 그렇다고 해서 이들이 동일한 근거를 토대로 하고 있는 것은 아니다. (22)는 10분 후면 수업이 끝난다고 생각하는 상황이

---

17) 서정수(1978)에서 '-ㄹ 것이-'가 객관적 증거에 입각하여 추정을 할 때 쓰이며 '-겠-'이 주관적 증거에 입각하여 추정을 할 때 쓰이는 차이를 가진다고 보았었다. 이에 대해 장경희(1985)는 (ㄱ-a) '10시가 지난 것을 보니 오늘 순이는 안 오겠다(*올 거야)'를 예로 들고 동일하게 10시가 지났다는 객관적인 근거를 증거로 대고 있는데 '-겠-'은 가능하고 '-ㄹ 것이-'는 올 수 없어 '객관적 증거/주관적 증거'로 나누어 보는 것은 적절치 못하다고 하였다. 그러나 (ㄱ-b)에서 보듯이 10시가 지났다는 사실을 동일하게 근거로 취하고 있으나 '10시가 지난 것을 보니' 대신 '10시가 지났으니'라고 선행절을 고치면 '-ㄹ 것이-'도 가능해지기 때문에, 행위사의 경험을 근거로 하여도 이는 다시 세밀하게 기술되어야 할 필요가 있을 것으로 본다.

므로 발화 당시에는 수업이 진행되고 있는 경우이다. 따라서 '수업이 진행되는 현재'와 '화자가 경험하고 있는 것'에서 차이가 남을 생각해 볼 수 있겠다.

우선 수업이 진행되는 현재에 초점을 맞추어 '현재 경험하고 있는 일인지의 여부'에 따라 구별된다고 보면, 이는 '-겠-'이 실제 수업하는 현장에서 관찰하고 판단한 결과, 즉 현재 경험에 기초하여 말한 것인데 비하여 '-ㄹ 것이-'는 수업의 진행상황을 모르지만 끝날 예정이라고 말할 수 있어 현재 경험에 기초하지 않아도 되는 것이라는 설명이 된다. 그러나 이는 (20)의 예문 '나도 어제 가서 봤는데, 그 방은 우리가 쓰기에 좀 작겠더라'와 같이 과거의 경험에 기초하여 말할 때도 '-겠-'이 쓰일 수 있어 적절치 않다.18)

그렇다면 화자가 경험하고 있는 것에서 차이가 난다고 할 수 있겠는데, 이는 수업이 진행되는 현장에 화자가 직접 들어가 경험한 것인지 아니면 밖에서 이를 입증해 줄 수 있는 매개체들을 보고 화자가 경험한 것인지에 의해 구별된다고 보는 것이다.

(ㄱ-a)는 화자가 실제 수업하는 현장에서 근거를 찾아 10분 후에 수업이 끝난다고 말할 수 있는 상황이며 (ㄱ-a′)는 교수나 제 3자 또는 수업계획표 등에 의해 근거를 찾아 10분 후에 수업이 끝난다고 말할 수 있는 상황이므로 '화자가 현장에서 직접 체험한 내용을 근거로 하는지 여부'에서 차이가 빚어진다고 할 수 있다. 이는 달리 말하면 화자가 직접 보고 듣고 느껴서 알게 된 사실들을 근거로 삼고 있는 경우에는 '-겠-'이, 타인이나 매개체를 통해 알게 된 사실을 근거로 삼을 때는 '-ㄹ 것이-'가 사용된 것이다.

지금까지 '-ㄹ 것이-'만의 의미 특징으로 화자가 직접 지각한 행위를 통해 얻은 사실을 근거로 할 수 없음을 보았다. 화자의 사유 과정 상

---

18) 현재 경험을 근거로 하는지에 따라 구별된다고 하는 것은 성기철(1979)에서 논의한 것이다.

근거가 되는 사실이 화자의 지각 작용을 통해 알게 된 사실일 수도 있지만, 직접 경험해 보지는 못하였지만 이론적으로 眞으로 여겨지는 사실일 수도 있음을 생각하면 '-ㄹ 것이-'는 후자에 속하는 의미특징을 가진 통합구조체라 할 수 있겠다. 즉 직접 보고 느끼는 등 감각작용을 통해 인식되는 것이 아니라 화자의 직접 체험이 개입되지 않아도 되는, 이론적 체계화를 통해 인식되는 것들이 '-ㄹ 것이-'에 의해 표현되는 것이라고 생각된다. 이를 좀더 구체적으로 살펴보면 다음과 같다.

(23) ㄱ. a. 3월이 오면 진달래가 (필 것이야/ 피겠어).
      b. 곧 진달래가 (피겠다/ 필 것이야).
   ㄴ. a. 언젠가는 지구가 아마 (망할 거야/ ?망하겠어).
      b. 우리 어렸을 척에는 아마 이런 게 (없었을 거야/ ?없었겠어).
      c. 지구 건너편 어느 행성에는 우주인이 살고 (있을 거야/ ?있겠어).

(23-ㄱ)은 '3월이 오면'(a)과 '곧'(b)에서 알 수 있듯이 모두 앞으로 일어날 수 있는 일을 논하고 있는 문장으로, 실현 가능한 일을 추측하는 화자의 태도가 '겠'과 'ㄹ 것이-'로 표현되고 있다. 그러나 (23-ㄴ)는 앞으로 일어날 수 있는 일일 지라도 '-ㄹ 것이-'만이 자연스럽다.

'-겠-'이 쓰이지 못하는 (23-ㄴ)의 특징을 살펴보면, (ㄴ-a)는 언젠가의 일, 즉 먼 미래에 일어날 수 있는 사실이 추측되었으며 (ㄴ-b)는 우리 어렸을 적 즉 기억하기에는 너무 오래전 일이라 확인할 수가 없는 사실이 추측의 대상이 되었고 그리고 마지막으로 (ㄴ-c)는 현재 있는 일이지만 공간적으로 너무 떨어져 확인할 수 없는 사실이 대상이다. 이들은 모두 화자와 시간, 공간상 너무 멀리 떨어져 직접 확인할 수 없는 사실들, 그러나 우리가 이론상 眞인 사실로 알고 있는 것들이다. 발화시 현재 화자와, 시간, 공간상 너무 멀리 떨어져 있기 때문에 화자에게는 이론상 존재하는 세계이며 따라서 단정적으로 말하지 못하고 그 가능성을 추측할 뿐이다.

이는 앞서 보았듯이 직접 경험해 보지는 않았지만 타인이나 매개물을 통해 알게 된 사실들을 근거로 하여 추측하는 화자의 태도를 드러내는 데 '-ㄹ 것이-'를 사용한 것과 동일 선상에 놓여 있는 것이다. 과거, 멀리 떨어진 현재 세계 그리고 미래 모두 화자에게 이론상 존재하는 세계인 것처럼[19] 타인의 말이나 수업계획표 등은 화자에게 관념적으로 존재하는 수업현장이기 때문이다.

'-ㄹ 것이-'가 다른 통합구조체들과 달리 이론적으로 가능한 사실들을 대상으로 하고 있음[20]은 다음과 같은 문장 역시 무리없이 설명할

---

19) 따라서 (23)의 문장들은 시간이 20년이 흘러도 동일하게 여러 사람들에 의해서 실현 가능한 사건으로 여겨질 수가 있다.

20) 통합구조체 '-ㄹ 것이-'가 이론적으로 가능한 사건들을 대상으로 하고 있음은 과거에 지각했던 사건이나 사태에 대해 말할 때 사용되는 선어말어미 '-더-'와 함께 쓰일 수 없다는 데서 분명하게 말할 수 있다. 선어말 어미 '-더-'는 직접 보고 듣고 느끼고 경험한 사실들을 화자가 회상하는 [과거지각]의 의미를 가지고 있다.(장경희, 1985 참조)

  (1) ㄱ. a. 어제 순이는 학교에 가더라.
       a′. 나는 어제 순이가 학교에 가는 것을 보았다.
       b. 철이가 노래를 부르더라.
       b′. 나는 어제 철이가 노래를 부르는 것을 들었다.
       c. 방이 덥더라.
       c′. 나는 방이 더운 것을 느꼈다.

  (1)은 '-더-'가 쓰인 문장이 사용된 발화 상황을 염두에 두고 (a′, b′, c′)와 같이 다시 써 보았는데, 이 문장에서 '-더-'는 이미 화자가 주관적으로 보고 듣고 느끼어 알게 되었음을 의미하고 있음을 알 수 있다. '-더-'가 없는 문장과 '-더-'가 있는 문장을 비교해 보면 이는 더욱 분명해진다.

  (2) ㄱ. a. 어제 너 선생님께 혼나더라.
       a′. ?어제 너 선생님께 혼났어.
       b. 꿈에 난 천사더라구.
       b′. 꿈에 난 천사였어.

  (2)는 '-더-'가 쓰여야 자연스러운 문장이 됨을 보여주는 예인데, (ㄱ-a, b)는 화자 자신이 어제 직접 본 것임을 드러낸 데 비하여 (ㄱ-a′, b′)는 청자에게 어떤 정보도 제공하지 않고 단지 사실 자체라고 말하고 있다. 따라서 '-더-'는 과거에 지각한 사실임을 드러내는 화자의 태도가 표현된 형태소라 할 수 있다.

수가 있어 설득력을 가진다.

> (24) ㄱ. a. 난 커서 대통령이 (?되겠어/ 될 거야).
>   b. 우리는 언젠가 틀림없이 (?죽겠어/ 죽을 거야).

(24)는 서정수(1978)에서 '-겠-'이 '-ㄹ 것이-'보다 더 강한 짐작을 나타낸다고 설명할 때 제시한 예문인데, 그는 (24)는 먼 미래의 일, 즉 일어날 확률이 적어서 확실성이 약한 경우이기 때문에 이 문장에서 자연스러운 '-ㄹ 것이-'가 짐작의 정도에서 '-겠-'보다 더 약함을 알 수 있다고 하였다. 그러나 이기용(1978)에서는 (ㄱ-b)와 같이 '우리가 죽는다'는 확실성이 아주 높은 자명한 사실들을 화자가 짐작할 때 '-ㄹ 것이-'만이 자연스럽기 때문에 화자의 강한 짐작을 의미하는 것은 '-ㄹ 것이-'라고 하였다.

이와 같이 동일하게 먼 미래의 일을 대상으로 하여 화자의 강한 짐작을 어느 것에 의해 표현하는지 상반된 시각을 보여주는 것은 '내가 대통령이 된다'와 '우리가 죽는다'를 실현될 가능성이 서로 다른 사실들로 생각하는 데 있다. 어렸을 때부터 대통령을 꿈꿔온 학생이 정말로 커서 대통령이 되었다면 (ㄱ-a)는 (ㄱ-b) 그 사람이 죽는다는 사실보다 일어날 확률이 적다고 할 수가 없다. 따라서 미래의 일 자체는 현재의 우리에게 강한 짐작을 주는지 약한 짐작을 주는지 말할 수가 없고 이러한 추측이 일어나게 된 사유 과정을 짚어보는 것이 더 적절할 것으로 생각된다.

따라서 이론적으로 가능한 사건들을 대상으로 하는 '-ㄹ 것이-'와 의미가 상충되기 때문에 '-더-'가 결합되지 못한다.

(3) ㄱ. a. 순이도 어제는 학교에 (왔겠더라, 온 모양이더라, *왔을 거더라)
         b. 어제 너 선생님께 (혼났겠더라, 혼난 모양이더라, *혼났을 거더라)

(3)은 '-겠-'이나 '-ㄴ 모양이-'는 자연스럽게 '-더-'와 결합할 수 있으나 '-ㄹ 것이-'와는 결합되지 못함을 보여주는 예로, 이는 '-더-'가 지닌 [과거지각]의 의미가 '-ㄹ 것이-'와는 일치되지 않기 때문이다.

결국 (24)의 예들은 미래의 일, 화자가 직접 경험해 보지 못한 일이기 때문에 현재 실현가능한 사건으로 나타날 뿐, 이치상 당연히 그렇게 되어야 할 대상들을 추측해 보는 것이며 이 문장 속에서 '-ㄹ 것이-'로 표현된 화자의 태도는 [당연]이라 설명하는 것이 더 자연스러울 것임을 보여주고 있다.

지금까지 살펴 본 바에 의하면, '-ㄹ 것이-'는 '-ㄹ 모양-'와 같이 실현가능한 어떤 사건을 추측하는 화자의 태도를 의미하고 있으나, 이론적으로 眞인 사실들, 이치상 당연히 그렇게 되어야 할 대상들을 표현함으로써 '-ㄹ 모양이-'와 구별되는 통합구조체라 정의할 수 있었다. 따라서 '-ㄹ 것이-'로 표현된 화자의 태도는 [당연]이라 말할 수 있겠다. 실제로 우리가 진리로 여기는 문제 중에는 과학적으로 참인 명제들이 존재한다. 그러나 증명한다고는 하지만 지각하여 얻는 것이 아니고 더구나 타인의 증명에 의해 얻어낸 것이라면 이는 [확연]보다는 정도가 낮은 [당연]의 의미 영역으로 넣는 것이 타당하기 때문이다.

③ '-ㄹ 터이-'의 의미

세 번째로 통합구조체 '-ㄹ 터이-'의 의미에 대해서 알아볼 것인데, 이 역시 앞의 통합구조체들과 같이 실현 가능한 어떤 사건을 추측해 보는 화자의 태도를 나타내는 통합구조체이다.

> (25) ㄱ. a. 저 녀석이야 무슨 일이든 열심히 할 테지만 너는 아니라고 봐.
> b. 그 사람도 일이 이렇게 잘 풀릴 줄 알았으면 열심히 했을 텐데.
> c. 그때야 네 성격상 한 마디도 못했을 테고, 그래 소감이 어떻더냐?
> d. 네 성격상 한 마디도 못했을 테니까, 얼마나 속이 터지겠니?

(25)는 '저 녀석이야 무슨 일이든 열심히 한다', '그 사람도 열심히 했다', '네 성격상 한마디로 못했다'는 사건을 추측하는 화자의 태도를 '-ㄹ 터이'로 표현하고 있는 예이다. (ㄱ-b, c, d)와 같이 이미 일어난 일은 화자가 아직 확인을 하지 못했기 때문에 확실하게 사실로 말할 수 없는 것이고 (ㄱ-a)처럼 아직 일어나지 않은 일은 미래라는 관념이 갖는 한계로 인해 불확실한 사실로 다룰 수밖에 없어 (25)의 '-ㄹ 터이-'는 모두 실현가능하다고 추측하는 화자의 태도를 드러내는 표현이라 할 수 있다.

그러나 '-ㄹ 터이-'는 '터'를 구성요소로 하고 있기 때문에 다른 통합구조체의 의미와는 차이가 있을 것으로 예상된다.

(26) ㄱ.　a.　갑: 엄마가 아이스크림을 사올까? 초코릿을 사올까?
　　　　　　　　을: 아무것도 (안 사오실 테니까, 안 사오실 거니까) 기대는 하지마.
　　　　b.　갑: 왜 그래? 그만 해.
　　　　　　　　을: 뭘 그만 해. (덤빌 테면, 덤빌 거면) 덤벼. 난 괜찮으니까.

(26)은 화자가 실현가능한 사실을 추측할 때 '-ㄹ 터이-/-ㄹ 것이-'로 표현하고 있는 문장이다. 그런데 '-ㄹ 터이-'가 사용된 경우 화자의 확신이 더 약해 보인다. 이는 (ㄱ-b)에서 더 잘 드러나는데, '덤빌 거면 덤벼'는 '덤비려면 덤벼'처럼 덤빈다를 전제로 하고 있는 데 반해, '덤빌 테면 덤벼'는 '덤빌 수 있을 것같으면 덤벼'로 덤빌 수 없을 수도 있는 상황을 배제하지 않고 있다.[21] 가능성이 없을 것도 같다는 화자의 생각이 반영되어 있기 때문에 '-ㄹ 터이-'는 '-ㄹ 것이-'에 비해 화자의 확신이 더 약해 보이는 효과를 갖게 된 것이라 할 수 있겠다.[22]

---

21) 이는 결국 '-ㄹ 것이-'와 '-ㄹ 터이-'는 화용상의 차이만 가지고 있다는 말이 된다.
22) 이는 '-ㄹ 터이-'에 '-면'이 후행할 때 '-면'의 의미가 필수적 조건이 이니라 가상적 조건의 의미를 가질 때로 한정되는 데서도 드러난다. 필수적 조건은

결국 '-ㄹ 터이-'는 주어진 사실을 토대로 실현 가능한 어떤 사건을 추측해 보는 화자의 태도를 표현하지만, 때로는 사건의 실현이 불가능할 수도 있다는 점을 함축하고도 있어 다른 통합구조체와 달리 사건의 실현 가능성 여부부터 관심을 표하는 화자의 태도를 드러내는 통합구조체라고 할 수 있다. 앞서 [막연]은 실현되느냐의 여부에 초점을 맞춘 개념인데 비하여 [개연]은 실현되는 것을 전제로 하여 실현의 빈도에 초점을 맞추고 있는 개념이라고 정의한 바 있는데, 이에 따르면 '-ㄹ 터이-'만이 지니는 의미 특징은 [막연]이라 볼 수 있겠다.

'-ㄹ 터이-'가 [막연]하다고 생각하는 화자의 태도를 드러낸다는 것은 아래의 문장에서와 같이 연결어미 '-ㄴ데'와 '-지만'이 후행하는 경우에도 마찬가지로 나타난다.

> (27) ㄱ. a. 알콜을 섞으면 (터질 텐데, 터질 건데) 저렇게 방치해도 되나?
> b. 순이야 힘 닿은 한 열심히 (도울 테지만, 도울 거지만) 철이는 별로 그렇지가 않아서.

(27)은 알콜을 섞으면 터진다는 것과 순이는 힘 닿는 한 열심히 도운다는 사실에 대해 화자가 확실하게 모르는 상황에서 이의 실현 가능성을 추측해 보는 화자의 태도를 '-ㄹ 것이-'와 '-ㄹ 터이'에 의해 표현하고 있는 문장이다.

그런데 '-ㄹ 터이-'에 의해 표현된 문장보다는 '-ㄹ 것이-'에 의해 표현된 문장에서 화자의 확신이 더 느껴진다. 이는 두 발화의 상황이 서로 다르기 때문이다. '알콜을 섞으면 터질 텐데'는 알콜을 섞으면 터진다는 사건 자체부터 의심스러워 하는 화자의 태도를 '-ㄹ 터이-'

선행절이 전제되어서 후행절이 나타나게 되는 것이므로 결과를 산출할 조건은 불확실한 상황이 전제될 수 없다. 따라서 불가능을 배제하지 않는 '-ㄹ 터이-'는 당연히 제약을 받게 된다.

가 담고 있는 데 비해, '알콜을 섞으면 터질 건데'는 터진다는 사건 자체에 대한 의구심보다는 이 사건이 아직 벌어지지 않았기 때문에, 따라서 확인이 되지 않은 사실은 실현가능한 사건으로 인식되기 때문에 '-ㄹ 것이-'로 화자의 추측을 담고 있는 것이다. 따라서 알콜을 섞으면 터진다는 사건 자체부터 화자의 의심이 시작되는 '-ㄹ 터이'가 사용된 문장보다는 아직 벌어지지 않은 일이기 때문에 의심이 드는 '-ㄹ 것이-'가 사용된 문장에서 화자의 확신이 더 느껴질 수 밖에 없다고 보여진다.

이는 (ㄱ-b) 역시 마찬가지여서 '-ㄹ 터이-'가 사용된 문장은 순이가 도운다는 사건 자체에 대해 확신을 가지지 못하고 있으나 '-ㄹ 것이-'가 사용된 문장은 순이가 도운다는 사건 자체에는 별로 의문을 가지지 않고 있다. 단순히 화자는 이것이 아직 일어나지 않은 미래의 일이기 때문에 불확실한 것이고 따라서 화자의 입장에서는 실현가능한 사건, 추측의 대상이 되고 있다. 하지만 '-ㄹ 터이-'는 순이의 성격이나 순이가 처한 입장 등 여러 가지 이유가 결합되어 화자는 가능한지의 여부부터 확실하게 판단내리지 못하고 있다.

(27)의 예들을 통해서노 결국 '-ㄹ 터이-'는 화자가 사건이나 사태의 실현 가능성 여부부터 확실하게 파악하지 못한 상황 아래에서 사용되는 통합구조체임을 알 수 있다. 따라서 '-ㄹ 터이-'가 화자의 의구심이 반영된, 확신이 아주 약한 [막연]의 의미를 지녔다는 사실이 다른 통합구조체들과 구별되는 점이라고 할 수 있을 것이다.

이는 [설명]의 의미를 가진 종결어미 '-ㄴ데'가 후행할 때 '-ㄹ 것이-'에 의해 대체되면 어색한 데서 분명하게 나타난다.

(28) ㄱ. a. 갑: 잘 돼야 할 텐데.
            을: 잘 될 턱이 있나.
      b. 갑: ?잘 돼야 할 건데.
            을: 잘 될 턱이 있나.

(28)은 [설명]의 의미를 가진 종결어미 '-ㄴ데'가 쓰인 문장이다. 그러므로 이와 반대되는 상황이나 아니면 이를 우려하는 화자의 입장이 반영된 후행절이 나올 것이다.

그런데 이런 상황 하에서 (ㄱ-a)와 같이 '-ㄹ 터이-'가 오는 것은 가능한데 (ㄱ-b)와 같이 '-ㄹ 것이-'가 오는 것은 어색하다. 이는 '잘 돼야 할 텐데'가 청자도 알다시피 우려되는 바가 많은 상황에서 발화되기 때문에 잘돼야 한다는 화자의 바람을 담고 있기 때문이다. 우려되는 바가 많은 상황 아래에서 화자의 바람, 소망이 담겨지는 것은 단순히 미래의 일이기 때문은 아니다. 미래의 일 일뿐만 아니라 불가능할 수도 있기 때문에 화자는 악조건에도 불구하고 이루어지기를 바라고 소망하는 것이다. 따라서 '-ㄹ 터이-'는 실현가능하다는 화자의 확신이 가장 약한, [막연]의 의미를 가진 통합구조체라 할 수 있다.23)

2) 화자의 태도 2 [당연]과 [확연]

정규적인 교육 현장 내에서 강제적으로 지켜야 할 규칙들을 배우게 되는 것은 8세 이상의 아이들로 그보다 어린 아이들은 자신들의 세계를 지배하는 나름대로의 규칙과 질서에 따라 움직이게 된다. 인간이 남들과 더불어 살기 위해서 강제적으로 지켜야만 하는 법률이나 규칙 이외에도 스스로 체득하게 되어 자신의 행동을 지배하게 되는 더 많은 원리들이 존재하기 때문이다. 아이들이 커가면서 자연스럽게 익히게 되는 세상사의 이치는 다음과 같은 것들이다.

---

23) '어차피 할 거면 빨리 해'는 가능한데 '?어차피 할 테면 빨리 해'는 어색하다. 이들 두 문장에 쓰인 부사 '어차피'에서 알 수 있듯이 '한다'는 사건을 전제로 한 상태임을 알 수 있다. 따라서 '-ㄹ 것이-'와 달리 '-ㄹ 터이-'는 화자가 할지 안 할지도 아직 모르는 상태, 즉 [막연]을 표현하고 있다 할 수 있다.

(29) ㄱ. 어딜 가나 남을 괴롭히는 아이들이 있다.
　　　ㄴ. 봄이 오면 꽃가루가 많이 날린다.
　　　ㄷ. 아빠보다 먼저 숟가락을 들지 않는다.

(29-ㄱ)은 아이들이 다른 아이들과 함께 어울리면서 배우게 된, 그들 세상에 존재하는 특징이고 (29-ㄴ)은 자연의 섭리, 그리고 (29-ㄷ)은 아이들이 어른들과 함께 생활하면서 자연스럽게 배우게 된 관습이다.

그런데 이 문장들은 다음과 같이 '-는 법이-'를 써서 다시 재구성할 수가 있다.

(30) ㄱ. a. 어딜 가나 남을 괴롭히는 아이들이 있는 법이다.
　　　　 b. 봄이 오면 꽃가루가 많이 날리는 법이다.
　　　　 c. 아빠보다 먼저 숟가락을 들지 않는 법이야.

(29)와 비교하여 볼 때 (30)은 '어딜 가나 남을 괴롭히는 아이들이 있다' '봄이 오면 꽃가루가 많이 날린다' '아빠보다 먼저 숟가락을 들지 않는다'는 사건에 대해 화자가 어떻게 생각하는지가 표현되었다는 차이점을 볼 수 있다. 즉 실생활에 통용되고 있는 원리들을 단순 서술한 (29)에 비하여 (30)은 이런 원리들을 바탕으로 하여 현재 벌어지고 있는 사건들을 당연하다고 생각하는 화자의 태도를 '-는 법이-'에 의해 표현하고 있다는 차이점이 있다.[24]

---

24) 화자의 사고 과정은 발화 상황에 주어진 사실들의 양상에 따라 다소 다를 수 있다.
　(1) ㄱ. a. 돈 안 받아 갈 모양이야. 오라고 해도 안 오더라구.
　　　　 b. 돈 안 받아갈 거야. 오라고 해도 안 오더라구.
　　　　 c. 돈 안 받아갈 테니까 그냥 써버려. 오라고 해도 안 오더라구.
　　　ㄴ. a. 돈 받으러 오라고 해도 오지 않으면 안 받아가기 마련이니까 그냥 써버려.
　　　　 b. 돈 받으러 오라고 해도 오지 않으면 안 받아가는 법이니까 그냥 써 버려.
　　(1)은 돈 받으러 올 사람이 오라고 해도 오지 않으면 그 사람은 돈을 안 받

어떤 사건이 당연한 것임을 통합구조체 '-는 법이-'로 표현한다는 것은 앞 절 (4) 예에서 당연하다고 본 문장들을 동일하게 '-는 법이-'를 써서 다시 쓰는 것이 자연스럽다는 데에서도 드러난다

(31) ㄱ. a. 공부를 게을리 하면 시험에 떨어지는 법이야.
　　　　 b. 고생 끝에 낙이 오는 법이야.
　　　　 c. 만나면 헤어지는 법이야.
　　　　 d. 죄를 지은 사람은 벌을 받는 법이야.

(31)은 당연한 일(當然之事), 누구가 인정할 수 있는 일임을 '-는 법이-'로 표현한 문장이다. 통합구조체 '-는 법이-'가 화자의 [당연]시 여기는 태도를 의미함을 알 수 있다.

'-는 법이-'가 어떤 사건이 발생했을 때 보편타당한 원리를 바탕으로 이렇게 되는 것이 당연한 것이라고 여기는 화자의 태도를 담고 있음을 '원래, 당연히, 대개' 등 당연함을 긍정하는 양태부사를 사용하여 자신의 의견을 강화할 수 있음에서도 알 수 있다.

안간다는 일반론과 오라고 해도 안 온다는 상황이 주어졌을 때 그 결과 나타날 수 있는 사건을 사유의 대상으로 하여 실현될 가능성이 있음을 '-ㄹ 모양이-' '-ㄹ 것이-' 그리고 '-ㄹ 터이-' 등으로 표현하고 있다. 그런데 동일한 상황에서 오라고 했는데 오지 않는 상황이 여러 번 반복되어 습관처럼 여겨지게 된 화자의 경우에는 돈을 안 받아가는 것이 당연히 벌어질 수밖에 없는 사건처럼 여겨질 수도 있다. 따라서 화자는 (ㄴ-a, b)처럼 '-는 법이-'와 '-기 마련이-'를 써서 자신의 당연하다는 태도를 표현할 수도 있다. (1-ㄱ,ㄴ)은 발화 상황만 동일할 뿐이지 동일한 사유 과정을 거치는 것이 아니다. 'P이면 Q이다, P이다 ⇒Q이다'의 과정을 거쳐도 (1-ㄱ)은 예상되는 결과를 화자의 추론으로 드러내는데, (1-ㄴ)은 일반론 자체로 결과되는 사건을 대신하여 표현한다. 하지만 '갈 사람은 가는 법이지'와 '미리 갈 사람은 가는 모양이야'의 문장에서 통합구조체를 빼면 화자의 태도가 없어지고 '갈 사람은 간다'와 '미리 갈 사람은 간다'는 사건 자체를 표현한 것이라는 공통점을 가지므로 '사건에 대한 화자의 태도'를 드러낸다는 점에서 둘은 공통적이다. 따라서 양태의 개념 하에 다루기로 한다.

(32) ㄱ. a. 원래 공부를 게을리하면 시험에 떨어지는 법이야.
        b. 원래 고생 끝에 낙이 오는 법이야.
        c. 당연히 만나면 헤어지는 법이지.
        d. 대개 죄를 지은 사람이 벌을 받는 법이야.

(32)는 '원래, 당연히, 대개'등 양태부사와 함께 '-는 법이-'가 쓰여도 자연스러움을 보여주는 예이다. '원래'는 어떤 사물의 본래적 속성을 나타내는 부사이고 '당연히'는 그렇게 되어지리라고 여겨지는 특징을 의미하는 부사로 '-는 법이-'가 이와 공유되는 의미, 즉 본래 그러하다, 당연하다의 의미를 가지고 있음을 보여주고 있다. 그러나 이는 사실은 아니므로 (32-d)와 같이 '대개'와도 호응을 이룬다. '대개'는 [어림잡아 일컬음]의 의미를 지니고 있어서 확률적으로 가능성이 높음을 가리킬 뿐 그것이 곧 사실임을 가리키고 있지는 않다. 결국 (32)의 예들에서 '-는 법이-'는 동일한 조건 아래에서 동일한 결과가 나오게 되리라 여겨지는 [당연]의 의미를 가진 통합구조체라 할 수 있겠다.

'-기 마련이' 역시 화자의 [당연]시 여기는 태도를 나타내는 통합구조체이다. 이는 '-는 법이-'에 의해 화자의 태도를 드러냈던 (32)의 문장들이 '-기 마련이-'에 의해 재구성되어도 자연스러운 데서 알 수 있다.

(33) ㄱ. a. 공부를 게을리 하면 원래 시험에 떨어지게 마련이야.
        b. 고생 끝에 낙이 오게 마련이야.
        c. 만나면 당연히 헤어지게 마련이야.
        d. 대개 죄를 지은 사람은 벌을 받게 마련이야.

(33)은 '-는 법이-'로 화자의 당연하다는 태도를 표현했던 문장인데, 이는 '-기 마련이-'로 대체되어도 의미의 변화 없이 자연스럽게 쓰일 수 있어 두 통합구조체가 의미가 같음을 알 수 있다. 결국 '-기 마련이-' 역시 '-는 법이-'처럼 화자의 당연하다는 태도를 드러내는 표현이

라 할 수 있겠다.

그런데 '-는 법이-'는 모든 사람에게 일반적인 원리로 여겨질 수 있는 것, 이변이 없는 한 화자에게는 영속성을 갖는 참의 사태로 여겨질 수 있는 것을 사유 대상으로 하기도 한다. 아래의 예는 행동이 준칙들이 사유의 대상이 되었을 때 '-는 법이-'가 자연스럽게 나타난 경우이다.

> (34) ㄱ. a. 밥은 오른손으로 먹는 법이다.
> b. 설날에는 웃어른을 찾아 뵙고 세배를 드리는 법이다.

(34)는 관습처럼 여겨지는 일을 당연하다고 여기는 화자의 태도를 '-는 법이-'로 표현하는 것이 자연스러움을 보여주는 예이다. '밥은 오른손으로 먹어야 한다' '설날에는 웃어른을 찾아 뵙고 세배를 드려야 한다'는 우리가 옛부터 지키고 있는, 우리의 행동양식을 조절하는 기준이 되고 있는 덕목들이다. 사람들이 살아가면서 얻게 되는 보편적 진리 중에 규범으로서의 실천적 원리들은 異論의 여지없이 眞으로 여겨지기도 하지만, 때로 관례적인 일로 치부되어 폐기의 대상이 되기도 한다. 따라서 (34)는 이론의 여지없는 사실인 것이 아니라 현재를 살아가는 화자에게 확실한 대상이 되는 것들이며 이에 사용된 '-는 법이-'는 화자의 확신이 강한 [확연]의 의미로 사용된 통합구조체라 할 수 있을 것이다.

'-는 법이-'의 이러한 의미적 특징은 '-어야 한다'를 선행 서술어로 택할 수 있는 것에서도 알 수 있다.

> (35) ㄱ. a. 봄이 오면 개나리 진달래가 만발해야 하는 법인데, 이번 봄은 어째, 영.
> b. 죄를 지으면 반드시 벌을 받아야 하는 법이거든.

(35)는 '-어야 한다'를 선행 서술어로 취하고 있는 문장에서 화자의 [확연]시 여기는 태도를 '-는 법이-'로 드러내고 있는 예이다. '-어야

한다’는 [당위]의 의미를 가진 보조동사구문이다. 당위는 철학적 기반에서 보면 반드시 모든 세계에서 참이 될 수 있는 [필연]으로 해석될 수 있는 개념이다. 그러나 인간은 관념의 세계에서 사는 것이 아니며 자연언어에 필연의 개념을 적용시키지 않는다는 논지에 따라 마땅히 그래야 하는 것, 그렇게 되어지리라 여기는, 화자의 [확연]한 태도를 나타내는 경우로 처리한다.25) 따라서 ‘-는 법이-’는 귀결이 확실히 되는, [확연]의 태도를 나타내는 통합구조체로 보는 것이 타당하다 하겠다.

　이에 반해 행동의 준칙들을 대상으로 하거나 ‘-어야 한다’를 선행 서술어로 하는 문장에서는 ‘-기 마련이-’는 제약받는다.

(36) ㄱ. a. ?밥은 오른손으로 먹기 마련이다.
　　　　 b. ?설날에는 웃어른을 찾아 뵙고 세배를 드리기 마련이야.
　　 ㄴ. a. ?봄이 오면 개나리 진달래가 만발하여야 하기 마련인데, 이번 봄은 어째, 영.
　　　　 a′. 봄이 오면 개나리 진달래가 만발하기 마련인데, 이번 봄은 어째, 영.
　　　　 b. ?죄를 지으면 반드시 벌을 받아야 하기 마련이거든.
　　　　 b′. 죄를 지으면 반드시 벌을 받기 마련이거든.

　(36)은 ‘-기 마련이-’가 제약을 받는 문장으로 마땅히 따라야 할 행동의 준칙과는 아예 호응되지 않음을 보인다. 그러나 ‘-어야 한다’를 빼고 존재하는 사실로 기술할 때는 (ㄴ-a′, b′)처럼 ‘-기 마련이-’와도 호응을 이룬다. (ㄴ-a, b)와 (ㄴ-a′, b′)의 차이는 전자에는 결국에 그렇게 하여야 한다는, 의무적, 강제적인 화자의 생각이 개입되어 있다는 것이고 후자에는 이점이 빠져 있다는 데 있다. 이러한 사실들은 결국 ‘-기 마련이-’가 존재하는 것들의 사실적 원리만을 강조하는 통합구조체임을 말해 준다.

---

25) 이러한 점은 인식론에서는 ‘확실한 사실’을, 형이상학적인 영역에서는 ‘필연적인 사실’을 다루고 있음과 일치하고 있다.

　　이러한 의미적 특징은 '-는 법이-'와 달리 개개인의 사실적 원리를
강조하는 데에 '-기 마련이-'가 쓰이는 데서도 드러난다.

    (37) ㄱ. a. 우리 할아버지는 술에 취하면 넋두리를 늘어놓기 마련이었다.
          a′. ?우리 할아버지는 술에 취하면 넋두리를 늘어놓는 법이었다.
          b. 너나 나나 언젠가는 죽기 마련인데, 무슨 미련이 그리 많니?
          b′. ?너나 나나 언젠가는 죽는 법인데, 무슨 미련이 그리 많니?

　　(37)은 우리 할아버지가 넋두리를 늘어놓는 일이나 너와 내가 언젠
가 죽는 것은 당연한 것임을 '-기 마련이-'로 표현한 문장이다. 화자의
[당연]시 여기는 태도는 '-는 법이-'에 의해서도 표현될 수 있으므로
(ㄱ-a′, b′) 역시 자연스러워야 하지만 결과는 반대로 나타났다. (ㄱ-a′,
b′)가 부자연스러운 것은 아래 (38)의 예와 비교해 볼 때 주어와 '-는
법이-'가 서로 호응을 이루지 못하기 때문으로 보인다.

    (38) ㄱ. a. 원래 할아버지들은 술에 취하면 넋두리를 늘어 놓는 법이야.
          b. 누구나 언젠가는 죽는 법인데, 무슨 미련이 그리 많니?

　　(38)은 '-는 법이-'로 화자의 [당연]시 여기는 태도를 드러낼 수 있
는 문장으로 통칭명사 '할아버지', 부정칭 대명사 '누구'를 주어로 하
고 있다. 결국 (37)의 주어의 제약은 우리들이 당연하게 받아들이고
있는 사건 중에서도 모든 사람들에게 통용될 수 있는 일반적인 원리,
따라서 좀더 확실하다고 여겨지는 것들을 대상으로 할 때 '-는 법이-'
로 표현함을 말해 준다. 즉 '-는 법이-'와 '-기 마련이-' 모두 주변에
실재하기 때문에 우리들로 하여금 당연하게 받아들이게 하는 사건이
라는 점에서 공통되지만 '-기 마련이-'는 '우리 할아버지, 너와 나'처
럼 한정된 환경 내에서 참으로 여겨질 수 있는 일들만을 대상으로 하
고 있다고 말할 수 있겠다.
　　지금까지 '-는 법이-'와 '-기 마련이-'가 가지는 의미를 살펴 보았는

데, 이 둘은 어떤 사태가 실재하는 것이 당연하다고 여기는 화자의 태도를 나타낸다는 점에서 공통점을 가지고 있었지만 '-기 마련이-'가 한정된 환경 내에서 참으로 여겨질 수 있는, 일시적으로 참일 수 있는 사태를 대상으로 하고 있기 때문에 화자의 [당연]하다는 태도를 표현하고 있고 '-는 법이-'는 자신의 생각에 확신을 가질 수 있는 근거가 충분히 확보된, [확연]의 의미를 가지고 있어 차이점이 있다고 정리할 수 있겠다.

3) 화자의 태도 3 [확연]

과거에 있었던 일들은 우리가 이미 알고 있는 사실이기 때문에 과거의 사실 자체로 기술할 수도 있지만 이 사태에 대해 화자가 어떻게 생각하는지를 부가시켜 표현할 수도 있다.

 (39) ㄱ. a. 이로써 우리나라는 자주독립 국가가 된 것이다.
     b. 이 일을 계기로 한일 두 나라의 관계가 냉각되기 시작한 것이다.
     c. 50년 분단의 세월이 사이좋던 남매를 타인처럼 만들어 버린 것입니다.

(39)는 사건의 전모가 밝혀진 과거의 사건이나 사태를 대상으로 하고 있다. 이는 '-ㄴ 것이-'를 빼고 생각해 보면 알 수 있는데, '우리나라는 자주 독립 국가가 되었다' '이 일을 계기로 한 일 두 나라의 관계가 급속히 냉각되기 시작했다' 그리고 '50년 분단의 세월이 사이좋던 남매를 타인처럼 만들어 버렸다'는 과거의 사실 자체를 보도한 문장이다. 과거의 사실은 객관적으로 이미 진위 여부가 가려진 상태이다. 따라서 화자는 어떤 사건이나 사태가 실현가능한지에 대해서 의심을 품지 않고 '이는 眞이나'는 태도를 취할 수도 있다. 하지만 이 역

시 眞인 사실이 아니라 眞인 사실로 받아들여지는, 알고 있는 것이므로 필연이 아니라 [확연]한 화자의 태도가 '-ㄴ 것이-'에서 나타난다 할 수 있겠다.

이는 또한 '-ㄴ 것이-'가 우리가 살아가는 생활 속에서 발견되는 원리들도 대상으로 하고 있어 화자의 [확연]한 태도를 나타내는 통합구조체임을 지지해 준다.

(40) ㄱ. a. 일찍 일어나는 새가 모이를 더 많이 먹는 거야.
　　　　 b. 스토커가 따라 붙으면 제 아무리 公人이라해도 견디기 어려운 거야.
　　　　 c. 고생을 많이 한 사람일수록 주름이 깊게 패이는 거야.

(40)은 '일찍 일어나는 새가 모이를 더 많이 먹는다' '스토커가 따라 붙으면 제 아무리 공인이라 해도 견디기 어렵다' 그리고 '고생을 많이 한 사람일수록 주름이 깊게 패인다'에 대해 화자가 확실하다고 여기는 태도를 취하고 있는 문장이다. 이들은 모두 상식이나 반복된 경험에 기초하여 형성된 원리들이기 때문에 모든 사람들이 眞으로 여기지 않을 수 있다. 따라서 자명한 사실뿐만 아니라 상황에 따라 재수정될 수도 있는 사실들을 사유 대상으로 하고 있는 통합구조체 '-ㄴ 것이-'는 필연이 아닌, [확연]하다는 태도를 표현하는 통합구조체라 할 수 있을 것이다.

이는 '-ㄴ 것이-'가 여러 증거들을 토대로 자신의 주장을 드러내는 논문의 마지막 부분에 나타나는 것을 보더라도 [확연]하다는 화자의 태도를 의미한다 할 수 있다.

(41) ㄱ. a. 근대는 외부의 속박에서 해방된 자유인, 즉 인간이란 개념 위에서 성립하는 것이다.
　　　　 b. 그래서 인간이 주체인 것이다.

(ㄱ-a)는 근대와 인간에 대한 설명을 전제한 후 근대의 특징을 기술하는 부분이고 (ㄱ-b)는 근대의 인간관을 설명하고 나서 그 사실로부터 인간이 주체였던 사회였음을 결론짓는 부분인데, 둘 모두 '근대는 외부의 속박에서 해방된 자유인, 즉 인간이란 개념 위에서 성립하였다'(ㄱ-a)나 '그래서 인간이 주체였다'(ㄱ-b)고 하지 않고 '-ㄴ 것이-'로 자신의 주장을 표현하는 것이 특징이다.

저자 자신의 의견은 자신이 세워둔 틀에 따라 유도된 것이기 때문에 자신에게는 사실로서 받아들여질 수 있다. 하지만 이는 모두 저자 혼자 개인이 세운 틀에서 자신의 가정에 따라 사실로 유도된 것이기 때문에 객관적으로 사실인 것은 아니다. 따라서 논리적 추론과정을 거쳐 나왔다고 하지만 화자는 이를 眞인 사실로 말하지 않고 확연한 사실로 말할 수밖에 없으므로 이런 상황에서 화자의 태도를 표현한 통합구조체 '-ㄴ 것이-'는 화자의 [확연]하다는 태도를 드러낸다 할 수 있을 것이다.

어떤 사람이 '어떤 특정한 사건이나 사태에 대해 사실이라고 알고 있다거나 믿고 있다'는 것은 그 사람이 어떤 특정한 사건이나 사태가 사실이라는 점에 동의하거나 아니면 간주하고 있음을 의미한다. 그러나 우리의 지식 혹은 정보는 상황에 따라 진위여부가 달라질 수 있기 때문에 사실이라고 동의하기는 어려운 것이 사실이다. 따라서 사람들은 사실이라고 '간주'하게 되는데, 이와 같이 사실이라고 간주하는 화자의 태도를 '-ㄴ 것이-'에 의해 표현하고 있으므로 '-ㄴ 것이-'는 사건의 실현 가능성의 수치상 가장 높은 것, 즉 이미 확인된 것, 확연하게 드러났다고 생각하는 화자의 태도를 의미한다 할 수 있을 것이다.26)

---

26) 화자 자신에게만 의미있는 사건이나 사태는 결국 화자 자신에게는 참으로 간주될 수 있고 따라서 이는 화자 자신의 태도를 강조하는 효과를 가지게 된다. 따라서 지금까지 확인법, 강조법 등으로 다루어졌었다.

　지금까지 살펴본 화자의 태도를 사실성에 대한 화자의 확신의 정도 차로 설명하였는데, 이를 간단히 보이면 다음과 같다.

　(42) 화자의 확신의 정도차를 나타내는 통합구조체의 의미[27)

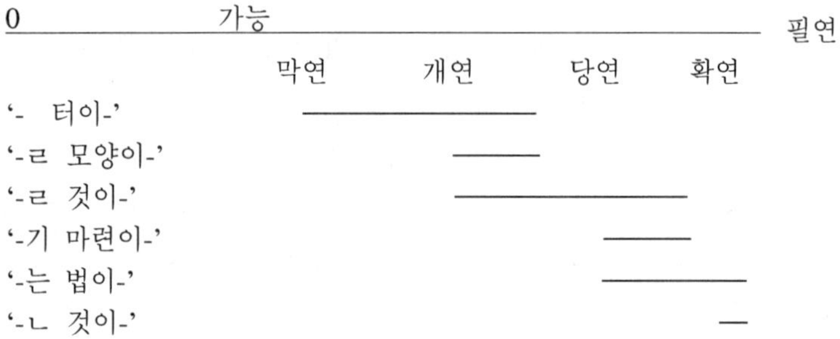

0	가능			필연
	막연	개연	당연	확연
'- 터이-'	────────			
'-ㄹ 모양이-'		────		
'-ㄹ 것이-'		────────────		
'-기 마련이-'			────	
'-는 법이-'			──────	
'-ㄴ 것이-'				──

4.3. 통합구조체의 의미 형성 과정

　지금까지 외형상으로는 명사구 보문 구성처럼 보이지만 의존적으로 변화한 명사와 그 선, 후행요소들이 결합하여 자신들이 지닌 통사, 의미적 특징들을 잃고 있는 것을 통합구조체로 설정하고 이를 문법화 과정에 들어간 것으로 설명하였다. 그런데 통합구조체로 변화하면서 가지게 된 의미, '화자의 태도'는 구성요소 각각이 명사구 보문 구성에서 지니고 있던 의미적 특징과 무관하지 않을 것으로 보인다. 문법화 과정 중인 어휘의 의미는 본래의 어휘적 의미와 변화하여 가는 문법적 의미 어느 중간에 있을 것이기 때문이다. 따라서 이들 통합구조

---

27) 양태는 화자가 알고 있는 사실들에 비추어 현재 대하고 있는 사건이나 사태가 '사실인지의 여부를 드러내는 것'으로 구체화될 수 있다. 사실인지의 여부는 결국 사실은 아니지만 사실로 실현 가능한 사건이나 사태로 인식하고 있음을 말해주는 것으로 이는 자연언어에서 양태를 알아보기 위해서는 가능성을 기반으로 하여야 함을 시사해 준다. 더구나 이는 Lyons(1977)에서 '적어도 영어에서 인식 양태는 가능성에 기초를 두고 있다'고 말한 것과도 일치하고 있어 '가능'을 출발선상으로 설정한 표 (42)에 힘을 보여주고 있다.

체의 의미가 어떻게 형성되었는지를 살피는 것은 문법화 과정을 보여
주는 데 하나의 단서가 될 것으로 보고 이 절에서는 통합구조체의 의
미 형성 과정을 짚어보기로 한다.

먼저 통합구조체 '-는 법이-'를 볼 것인데, 이는 보문화소 '-는'과 보
문 명사 '법' 그리고 '이-'로 이루어진 명사구 보문 구성에서 각 구성
요소들이 긴밀하게 결합된 통합구조체로 변한 예이다. 그런데 구성요
소 중 하나인 '법'은 국가의 강제력을 수반하는 사회 규범을 의미하는
자립명사로도 쓰이지만 보문화소 '-는' 다음에 올 때 선행절 없이는
홀로 쓰일 수 없는 의존 명사로도 쓰인다.

    (43) ㄱ. 법을 제정, 공표한 날로부터 며칠 이내에는 다시 고칠 수 있는
            거 아냐?
       ㄱ′. a. 수놓는 법도 모르면서 아는 체 하기는.
            b. 남자만 공부하란 법이 있냐.
            c. 언제 어느 때라도 정신을 놓치는 법이 없다.

(43-ㄱ)은 국가의 강제력을 수반하는 사회 규범의 의미를 가진 자립
명사 '법'이 쓰인 예이다. 그런데 '법'은 (43-ㄱ′)처럼 선행질 없이 홀
로 쓰일 수 없는 의존명사로도 쓰인다. 이 때 의미 역시 (ㄱ′-a)에서는
방법, (ㄱ′-b)에서는 이치 그리고 (ㄱ′-c)에서는 관례적인 예로 변화하
여 자립명사 '법'과 통사, 의미적 특징을 달리 하고 있는 경우임을 알
수 있다. 하지만 방법, 이치, 개인적인 관례 등은 모두 '지키고 따르는
대상'을 의미하므로 의존적으로 쓰이는 '법'은 자립명사 '법'에서 강제
성이 약화된 의미를 가진 경우라 할 수 있다.

의존적으로 쓰이고 의미도 다소 변화하였지만 여전히 자립명사 '법'
과의 연관성을 잃지 않고 있는 것은 통합구조체 '-는 법이-'에서도 찾
아볼 수 있다.

(44) ㄱ. a. 봄이 오면 꽃이 피(는 법이지요/기 마련이지요).
         b. 사람들은 인상적인 사람만을 기억하(는 법이에요/ 기 마련
            이에요).
     ㄴ. a. 밥은 오른손으로 먹(는 법이야/ *기 마련이야).
         b. 어른들에게는 먼저 인사를 드리(는 법이야/ *기 마련이야).

(44)의 '법'은 선, 후행요소들과 결합하여 통합구조체의 한 구성요소가 되어 화자의 [당연], [확연]하다는 태도를 표현하고 있다. 그러나 '법'과의 관련성을 완전히 잃지는 않아 의존 명사 '법'처럼 선행 요소로 '-는'만이 오고 또한 '법'의 당위성을 의미특징으로 가지고 있다. 당위적인 의미는 '-기 마련이-'와 달리 '-는 법이-'만이 지니고 있는 의미 특징으로, 이는 '-기 마련이-'로 대체되지 않는 (44-ㄴ)에서 분명하게 드러난다.

사람들이 살아 가면서 얻게 되는 보편적 진리에는 규범으로서의 실천적 원리와 존재하는 것들의 사실적 원리로 나눌 수 있는데, '-기 마련이-'와 '-는 법이-' 모두 쓰일 수 있는 (44-ㄱ)의 '봄이 오면 꽃이 핀다'와 '사람들은 인상적인 사람들을 기억한다'는 꽃, 사람 등 세상에 존재하는 것들의 사실적 원리에 해당된다. 이에 반해 (44-ㄴ)은 '-는 법이-'만이 화자의 태도를 표현할 수 있는 대상으로, 모두 명문화되지는 않았지만 구성원들 내부적으로 실천에 옮기는 준칙, 규범으로서의 실천적 원리들이다. 즉 사회 구성원으로 살아가기 위해서는 모두 이 원리들을 마땅히 따라야 할 것, 당위적인 것으로 여기게 되므로 이들을 사유 대상으로 하고 있는 '-는 법이-'는 [확연]을 의미 특징으로 하고 있는 통합구조체라 할 수 있다.

지금까지 살펴 본, 자립명사 '법'이 의존적인 '법'과 통합구조체 '-는 법이-'의 한 구성요소로 변하여 가는 과정상 나타나는 의미의 변화는 다음과 같이 요약될 수 있다.

〈'법'의 의미의 변화〉

강제적으로 지켜야 할 사회 규범　　　　자립명사 '법'

↓　지켜야 할 것

지키고 따라야 할 대상　　　　의존 명사 '법'

↓　당위적인 것

[당연] / [확연]하다는 화자의 태도　　　통합구조체 '-는 법이-'

　원래의 자립 명사가 지니고 있던 의미와의 연관성을 보여주는 것은 통합구조체 '-기 마련이-'도 마찬가지이다. '마련'은 [헤아려 갖춤]의 의미를 갖는 자립명사이다. 그런데 일부 제한된 환경 아래에서 선행절 없이는 홀로 쓰일 수 없는 의존 명사로 쓰인다.

　(45) ㄱ. a. 넌 음식 마련은 신경쓰지 말고 가서 공부나 해.
　　　　 b. 우선 밤을 지샐 마련부터 차리자.
　　 ㄱ'. a. 나이든 사람들은 오래 못 견디기 마련이니까 신경 좀 써야
　　　　　 할 거야.
　　　　 b. 우리늘도 언젠가는 죽기 마련이지.

　(45-ㄱ)은 '준비, 구비' 등 의미가 비슷한 명사들로 대체가 가능하고 '신경쓰다'의 부사어나 '차리다'의 목적어 등 다양한 문장 성분으로 쓰이고 있어 자립명사 '마련'의 예임을 알 수 있다. 그러나 (45-ㄱ')의 '마련'은 선행절 없이는 홀로 쓰일 수가 없고 의미 역시 선, 후행요소들과 결합하여 화자의 태도를 표현하고 있어 자립명사 '마련'과는 그 통사, 의미적 특징이 달라져 있는 경우이다. 하지만 '-기 마련이-'는 당연하다는 태도, 즉 세상사 그렇게 되어지도록 모든 것이 갖추어져 있었다는 의미를 가지고 있어 자립명사 '마련'과의 상관성을 엿볼 수 있다.
　또한 '-는 법이-'가 '법'이 가진 당위적, 규범적 의미를 가지고 있는

데 반해 '-기 마련이-'는 단지 존재하는 것의 사실적 원리만을 사유 대상으로 하는 의미 특징을 가지고 있다. 따라서 모든 이에게 적용되지 않아도 되는, 화자 개인적으로 당연하다고 여기는 사건들을 대상으로 사유하고 있는 화자의 태도는 '-기 마련이-'로 나타난다.

> (46) ㄱ. a. 우리 할아버지는 9시면 잠자리에 드시(기 마련이라/*는 법이라) 좀체 만나 뵙기 힘들어.
> b. 너나 나나 언젠가는 죽(기 마련인데/*는 법인데), 뭘 그리 신경을 쓰니?

(46)은 '-기 마련이-'의 의미적 특징을 보여주는 예로. 우리 할아버지나 화자 자신과 같이 개개인에게 원리로 여겨질 수 있는 사실들을 당연하다고 보는 화자의 태도가 드러나 있다. 개인적으로 원리로 여기고 있는 것들은 반드시 따라야 하는 마땅한 일이 아니라 개개인에게 그렇게 되어지는 것이 자연스럽다고 여겨지는 일이다. 이는 '-는 법이'와 구별되는 '-기 마련이'만이 지닌 의미로, 자립명사 '마련'과 통합구조체의 한 구성요소인 '마련'의 관련성을 보여주는 부분이다. 즉 '마련'의 준비하여 갖추는 것은 이미 준비된 것이므로 사람들에게 진행될 방향임을 알려 주게 되어 그렇게 될 수 있다는 의미를 낳는다. 하지만 그렇게 될 수 있다는 '마련'의 의미에는 반드시 따라야 하고 그렇게 되는 것이 마땅하다는 당위성이 포함되지 않으므로 '-기 마련이-'는 공적인 일이 아닌, 사적으로 원리로 여기고 있는 사실들을 사유 대상으로 하는 의미 특징을 가지게 되는 것이다.

〈'마련'의 의미의 변화〉

준비하여 갖춤 　　　　　　　　　　　　 자립명사 '마련'

　↓ 이미 만들어진 것, 따라서 그렇게 되어야 하는 것

[당연]하다는 화자의 태도 　　　　　　　 통합구조체 '-기 마련이-'

  앞서 '-는 법이-'와 '-기 마련이-'가 서로 공통된 의미를 공유하면서
도 대별되는 의미 영역을 지니고 있는 것을 보았다. 이는 자립 명사
'법'과 '마련'이 지닌 의미의 영향 때문인데,28) 통합구조체 '-ㄹ 모양
이-' 역시 자립명사 '모양'의 의미와 관련을 맺고 있음이 나타난다.

  자립명사 '모양'은 사람이나 사물의 겉에 나타나는 모습을 중심의미
로 하고 용모, 멋, 체면, 형편 등을 주변의미로 하는 자립명사이다. 따
라서 모두 가시적으로 드러난 외형을 지칭하는 실제적이고 구체적인
의미를 가지고 있다. 그러나 '이-'의 보어 자리에 나올 때 '모양'은 비
가시적인 대상의 외형을 의미하기도 한다.

  (47) ㄱ. a. 부인이 방을 꾸며놓은 모양이 마음에 안 드나봐.
          a´. 부인이 방을 꾸며놓은 모습이 마음에 안 드나봐.
      ㄱ´. a. 어디론가 급히 가는 모양이었어요.
          a´. 어디론가 급히 가는 모습이었어요.

  (47)은 '모습'으로 바꾸어도 자연스러운 데서 보이듯이 자립명사 '모
양'이 쓰인 예다. (47-ㄱ)의 '모양'은 꾸며놓은 방, 즉 외형적인 형상이
존재하는 것이므로 가시적인 외형을 지시하는 자립 명사이다. 그러나

---

28) 이는 '-는 법이-'와 '-기 마련이-'가 의미의 변화를 겪었어도 '법'과 '마련'이
   가진 의미에 영향을 받아 이와 같은 의미차가 발생하게 되었을 것으로 생각
   된다.
     '-는 법이-'는 [旣然]의 '-는'과 보문 명사 '법' 즉 강제적인 법규를 포함하는
   개념으로서 반드시 해야 하는 일인 '법'을 구성요소로 가지고 있다. 따라서
   현재 일어나는 사건을 대상으로 하여 반드시 해야 하는 일임을 화자가 표현
   할 때는 현재 그것이 화자에게는 眞으로 확인될 수 있기 때문에 반드시 해야
   할 일은 '실천적 원리'로서 강조될 수 있는 것이다.
     이에 반해 '-기 마련이-'는 [未然]의 '-기'와 이에 호응하는 준비해 놓고 있
   다, 즉 그렇게 되도록 모든 일을 구비해야 하는 '마련'을 구성요소로 한다.
   이는 아직 일어나지 않은 일, 따라서 앞으로 사실인지가 가려질 수 있는 일
   이므로 현재 존재하는 대상들에게서 보여지는 '사실적 원리'로서만 표현할
   수밖에 없는 것이다.

(47-ㄱ)의 '모양'은 화자가 현장에서 급히 가는 모습을 보고 단순 서술할 수도 있지만 발화 장면이 바뀌어 화자 자신의 머리 속에서 그려지는 장면을 떠올려 서술할 수도 있다. 후자의 경우 '모양'은 화자의 머리 속에서 그려지는 장면을 두고 지칭하는 것이기 때문에 이는 心象일 뿐 구체적인 대상은 아니며 의미가 좀더 추상화된 예이다.

머리 속에서 그려지는 장면을 두고 화자가 그 사건을 발화하는 것은 화자가 이를 잊거나 또는 자신의 상상에 의해 다시 재구할 수 있기 때문에 반드시 사실과 일치하지는 않는다. 따라서 '모양'은 확실한 사실은 아니지만 가능성이 있다고 생각하는 화자의 태도를 의미하는 통합구조체 '-ㄹ 모양이-'로 변화할 수가 있다.

(48) ㄱ. a. 아마 어디 가는 (모양/*모습)이야.
         a′. 아마 어디 간 (모양/*모습)이야.
         a″. 아마 어디 갈 (모양/*모습)이야.

(48)은 '모양'이 '모습'으로 대체되지 않는 데서 알 수 있듯이 현재, 과거, 그리고 앞으로 어떤 사람이 취하는 겉모습이 아니라 그 사람이 갈 수도 있음을 추측하는 화자의 태도를 표현하는 통합구조체의 예가 제시된 경우이다. '-ㄹ 모양이-'는 대상의 외형을 기술하는 것이 아니라 화자의 사고 과정 내에서 재편성되어 주관적으로 바라보는 의미를 가진 것이다.

따라서 '모양'은 '가시적인 외형이 존재하는 대상의 겉모습>심적 대상의 모습>가능한 사실을 추측하는 화자의 태도를 의미하는 통합구조체의 한 요소'로 변화를 거듭하고 있음을 알 수 있다.

'모양'의 의미의 변화는 '-으로'를 후행으로 하는 경우에도 나타난다.

(49) ㄱ. a. 입을 쫙 벌리고 눈을 반쯤 감은 모양으로 자고 있었어.
         a′. 입을 쫙 벌리고 눈을 반쯤 감은 모습으로 자고 있었어.

　　b.　어린애를 위협하는 모양으로 눈을 흘겼다.
　　b′.　어린애를 위협하는 모습으로 눈을 흘겼다.
ㄱ′.　a.　서로 한바탕 싸웠던 모양으로 얼굴이 시뻘개져 있었다.
　　a′.　?서로 한바탕 싸웠던 모습으로 얼굴이 시뻘개져 있었다.

　(ㄱ-a)의 '모양'은 가시적으로 보이는 잠을 자는 사람의 외형을 의미하여 자립명사 '모양'이 쓰인 예로 '모습'으로 대체하여도 자연스럽다. (ㄱ-b)은 사납게 눈을 흘기는 사람을 어린애를 위협하는 모양으로 비유하고 있어서 '모양'은 눈을 흘기는 사람의 외형이 아니라 이를 적절하게 설명할 수 있는 대상의 외형이다. 따라서 가시적인 대상을 비유하여 표현하는 것이므로 (ㄱ-a)의 '모양'과는 다소 의미가 다르다. 의미의 변화는 (49-ㄱ′)에서 더 추상화되는데, '모양'을 '모습'으로 대체하는 것이 어색한 데서 보듯이 이미 '모양'은 대상의 외형을 의미하는 것에서 벗어나 있다. 이는 실현 가능한 사건을 추측하는 화자의 태도를 의미하였던 통합구조체 '-ㄴ 모양이-'와 동일하게 의미가 변화한 경우라 할 수 있다.29)
　이러한 사실은 다른 예들과 달리 (49-ㄱ′)는 아래와 같이 재구성되는 것에서도 짐작할 수가 있다.

　　(50)　ㄱ.　a.　입을 쫙 벌리고 눈을 반쯤 감은 모양으로 자고 있었어.
　　　　　a′.　*자고 있는 걸 보니 입을 쫙 벌리고 눈을 반쯤 감은 모양이야.
　　　　　a″.　*입을 쫙 벌리고 눈을 반쯤 감은지 자고 있었어.
　　　　　b.　어린애를 위협하는 모양으로 눈을 흘겼다.
　　　　　b′.　*눈을 흘기는 걸 보니 어린애를 위협하는 모양이야.
　　　　　b″.　?어린애를 위협하는지 눈을 흘겼어.
　　　　ㄱ′.　a.　서로 한바탕 싸웠던 모양으로 얼굴이 시뻘개져 있었다.
　　　　　a′.　얼굴이 시뻘개진 걸 보니 서로 한 바탕 싸웠던 모양이야.
　　　　　a″.　서로 한바탕 싸웠던지 얼굴이 시뻘개져 있었다.

---

29) 다른 사전들에는 오르지 않았던 이러한 용례가 최근에 편찬된 표준국어대사전에만 기재된 것도 이러한 연유에서 비롯된 것이 아닌가 한다.

(50)은 (49)의 예들을 화자의 태도를 드러내는 '-는/ㄴ 모양이-'로 해석할 수 있는지의 여부를 보기 위해 '-ㄴ지'로 바꾸거나 '-보니 -ㄴ 모양이다'로 재구성한 것이다. (ㄱ-a, b)는 모두 어색하여, 자거나 눈을 흘기는 '모습'을 의미하는 자립명사 '모양'과 부사격 조사 '-으로'로 이루어진 문장으로 분석된다. 그러나 (50-ㄱ')는 재구성이 자연스러워 이 문장에서 '-ㄴ 모양으로'는 화자의 태도를 드러내는 추상적인 의미로 변화한 것이라 할 수 있다.

결국 통합구조체의 한 구성요소가 되기까지 '모양'의 의미 변화는 가시적인 외형을 의미하는 데에서 점점 더 추상적인 의미로 바뀌는 과정으로 요약될 수 있는데, 그러나 '-ㄹ 모양이-' 역시 자립명사 '모양'과의 연관성을 아직 유지하고 있음이 발견된다.

아래 (51)은 '-ㄹ 모양이-'의 의미를 살피면서 제시했던 예로, 자립명사 '모양'의 가시적, 외형적 의미가 통합구조체로 변화한 이후에도 계속 유지됨을 보여주는 예이다.

(51) ㄱ. 갑: 어? 조금 전에 간호부장님이 계셨는데 어딜 가셨지?
　　　을: 아마 나가셨을 거에요. 그분은 이런 거 보고 계실 분이 아니에요. 굉장히 열심이시거든요.
　　　병: 자네는 그렇지 못한 모양이네.
　　　을: 예?
　　ㄴ. a. ?몸이 아파 죽을 모양이야.
　　　　b. ?그녀석이 걱정돼 미칠 모양이야.

(51-ㄱ)은 화자가 확신을 좀더 가질 수 있는 근거, 현장에 존재하는 근거, 가시적으로 드러난 근거를 토대로 화자의 추측이 이루어지고 있음을 보여주는 예이고 (51-ㄴ) 역시 자신의 몸이나 마음의 상태, 즉는 화자의 내적 상태, 비가시적인 대상을 근거로 하여서는 '-ㄹ 모양이-'가 쓰일 수 없음을 보여주는 예이다. 비가시적인 대상이 근거가 되었을 경우 제약을 보인다는 점은 통합구조체 내의 '모양'이 아직까지 자

립명사 '모양'과의 관련성을 완전히 상실하지 않았음을 보여주는 것이다.
　지금까지 살펴 본 자립명사 '모양'에서 통합구조체 내의 한 구성요
소 '모양'으로의 변화 과정을 요약하면 다음과 같다.

〈'모양'의 의미의 변화〉

　가시적인 대상의 겉모습　　　　　　　　자립명사 '모양'

　　　↓　화자의 마음 속에 투영된 모양

　비가시적인 대상의 모습　　　　　　　　자립명사 '모양'
　心象

　　　↓　화자의 사유 과정에 투영된 모양

　[개연]하다는 화자의 태도　　　　　　　통합구조체 '-ㄹ 모양이-'

　자립명사 '터'에서 '터'의 분포가 제약되면서 음운상의 변이가 나타
나는 통합구조체 '-ㄹ 터이-'로 이르는 과정 역시 의미의 추상화로 요
약될 수 있다.
　우선 자립명사 '터'와 의존 명사 '터'의 예부터 들어보면 다음과 같다.

　　(52) ㄱ.　a.　터를 잘 닦아 놔야 집짓기도 수월하지.
　　　　　　　a′.　이쪽에 터를 좀 남겨둬서 나중에 밭이라도 꾸미려고 하거든.
　　　　　ㄱ′.　a.　친구들과 영화보고 나서 아르바이트 가기까지 시간이 남아
　　　　　　　　　있던 터라.
　　　　　　　a′.　선생님도 지금 막 나가시려던 터였어.

　선행 보문 없이 홀로 쓰여도 자연스러운 (52-ㄱ)은 [基]의 의미를
가진 자립명사 '터'이다. 그러나 (52-ㄱ′)의 '터'는 반드시 선행 보문이
필요한 의존명사이며 의미 역시 [基]가 아니라 [狀況]을 의미하여 통
사, 의미적 특징에서의 변화가 목격된다. [상황]은 시간이 흐르는 공간
이므로 공간의 [基]보다는 의미가 더 추상적인 깃이라 힐 수 있다. 공

간은 실제 대상이 주어져 있어서 가시적이고 구체적인 개념이지만 상황은 가시적이지 못한 시간이 함께 존재하는 공간이기 때문이다. 하지만 둘 모두 공간을 의미하고 있기 때문에 의존적인 '터'는 자립명사 '터'와의 관련성이 보이는 예이다.

그런데 '터'가 의존적으로 쓰임과 동시에 인접 구성요소들과 결합하여 실현가능한 어떤 사건을 추측하는 화자의 태도를 드러내는 통합구조체 '-ㄹ 터이-'의 일부가 된 경우에는 더욱 추상화되어 점점 더 원형식과의 관련성을 상실해 가게 된다.

(53) ㄱ.　a.　아마 선생님도 곧 오실 텐데 좀 있다가 보고 가지, 왜.
　　　　　b.　아마 선생님이 곧 오실 테니까 기다렸다가 보고 가.
　　　　　c.　조금 있으면 선생님은 오실 테고, 그러면 모두 온 건가?
　　　　　d.　우리 선생님이야 오실 테지만 그렇다고 모든 것이 해결되는 건 아냐.

(53)은 통합구조체 '-ㄹ 터이-'가 나온 경우인데, 의존적인 '터'는 인접 구성요소들과 결합하여 선생님이 오신다는 사건이 가능성이 있음을 추측하는 화자의 태도를 드러내고 있다. 이는 [상황]을 의미하는 '터'의 의미에서 발전되어 나온 것이다. 즉 [未然]의 '-ㄹ'과 [상황]의 '터' 그리고 [지정]의 '이-'를 합하면 '선생님이 오시는 것이 미래의 상황이다'로 해석되는데, 미래의 상황은 아직 화자에게 확인되지 않은 것이기 때문에 확신할 수 없는 것이며 따라서 가능하다고 추측하는 태도를 낳을 수가 있다. 따라서 '-ㄹ 터이-'는 명사구 보문 구성의 의미와의 관련성을 완전히 상실하지 않은 통합구조체임을 알 수 있다.

하지만 통합구조체 '-ㄹ 터이-'는 종결어미 '-야'가 후행하고 화자가 주어인 경우, 양태소 '-겠-'과 같이 [의지]를 드러내어 다른 통합구조체에 비해 의미의 변화가 좀더 진행되고 있음을 보여준다.

(54) ㄱ. a. 내가 이번에는 갈 테야.
　　　　b. 이번에는 반드시 이길 테야.

(54)는 '이번에 가고' '이번에 이긴다'는 사건에 대해 화자가 자신의 의지를 '-ㄹ 터이-'로 피력한 문장이다. 주어와 화자가 일치할 때 단순히 가능한 사실을 추측한다기보다 오히려 주어인 화자의 의도를 의미하게 된다. 어떤 사건이 가능하다는 태도는 화자가 주체가 되었을 때 주어진 의사, 즉 무엇을 하려는 시도가 동반될 수 있기 때문에 [의도]를 나타낼 수 있는 것이다.

이처럼 '-ㄹ 터이-'는 화자의 추측 이외에 [의도]를 의미하게 되어 다른 통합구조체들과 달리 의미가 더 다양하게 변화하고 있는 것이라 할 수 있다.

〈'터'의 의미변화 과정〉

　　[基]　　　　　　　　　　　　자립명사 '터'
　　　↓시간이 흐르는 공간
　　[상황]　　　　　　　　　　　의존 명사 '터'
　　　↓다가올 상황, 곧 확인되지 않은 일
　　[막연]하다는 화자의 태도　　통합구조체 '-ㄹ 터이(니까/지만 등등)'
　　　↓화자가 가능한 사실을 주도
　　[의지]　　　　　　　　　　　통합구조체 '-ㄹ터이야'

통합구조체 '-ㄴ/ㄹ 것이-'의 '것'은 의존 명사이므로 '터'와 달리 구체적이고 지시적인 대상을 의미하지는 않고 대상을 추상적으로 지칭하는 의미를 지니고 있다. 의미가 추상적이기는 하지만 보문 명사로서의 기능을 잃지 않고 있는 '것'이 있다. 아래 (55)의 '것'이 그 예인데, 사물, 현상을 지시하는 의미를 가지고 있다.

(55) ㄱ. a. 그 사람이 원하는 건 네가 웃는 거야.
　　　　a′. 그 사람이 원하는 건 네가 웃는 모습이야.

　그런데 외형상으로는 명사구 보문 구성처럼 보이지만, 통합구조체 '-ㄴ/ㄹ 것이다-'의 한 구성요소가 된 경우에 '것'은 사물이나 일, 현상 따위를 이르는 명사로 쓰이지 않는다.

(56) ㄱ. a. 아마 내일 떠날 거야.
　　　　a′. *아마 내일 떠날 (사람, 일, 현상)이야.
　　ㄴ. a. 근대는 인간이 주체인 사회였던 것이다.
　　　　a′. *근대는 인간이 주체인 사회였던 (사람, 일, 현상, 상태)이
　　　　　　다.

　(56)은 통합구조체 '-ㄴ/ㄹ 것이-'의 예로 이미 인접 구성요소들끼리 공고하게 결합하여 새로운 통사, 의미상의 특징들을 지니게 되어 '것' 역시 본래 지니고 있던 의미에서 벗어나고 있음을 볼 수 있다. 이는 사람, 사물, 일, 현상 등 가시적이고 구체적인 대상을 이르던 '것'이 더 이상 비슷한 의미 영역에 드는 명사로 대체되지 않은 데에서 찾을 수 있다. 의존 명사 '것'의 의미변화는 역시 구체적인 사물을 지시하는 추상명사 '것'에서 화자의 태도를 의미하는 양태로 변화한 것으로 설명될 수 있다.
　또한 '터'가 통합구조체 '-ㄹ 터이-'의 한 구성요소가 되었다가 화자의 의도를 표현하는 의미로 거듭 변화되는 현상이 '것'에서도 나타난다. 아래는 '-ㄹ 것이-'에서 종결어미 '-ㄹ게'로 굳어진 경우로, '-ㄹ게'는 [약속]을 의미하고 있다.

(57) ㄱ. a　나는 내일 갈게.
　　　　b. 완벽하게 마무리 지을게, 걱정하지마.

　종결어미 '-ㄹ게'는 앞으로 일어날 일에 대해 추측해 보는 통합구조체 '-ㄹ 것이-'에서 변화한 것이다. '-ㄹ 터이-'의 변화 과정에서도 지적하였지만 실현 가능할 수도 있는 사건을 화자 스스로 주도하고 있는 상황이라면 이는 주어진 의사, 즉 무엇을 하려는 시도가 동반되고 있음을 암시하므로 화자의 의지를 드러내는 의미로의 변화는 자연스럽다.

　의존 명사 '것'에서 통합형어미 '-ㄹ게'로의 변화까지 의미의 변화를 정리하면 다음과 같다.

〈'것'의 의미의 변화〉

[物(thing)]　　　　　　　　　　　　　　　의존 명사 '것'

　　↓ 다가올 일, 따라서 가능한 일/ 다가온 일 따라서 확연한 일

[개연][당연]하거나 [확연]하다는 태도　　　통합구조체 '-ㄴ/ㄹ 것이-'

　　↓ 화자가 가능한 일을 주도

[약속]　　　　　　　　　　　　　　　　　통합형어미 '-ㄹ게'

　지금까지의 의미의 변화를 요약해 보면, 화자의 태도를 의미하는 '-는 법이-'와 '-기 마련이-' 그리고 '-ㄹ 모양이-'는 아직까지 자립명사 '법'과 '마련' 그리고 '모양'의 의미를 지니고 있는 통합구조체로 정리된다. 단지 '-ㄹ 모양이-'만이 선행 서술어로 형용사가 온다든지 '-ㄹ'이 선행할 수 있는 등[30] 가시적인 외형을 특징으로 하는 '모양'의 의미에서 벗어난 일면들을 보이고 있어서 문법화의 조짐이 '-는 법이-'나 '-기 마련이-'보다 더 뚜렷하게 보이는 통합구조체임을 지적할 수 있겠다.

---

30) 이는 이미 '-ㄹ 모양이-'의 동사적 특징에서 정리하였으므로 이 절에서 다시 언급하지 않는다.

마지막으로 '-ㄹ 터이-'와 '-ㄹ 것이-'는 의존적인 요소에서 화자의 태도를 드러내는 통합구조체가 되고 그 과정에서 의미는 더욱 추상화되는 과정을 거치고 있음이 보인다. 이는 다른 통합구조체들과 동일한 현상이지만 이들은 일부 제한된 환경 아래에서 화자가 주어로 나와 자신의 의지를 드러내는 의미로 변화하여 변화의 굴곡이 좀더 눈에 띤다. 문장의 주어가 사람이고 서술어가 행위동사인 경우로 한정되긴 하지만 단순히 가능성을 피력하는 것을 넘어서 자신의 의도를 적극 드러내는 새로운 의미로의 변화과정을 보이고 있어, 이러한 의미로 변화를 거듭할 수 있음은 '-ㄹ 터이-'와 '-ㄹ 것이-'가 원형식과의 관련성을 좀더 상실한 것, 즉 다른 통합구조체에 비하여 더 문법화가 많이 진행된 것임을 보여주는 것이다.

결론 **5**

　본 연구는 외형상 명사구 보문 구성으로 보이지만 각 구성요소의 통사, 의미적 특징이 본래 그들이 지니고 있던 것과 달라져 더 이상 복합문의 한 유형으로 처리할 수 없는 예들을 중심으로 '명사구 보문 구성의 문법화'를 밝혀 보려는 것이 목적이었다.

　현대 국어의 명사 목록을 검토하다 보면, 일부 자립명사들이 일정한 환경 아래에서 의존적인 요소로 바뀌는 경우 선, 후행요소들과 결합하여 통합구조체를 형성하여 자신들이 본래 지닌 통사, 의미상의 특징들을 잃어가고 있기 때문에 문법화 과정에 들어선 것으로 볼 수 있는 것들이 나타난다. 이는 결국 문법화를 덜 문법적인 기능을 하는 것에서 더 문법적인 기능을 하는 것으로 바뀌는 과정으로 다루고 있는 태노라 할 수 있다.

　이러한 전제 아래 명사구보문 구성의 문법화를 살펴 본 결과, 다음과 같은 사실을 밝힐 수 있었다.

5.1. 각 구성요소들이 결합된 통합구조체 형성

　일반적으로 어휘 형태소는 자립적이고 개체나 동작 등 구체적인 의미를 가지고 있는 데 비해 문법 형태소들은 의존적이며 추상적인 의미를 가지고 있다. 따라서 홀로 쓰일 수 있고 대상을 지시하는 구체적인 의미를 가진 자립명사가 의존적이며 추상적인 의미를 가진 의존명사로 변화하는 것은 문법화 제 1단계의 필수조건이라 할 수 있다.

아래는 근대까지는 자립적으로 쓰이다가 현대에 와서 의존적으로
변화된 '지경, 노릇, 참' 등의 예를 제시한 것이다. 먼저 자립명사였을
때의 예부터 제시하면 다음과 같다.

  (1) ㄱ. 디경 역(域). (類合 下:49)
      ㄴ. 東岳陽애 노릇ᄒ던 이롤 ᄉ랑ᄒ노라. (杜 重 25)
      ㄷ. 셈이나 하고 나서 마저 이야기 하자구.

홀로 쓰일 수 있고 각기 [지경], [演戲],[계산]등 구체적으로 지시할
수 있는 의미를 가지고 있어 (1)의 '지경, 노릇, 셈'은 자립 명사이다.
그런데 이들은 현대에 와서 아래의 예처럼 선행절이 없이는 홀로 쓰
일 수 없는 의존 명사가 되었다.

  (2) ㄱ. a. 차가 너무 많아서 거리가 주차장이 될 지경이야.
         a´. *차가 너무 많아서 거리가 지경이야.
      ㄴ. a. 나도 어찌할 수 없는 노릇이라 이렇게 너한테까지 오게 된
            거야.
         a´. *나도 노릇이라 이렇게 너한테까지 오게 된 거야.
      ㄷ. a. 이만하면 잘한 셈이다.
         a´. *이만하면 셈이다.

자립적이고 공간을 의미하던 '지경'은 (ㄱ-a´)처럼 선행절이 없이는
홀로 쓰일 수 없고 [상황]이라는 추상적인 의미를 가진 것으로 바뀌었
다. '노릇' 역시 [演戲]를 의미하던 자립명사에서 현재 (ㄴ-a´)처럼 의
존적이고 [상황]을 의미하는 것으로 변화하였다. 이는 '셈' 역시 마찬
가지이다. [계산]을 의미하던 자립적인 '셈'은 (ㄷ-a´)처럼 [경우, 상황]
을 의미하는 의존 명사로 변화하였다.
  자립명사에서 의존 명사로의 변화는 의존적인 요소가 되고 추상적
인 의미를 가지게 되어 문법화에 들어서는 충분조건을 갖춘 셈이라
할 수 있는데, 그러나 이들은 아직까지 명사성을 유지하고 있어서 범

주의 변화가 나타나는 것은 아니며 따라서 통합구조체들과는 그 성격이 다른 것이다.

'-는 법이-'와 '-ㄹ 모양이-' 그리고 '-ㄹ 터이-'등은 일정한 환경 아래에서 '법/모양/터'가 자립명사에서 의존적인 요소로 변화하고 있어 '지경, 노릇, 셈' 등과 동일해 보이지만, 이들은 모두 인접한 구성요소들이 결합하여 한 단위체를 구성하고 있는 것이 다르다. 이와 같은 결합성의 표지로 제한적 공기관계, 비분리성을 들 수 있는데, '지경'에는 나타나지 않고 '법, 모양, 터' 등이 쓰인 구문에는 나타나 명사성의 상실여부를 알려준다.

(3) ㄱ.　a.　이런 지경들을 당하고도 가만히 있겠다는 거에요?
　　　　b.　이런 말도 안 되는 지경들을 당하고도 가만히 있겠다는 거에요?
　　　　c.　양쪽 다 손을 들 지경들이 되자 그 녀석이 그제야 그만두더라구.
　　ㄴ.　a.　어디로든지 갈 모양이에요.
　　　　b.　*어디로든지 갈 적극적인 모양이에요.
　　　　c.　*어디로든지 갈 모양이 보이던가요?

(3)은 의존 명사 '지경'이 쓰인 문장과 통합구조체 '-ㄹ 모양이-'가 쓰인 문장을 대표로 해서 문법화의 양상을 비교해 놓은 예이다. '지경'은 (ㄱ-b)처럼 선행요소와의 사이에 다른 구성요소가 개입될 수도 있고 (ㄱ-a, b, c)처럼 '이다'의 보어뿐만 아니라 부사어, 목적어로도 쓰여 어느 문장성분으로도 자유로이 나타남을 보여준다.[1] 그러나 '모

---

1) 비분리성과 제한적 공기관계는 결합성의 증가와 유동성의 감소로 설명할 수 있다. 즉 구성요소들이 비분리된다는 것은 그만큼 공고하게 결합되어 있다는 것이므로 결합성의 증가를 나타내며, 제한적 공기관계는 반드시 '-ㄹ'과 '이다'의 환경에서만 분포된다는 것이므로 유동성의 감소를 나타낸다. 달리 말하면 통합구조체의 구성요소인 '모양' 등은 결합성은 증가되고 유동성은 감소되는 특징을 지닌다 할 수 있다.

양'은 의존적인 요소로 바뀜과 동시에 (ㄴ-b)처럼 선행요소와의 사이에 다른 구성요소가 개입될 수 없다. 또한 (ㄴ-c)처럼 '보이다'의 목적어로는 쓰이지 못하고 '이다'와만 제한적으로 나타나 인접 구성요소들과 공고하게 결합되었음을 알 수 있다.

결국 현대국어에서 자립 명사에서 의존 명사로 바뀐 '지경, 노릇, 셈' 등은 자립 명사였을 때보다 의존적이고 추상적인 의미를 가지고는 있지만 아직까지 명사성을 유지하고 있어, '-ㄹ 모양이-' 등 통합구조체처럼 문법적 기능 자체의 변화에까지 이를 만큼 문법화가 진행된 것은 아니라고 할 수 있겠다.

5.2. 의미의 추상화

'-ㄹ 모양이-' 등 통합구조체의 의미 변화의 방향을 보면 실제적이고 구체적인 의미를 가진 명사들이 추상적인 의미를 지니게 됨을 볼 수 있는데, 이와 같이 비교적 구체적인 근원영역에서 추상적인 목표영역으로 개념이 옮겨가는 과정을 추상화(abstraction)라 한다.[2]

대표적으로 통합구조체 '-ㄹ 터이-'를 대상으로 하여 설명하면 다음과 같다.

 (4) ㄱ. 터를 잘 닦아 놔야 집짓기도 수월하지.
   ㄱ′. a. 친구들과 영화보고 나서 시간이 좀 남아있던 터라 너를 보러올 수 있었어.
     b. 어머님이 곧 오실 터라 난 나갈 수가 없어.

---

2) 이러한 추상화는 '탈색모형'으로 문법화를 설명할 때 흔히 사용되는 개념이다. 즉 탈색 모형에서는 한 낱말이 문법 형태소로 변하여 갈 때 그 구체적 의미는 차츰 탈색되어 버리고 추상적인 의미만 남게 된다고 보았는데 이러한 변화가 추상화인 것이다.

(4-ㄱ)은 [基]의 의미를 가진 자립 명사 ‘터’의 예이고 (4-ㄱ)는 [상황]의 의미를 가진 의존 명사 ‘터’가 나온 예로, 자립명사에서 의존 명사로 변화하면서 의미가 추상화되고 있는 경우이다.

이러한 의미의 변화는 결국 통사적인 특징마저 변화한 통합구조체 ‘-ㄹ 터이-’를 낳게 되었다.

    (5) ㄱ. a. 그 친구야 여유라도 좀 있었을 테지만 넌 그렇지가 않잖니.
           a′. 난 여유를 좀 가질 테야.

(ㄱ-a)의 ‘-ㄹ 터이-’는 그 친구가 여유가 있음이 사실이 아니라 화자의 추측임을 의미하고 있다. 이 때에는 일부 연결어미만이 후행하거나 음운상 ‘이-’의 실현양상이 통사적 구성의 ‘-ㄹ 터이-’와는 달리 나타나 명사구 보문 구성이 아니라 통합구조체 ‘-ㄹ 터이-’가 나타난 경우라 할 수 있다. 또한 (ㄱ-a′)의 통합구조체 ‘-ㄹ 터이-’는 (ㄱ-a)와 달리 화자의 의지를 표현하고 있으며 인칭 제약이나 서술어 제약 등 통합환경에서의 변화가 나타나고 있어 문법화가 더 진전되었음을 보여준다.

‘터’의 변화를 나열해 보면 ‘자립명사 [공간]>의존 명사 [상황]>통합구조체 [추측]>통합구조체 [의도]’와 같이 기술할 수 있다. 그런데 [공간]은 실제 대상이 주어져 있어서 가시적이고 구체적인 개념이고 [상황]은 시간이 함께 존재하는 공간이므로 [공간]에 비해서는 더 추상적이다. 시간은 가시적이지 못하여 공간보다 더 추상적이기 때문이다. 또한 [추측]이나 [의도]는 물리적인 대상 자체가 아니라 그 대상의 질적 변화,3) 즉 좋다, 나쁘다, 可하다, 不하다 등 화자의 판단이 개입된

---

3) Heine et al(1991) ‘사람>물체>행위>공간>시간>질 ’로 의미가 바뀌는 과정을 설정하였는데, 왼쪽이 가장 구체적인 영역이고 오른쪽은 가장 추상적인 영역이다. 가장 추상적인 영역인 ‘질(quality)’은 상태의 질직 변화 즉 좋다, 나쁘나, 긍정, 부정 등 화자의 판단을 이르는 말이므로, 어떤 사건이나 사태에 대해 화

개념이므로 앞선 두 개념보다는 더 추상적이라 할 수 있다.

결국 통합구조체 '-ㄹ 터이-'의 의미 변화에서 알 수 있듯이 명사구 보문 구성처럼 보이는 예들이 통합구조체로 변화하였을 때 구체적인 개념에서 가장 추상적인 개념으로 의미의 변화가 나타나고 있었다.

5.3. '양태' 의미범주로의 편입

결합성이 증가하여 상대적으로 유동성이 감소되어 갈수록 좀더 견고하게 결합된 통합구조체가 될 수 있는데, 이는 구성요소들이 원래의 통사, 의미적 기능을 잃어가는 '구성요소들의 범주의 변화'가 일어남으로써 더욱 확실해진다. 범주의 변화는 기존에 자신들이 속해 있던 범주에서 벗어나 새로운 범주로 묶이게 됨을 의미하는데, 본 논문에서 다룬 통합구조체들은 '양태'의 의미 범주로 묶인 것이 특징이다. 이는 선행 보문의 수식, 보충을 받아 문장의 핵심을 이루던 보문 명사 '법/마련/모양/것/터'가 앞, 뒤 구성요소들과 결합하여 화자의 태도를 표시하는 통합구조체로 변화하였을 때, 문장 내에서 부수적인 기능을 담당하는 양태의 어미들처럼 생략되어도 문장이 자연스러운 것에서 볼 수 있다.

> (6) ㄱ. a. 그 신부의 부케는 장미꽃이 링을 그리며 꽂혀 있는 모양이었어.
>   a′. ?그 신부의 부케는 장미꽃이 링을 그리며 꽂혀 있어.
>   ㄱ′. a. 사진사가 우리가 모여 있는 걸 원하는 모양이야.
>   a′. 사진사가 우리가 모여 있는 걸 원해.

(6)은 '-는 모양이-'가 명사구 보문 구성과 통합구조체인 경우를 제시한 예이다. 먼저 (6-ㄱ)은 '모양'이 생략되면 (ㄱ-a′)처럼 어색한 문

자가 취하는 태도, 즉 '양태'는 가장 추상적인 의미 영역에 든다 할 수 있다.

장이 된다. 선행절 '장미꽃이 링을 그리며 꽂혀 있다'는 이 문장의 핵심인 '(부케의) 모양'이 어떠한지를 상술하고 있는 문장이며, 따라서 문장의 핵심인 보문 명사 '모양'이 생략되면 어색한 문장이 된다.

그러나 (6-ㄱ´)의 '모양'은 선, 후행요소와 결합하여 통합구조체의 일부가 된 경우로 (ㄱ´-a´)와 같이 생략이 자연스러운데, 이는 화자의 태도를 표현하는 양태 선어말 어미 '-겠-'의 생략이 자연스러운 것과 같은 현상이다.

(7) ㄱ. a. 누가 뭐래도 그 녀석은 흔들림 없이 해내겠더라구, 지켜 보자구.
    a´. 누가 뭐래도 그 녀석은 흔들림 없이 해내더라구, 지켜 보자구.

통합구조체가 양태의 범주에 속한 어미들과 동일한 특징을 지니고 있음은 통합구조체의 문법화가 일어나는 방향이 '양태의 의미범주로의 변화'로 요약될 수 있음을 말해주는 것으로 이와 같이 일정하게 '양태'의 범주를 향해 문법화가 이루어지고 있다는 것은 통합구조체 나름대로 체계를 세우고 있음을 뜻한다. 또한 이는 문법화가 이루어져 화자의 태도를 의미하는 어미로 굳어진 예가 존재하고 있기 때문에 유사한 기능을 하는 것들이 일정하게 되려는 유추 현상이 적용되어4) 이들 역시 문법 형태소로 굳어질 여지를 가지고 있음을 말해주는 것이기도 하다.

---

4) 의존적인 명사 '드/스'가 인접 구성요소들과 공고하게 결합되어 쓰이다가 마침내 통합되어 하나의 형태소로 굳어진 예, 어미 '-ㄴ디' '-ㄴ디'가 존재하고 있고, 유사한 기능을 하는 것들이 일정하게 같아지려는 유추현상이 언어변화의 요인으로 작용하고 있기 때문에 현재 논의의 대상인 예들 역시 통합형어미로 굳어진 다른 예들의 변화의 틀에 맞추어 단일 형태소로 굳어져 가기 시작한 예로 볼 여지가 있다고 할 수 있다.

5.4. '양태' 범주의 층위화

현재 논의의 대상인 통합구조체들은 모두 화자의 태도를 의미하는 양태의 범주로 변화되었는데, 구체적으로 말하면 어떤 사실이 일어날 가능성이 있음을 추측하는 화자의 태도를 의미하고 있었다. 그런데 이는 통합구조체 '-ㄹ 모양이-' '-ㄹ 것이-' '-ㄹ 터이-' 그리고 '-ㄴ 것이-' 외에도 다양한 수단에 의해서 표현될 수 있다.

    (8) ㄱ. 그가 올 가능성이 있다.
       ㄴ. 그가 올 것이야.
       ㄷ. 그가 오겠지.
       ㄹ. 아마 그가 올 거야.

(8)은 그가 온다는 사건이 실현가능하다고 생각하는 화자의 태도를 명사 '가능성'(8-ㄱ) 통합구조체 '-ㄹ 것이-'(8-ㄴ, ㄹ) 그리고 선어말어미 '-겠-'(8-ㄷ)으로 표현하고 있다. 공시적으로 이들 모두는 양태 범주에 속하면서 공존하고 있는 것으로, 동일한 의미를 나타내는 여러 개의 표지, 즉 같은 기능을 가진 여러 형태들이 공존하는 층위화 현상5)을 보이고 있는 것이다. 서로 다른 층위에 속하는 여러 표지들은 한 문장에 나타나 표현의 효과를 극대화할 수 있기 때문에 이러한 현상은 당연한 것이다. (8-ㄹ)에서도 화자의 추측을 나타내는 부사 '아마'와 통합구조체 '-ㄹ 것이-'가 한 문장 내에 함께 나타나 화자의 태도가 더 강조되고 있다. 그러나 동일 층위에 속하는 예들끼리는 함께

---

5) 층위화는 Hopper(1991)에서 지적된 개념으로, 영어의 시상태 표지 역시 이를 드러내는 예라 할 수 있다. 현대 영어에서 시상태는 '모음 변화, 접사, 조동사 또는 통사적 구성' 등 다양한 방법으로 표현되는데, 이와 같이 서로 다른 경로를 통해 시상태라는 문법성을 나타내는 표지들로 발전하여 결국 현대 영어에 와서 공시적으로 한 범주 내에 몰려 있는 상태임을 보여준다. 즉 공시적으로 같은 문법성을 나타내는 여러 가지 표지들이 서로 다른 층위를 만들어 층위화 현상을 보이는 것이라 할 수 있다.

나타날 수 없다. 화자의 추측을 나타내는 통합구조체 '-ㄹ 모양이-'와 '-ㄹ 것이-'가 한 문장 내에 함께 나타날 수 없는 데서도 알 수 있다.

그런데 지금까지의 언어 변화를 보면 언어 사용자들은 기존에 없던 것은 새롭게 만들어 내기도 하지만 동일한 기능을 나타내는 여러 낱말들 중에서는 자주 사용하게 되는 하나만이 살아남는, 경제적인 최적 상태로의 변화가 목격되었다. 이에 비추면 동일한 의미를 가진 통합구조체가 공존하는 현상은 경제적인 면에 배치되는 것이라 할 수 있다.

하지만 통합구조체 '-는 법이-'와 '-기 마련이-' 그리고 '-ㄹ 모양이-' '-ㄹ 것이-' 그리고 '-ㄹ 터이-'가 나타내는 의미는 모두 저 나름대로 고유한 영역을 확보하고 있어 문법화를 겪는 이유를 확보하고 있다. 즉 화자가 가능성을 추측하는 과정에서 어떤 것을 근거로 하여 어느 사건을 사유하게 되었는지, 그 과정의 차이에 따라 확신의 정도차가 생겨날 것으로 예측되는데, 이러한 의미의 차가 바로 양태의 의미를 가진 여러 통합구조체로 문법화되는 이유가 되어 주는 것이다.

(9) ㄱ. a. 봄이 오면 꽃이 피(는 법이/기 마련이)야.
　　　　b. 밥은 오른손으로 머(는 법이/*기 마련이)야.
　　　　c. 너나 나도 언젠가는 죽(*는 법이/기 마련이)아.
　　ㄴ. a. 그 사람도 어차피 안 가(ㄹ 모양이/ㄹ 거/ㄹ 테)지만.
　　　　b. 항상 웃고 다니던 철수가 입을 꼭 다물고 오는 걸 보니, 아무래도 싸움이 일어나(ㄹ 모양이/*ㄹ 거/*ㄹ 테)야.
　　　　c. 내가 없어도 이 세상은 잘 굴러가(ㄹ 거/*ㄹ 모양이/*ㄹ 테)야.
　　　　d. 아무쪼록 일이 잘 돼야 하(ㄹ 테/*ㄹ 모양이/*ㄹ 거)ㄴ데.

(9-ㄱ)은 '-는 법이-'와 '-기 마련이-'가 기존의 양태 선어말어미나 종결어미들이 보여주지 않았던 화자의 [당연]하다는 태도를 드러내고 있음을 보여준다. 그런데 '-는 법이-'는 (ㄱ-b)처럼 우리가 행동의 지침으로 삼고 지켜야 하는 것들을 대상으로 하고 있는 데 비해 '-기 마련

이-'는 (ㄱ-c)처럼 존재하는 것들의 사실적 원리만을 대상으로 하고 있는 차이점을 지니고 있어 대별되는 의미 영역을 가지고 있음을 알 수 있다.

또한 어떤 사실이 실현될 가능성이 있음을 추측하는 통합구조체 '-ㄹ 모양이-' '-ㄹ 것이-' 그리고 '-ㄹ 터이-' 역시 (9-ㄴ)처럼 다른 통합구조체로 대체될 수 없는, 대별되는 의미를 가졌음을 알 수 있다. '-ㄹ 모양이-'는 가시적, 관찰적인 근거를 바탕으로 하여 화자의 [개연]하다는 태도를 나타내는 통합구조체이고 통합구조체 '-ㄹ 것이-'는 이론적으로 가능한 사실을 추측하는, [확연]한 화자의 태도를 드러내고 있다. 그리고 마지막으로 통합구조체 '-ㄹ 터이-'도 추측의 근거가 존재하지 않은 상황에서도 쓰일 수 있는, [막연]하다는 화자의 태도를 의미하여 다른 통합구조체들과 구별된다.

지금까지 본 것처럼 서로 동일한 의미 영역으로 묶일지라도 그 안에서 다시 각자 다른 통합구조체와 대체될 수 없는 고유의 의미 영역을 지니고 있기 때문에, 각 통합구조체들은 '양태의 의미 범주'로의 문법화 과정을 겪을 수 있는 이유를 가지고 있다 할 수 있다.6)

---

6) 근대 이후 문법 형태소를 정리하다 보면 중세와 달리 '-겠-/-었-'이나 '-더'와 같은 선어말어미는 생겨나고 '-리-'는 없어지는 등 '양태'나 '시제' 등 서술어 뒷부분에 붙는 어미들의 목록이 변화를 겪고 있음을 알 수 있다. 이는 주로 문장 내 주요 구성성분이 아니라 주요 내용을 효과적으로 전달하기 위해 화자가 선택하여 사용하는 부차적인 범주로 묶이는 것들이다. 따라서 화자의 태도가 점점 더 다양해질수록 더 많은 표현들이 필요로 하게 되고 이러한 변화의 과정상 부차적인 범주들은 점점 더 다양화되고 목록도 풍요해질 수밖에 없을 것이다.

5.5. 중간범주로서의 체계 형성

1) 원형식과의 관계를 유지하고 있는 통합구조체

명사구 보문 구성에서는 비교적 객관적 의미를 내포하고 있던 명사들이 문법화가 진전되어 통합구조체가 되면서 화자의 태도를 의미하게 되었다. 따라서 통합구조체를 이룬 뒤 원래의 통사, 의미적 특징들과는 전혀 다른 모습들이 나타날 것으로 예상되는데, 하지만 아직까지 완전히 문법화가 이루어진 것은 아니기 때문에 자신의 본래대로의 쓰임새도 함께 가지게 된다.

우선 '법'이 나온 여러 예를 중심으로 이를 살펴 보면 다음과 같다.

> (10) ㄱ. 각 나라마다 그 나라에 맞는 법이 존재하고 있어.
>   ㄱ´. a. 어떻게 수를 놓는지 수놓는 법도 모르면서 덤벼든 거야.
>   b. 그들은 빈손으로 오는 법이 없었다.
>   ㄱ″. 사랑에 빠진 사람들은 남의 말을 전혀 듣지 않는 법이지.

(10)은 명사구 보문 구성과 의존 명사 그리고 통합구조체의 한 구성 요소가 된 '법'을 보인 예이다. (10-ㄱ)는 국가의 강제력을 수반하는 사회 규범을 의미하며 홀로 자립하여 쓰일 수 있으므로 자립명사 '법'이 쓰인 예이다. (10-ㄱ´)는 홀로 쓰이면 어색한 의존 명사 '법'의 예로 의미 또한 (ㄱ´-a)의 [방법]이나 (ㄱ´-b)의 [관례, 경우]로 변화하여 자립 명사 '법'과는 다른 경우라 할 수 있다. 통사, 의미상의 변화는 (10-ㄱ″)의 '법'에서 현저하게 나타나는데, 오로지 '-는', 명사 '법' 그리고 '이-'만이 선택적으로 결합하고 있는 통합구조체 '-는 법이-'는 외형상으로는 명사구 보문 구성과 같아 보이지만 보문화소, 보문 명사 그리고 후행용언 '이-'가 가진 통사, 의미상의 특징과는 구별되는 점이 존재하였었다.

이를 간단히 요약해 보면 다음과 같이 정리할 수 있다.

〈'법'의 통사, 의미의 변화〉

강제적으로 지켜야 할 규범　　　자립 명사

　↓ 지켜야 할 대상

지키고 따라야 할 대상　　　선행절이 반드시 필요한 의존 명사

　↓ 당위적인 대상

[당연], [확연]하다는 화자의 태도　구성요소가 긴밀히 결합된 통합구조체,
　　　　　　　　　　　　　　　　보문화소,　보문명사,　그리고　'이-'의
　　　　　　　　　　　　　　　　범주와 의미의 변화

그러나 '법'과의 관련성을 잃지 않아 규범성, 당위성의 의미를 통합구조체 '-는 법이-' 역시 가지고 있었다.

> (11) ㄱ.　a.　밥은 오른손으로 먹(는 법이/*기 마련이)야.
> 　　　　　b.　그들은 신자들이라 반드시 일요일마다 교회에 가야 하(는 법이/*기 마련이)거늘.

(11)은 '-기 마련이-'와 구별되는 의미를 '-는 법이-'가 가지고 있음을 보여주는 예이다. (ㄱ-a)에서는 밥은 오른손으로 먹는다는 사실이 확연하다는 화자의 태도를 '-는 법이-'로 표현하고 있는데, 밥은 오른손으로 먹는다는 사실은 사회 구성원들 내부적으로 따르고 지키는 관례이다. 관례는 강제성은 약하지만 사회 구성원으로 살아가기 위해서는 지켜야 하는 것이므로 규범으로 작용하고 있는 것들이다. 따라서 '-는 법이-'는 강제성은 약화되고 규범성은 아직 남아 있는 '법'이 쓰인 통합구조체이다.

이는 또한 (ㄱ-b)에서도 보인다. '신자들이라 일요일마다 교회에 간다'는 선행 서술어 '가야 한다'에서 보이듯이 화자가 당위로 여기는

사건이다. 이때 '-는 법이-'만이 올 수 있는 것은 이 역시 '법'이 가진 당위성이 통합구조체로 변한 이후에도 여전히 남아 있기 때문이다. 이는 문법화 과정에 들어갔지만 기원이 되는 낱말의 의미를 계속 유지하게 된다는 사실을 말해주는 것으로 통합구조체들이 아직까지 원형식과의 관련성을 완전히 상실하지는 않고 있는, 변화의 중간단계에 있음을 보여주고 있다.

2) 원형식과의 관련성을 상실해 가고 있는 통합구조체

의존 명사가 인접한 구성요소들과 긴밀하게 결합되어 통합구조체를 이룬 경우 이들의 의미가 나오게 된 과정을 짚어보면 원형식에서 통합구조체로 변화하는 과정에는 여러 단계를 거쳐 가고 있음이 발견된다. 이는 통합구조체들 각각이 문법화의 정도가 다르고 또 하나의 통합구조체도 분포되는 환경에 따라 각각 문법화의 정도가 다르기 때문인데, 대표적인 예로 통합구조체 '-ㄹ 터이-'를 들 수 있다.

'터'는 자립명사 '터' 의존 명사 '터' 그리고 통합구조체 '-ㄹ 터이-'로 나뉘며 통합구조체 '-ㄹ 터이-'는 다시 덜 문법화된 것과 더 문법화된 것으로 나뉘어 진다.

> (12) ㄱ. 터가 좋아야 열매도 잘 맺히는 법이야.
> ㄱ′. 어머님이 곧 오실 터라 음식준비로 바쁘거든.
> ㄱ″. a. 선생님이 곧 오실 테니 조금 기다려 봐.
>   b. 나도 한 번 가볼 테야.

(12-ㄱ)은 자립명사 (12-ㄱ′)은 의존 명사 그리고 (12-ㄱ″)은 화자의 추측이나 의지를 나타내는 통합구조체 '-ㄹ 터이-'의 예이다. 이러한 현상은 문법화가 이루어 진 뒤 본래의 명사 '터'와 문법적 기능을 하는 '-ㄹ 터이-'가 분리되어 존재하기 때문인데, 이렇게 농일한 어원에

서 여러 형태들이 분리되어 존재하는 것은 각 통합구조체에서 공히 발견되는 사실이다.

하지만 문법화 단계에 있는 통합구조체들 각각이 문법화 정도가 다르듯이 통합구조체 '-ㄹ 터이-'도 모든 환경에서 문법화가 동일하게 진행되는 것이 아니라 어느 특정한 환경 아래에서 더 문법화가 진전되고 있어 마치 선어말어미와 같은 기능을 수행하고 있는 통합구조체 '-ㄹ 터이-'도 있다. 이는 음운상의 변화와 복원불가능성의 여부로 알 수 있다.

'-ㄹ 터이-'는 '터'에 '이-'가 후행하는데 , '이-'는 선행 명사가 모음으로 끝났을 경우 생략되기도 하고 생략되지 않기도 하는 수의적인 음운규칙이 적용되는 것이 특징이다. 명사구 보문 구성의 '-ㄹ 터이-'를 예로 들어 설명하면 다음과 같다.

> (13) ㄱ. a. 어머님이 곧 돌아오실 터이라서 난 대기하고 있어야 해.
>   a´. 어머님이 곧 돌아오실 터라 난 대기하고 있어야 해.
>   a″. 어머님이 곧 돌아오실 (상황, 처지, 마당)이라 난 대기하고
>   있어야 해.

이유의 연결어미 '-어서'가 후행하는 (13)의 '-ㄹ 터이-'의 '터'는 (ㄱ-a´) 처럼 의미가 비슷한 다른 명사들로 대체될 수 있는 데서 알 수 있듯이 보문 명사이다. 이는 모음으로 끝난 '터'가 선행할 때 (ㄱ-a, a´)처럼 '이-'가 생략되지 않거나 생략되는 수의적인 음운 규칙이 실현되고 있는 것을 보아도 알 수 있다.

그러나 '-ㄹ 터이-'는 [대조]의 연결어미 '-나'가 후행하는 경우, '이-'가 생략되지 않고 반드시 실현되는 예외적인 음운규칙이 나타나고 있음을 볼 수 있다.

> (14) ㄱ. a. 순이야 오지 말래도 올 터이나 철수는 좀 그렇잖아.
>   b. *순이야 오지 말래도 올 터나 철수는 좀 그렇잖아.

(14)는 '-ㄹ 터이-'가 연결어미 '-나'를 후행할 때 '이-'가 생략되지 않고 반드시 나타나는 음운상의 변화를 보여, 명사구 보문 구성의 (13)과는 차이를 보이는 예이다.

하지만 '-ㄹ 터이-'가 연결어미 '-지만/-고/-니까/-ㄴ데'가 후행하는 환경에서 '이-'의 음운상 실현되는 양상과 비교해 보면 이는 덜 문법화된 것이라 할 수 있다.

(15) ㄱ. a. 순이야 오라고 따로 연락 안 해도 올 터이고, 철수는 날마다 보니까 됐고.
          a´. *순이야 오라고 따로 연락 안 해도 올 터고, 철수는 날마다 보니까 됐고.
          a″. 순이야 오라고 따로 연락 안 해도 올 테고, 철수는 날마다 보니까 됐고.
          b. 순이야 오라고 따로 연락 안 해도 올 터이지만, 철수는 좀 달라서.
          b´. *순이야 오라고 따로 연락 안 해도 올 터지만, 철수는 좀 달라서.
          b″. 순이야 오라고 따로 연락 안 해도 올 테지만, 철수는 좀 달라서.

(15)는 통합구조체 '-ㄹ 터이-'가 연결어미 '-고'와 '-지만'이 후행하는 환경에서 선행하는 '터'가 모음으로 끝났지만 '이-'가 탈락하기도 하고 탈락하지 않기도 하는 수의적인 규칙에 따르지 않고 '이-'가 반드시 실현되고 있음을 보이는 예이다. 더구나 연결어미 '-나'가 후행하는 (14)과 달리 '터'와 '이-'가 축약되어 '테'로 실현되고 있다. 원 형식대로 실현되지 않고 축약 형태로만 실현되는 것은 언젠가는 원 형식과의 관련성을 완전히 상실하고 새로운 형태소로 변화할 가능성이 있기 때문에 '-ㄹ 터이-'의 문법화의 정도를 보여주는 데 중요한 단서이다. 이런 점에서 보면 '-ㄹ 터이-'는 '-나'가 후행하는 것보다 '-고'나 '-지만' 등이 후행하는 환경에서 문법화가 더 진행되었다고 할 수

있다.7)

그런데 아래에서처럼 조건의 '-면'과 종결어미 '-야'가 후행하는 환경에서는 '-ㄹ 터이-'의 '터'와 '이-가 축약된 '테'로만 실현되어 원형식과의 관련성을 가장 많이 상실한, 즉 가장 문법화가 많이 진행된 것으로 보인다.

(16) ㄱ. a. 떠날 테면 떠나라지, 뭐.
         a´. *떠날 터이면 떠나라지, 뭐.
         a″. *떠날 터면 떠나라지, 뭐.
         b. 나도 따라 갈 테야.
         b´. *나도 따라 갈 터이야.
         b″. *나도 따라 갈 터야.

(16)은 연결어미 '-면'과 종결어미 '-야'가 후행하는 환경에서 '-ㄹ 터이-'의 '이-'의 음운상 실현되는 양상이 명사구 보문 구성의 '이-'와는 완전히 달라져 있음을 보이는 예이다. '이-'가 반드시 실현되어야 하는 제약을 받는 데에 더해 '터'와 '이-'가 축약된 '테'만이 실현되고 있다. 이는 '-ㄹ 터이-'가 (a´, b´)처럼 원래대로 복원할 수 없을 만큼 원형식과의 관련성을 완전히 상실해 버렸음을 말해 주기 때문에 문법화가 더욱 많이 진행되었음을 알 수 있다.

이는 근대에서와 달리 현대에 오면서 '-면/야'가 후행하는 경우 분포의 제약이 나타나고 있음에서도 알 수 있다.

(17) ㄱ. a. 만일 이 잔을 면홀 수 업서 반드시 마실 터히면 오직 네 뜻대로 호쇼셔. (성직 4:28b)
         a´. 구제홀 만호면 구제호고 못홀 터히면 어엿비 넉일 거시오. (성직 6:11b)

---

7) 70년 대까지의 현대 문학 작품에도 '-ㄹ 터이-'는 '이-'가 생략되기도 하고 생략되지 않기도 하는, 수의적으로 생략되는 음운규칙이 실현된 예가 나오고 있다.

(17)은 근대국어의 예인데, (ㄱ-a)는 '만일 이 잔을 면할 수가 없어서 반드시 마실 상황이면'으로 그리고 (ㄱ-a´)는 '구제할 만하면 구제하고 구제못할 상황이면 가엾게 여길 것이오'로 해석되듯이 '-ㄹ 터이-'는 '터'가 [상황]의 의미를 가진 명사구 보문 구성의 예이다.8)

그런데 근대까지 (17)처럼 쓰였던 '-ㄹ 터이-'는 현대에 오면서 아래와 같이 분포되는 환경이 달리 나타난다.

(18) ㄱ. a. *만일 그 자리를 피할 수 없어 마실 터이면 요령껏 재주껏 마시도록 해.
　　　　 a´. *구제하지 못할 터이면 그냥 맘 속으로 불쌍히 여기면 될 일이지.
　　 ㄱ´. a. 도망 갈 테면 도망가 보라지 뭐.
　　　　 a´. 덤빌 테면 빨리 덤비지 왜 저러고 있다니?

(18-ㄱ)은 '터'가 [상황]의 의미를 가진 명사구 보문 구성 '-ㄹ 터이-'의 예로, 근대에는 가능했던 문장이 현대에 와서는 제약을 받고 있음을 보여준다. 현재에는 (18-ㄱ´)과 같이 화자의 태도를 표현하는 의미를 지닌 통합구조체 '-ㄹ 터이-'만이 '-면'이 후행하는 환경에서 나타나고 있다. 이와 같은 분포의 제약은 문법화가 일어나는 다른 어휘들에게서도 발견되는 현상이며 이는 연결어미 '-면'이 오는 환경에서 '-ㄹ 터이-'의 문법화가 더욱 진전되었음을 보여주는 근거이기도 하다.

근대와 달리 분포가 제약되는 것은 종결어미 '-야'가 후행하는 환경에서도 드러난다.

---

8) '-면'이 후행하는 경우 '이-'의 음운상 실현되는 양상이 '환후 ᄂ을 터면(토별 5b)'에서는 생략되고 있고 또 본문의 예에서는 실현되는 수의적 규칙의 지배를 받고 있어서 명사구 보문 구성의 예임을 알 수 있다. 그런데 (ㄱ-a´)의 '못홀 터히면'의 '-ㄹ 터히-'는 선행절 '구제홀 만흐면'과 같이 '-ㄹ 므흐다'에 대응되고 있어 '터'가 앞, 뒤 구성요소들과 결합하여 화자의 추측을 나타내는 통합구조체로 변화할 가능성을 보여주고 있다.

(19) ㄱ. a. 비둘기가 부엉이의 이동ᄒ랴는 모양을 보고 어디 갈 터이
뇨 무르니. (심사 1:11)
ㄱ′. a. 그래, 이제 너는 어떻게 할 테냐?
a′. (나는) 너를 따라 갈 테야.

(19-ㄱ)은 '터'가 [상황]을 의미하는 명사구 보문 구성인 경우의 예
이고 (19-ㄱ′)는 [추측]과 [의지]의 통합구조체 '-ㄹ 터이-'의 예이다.
여기에서도 확인할 수 있듯이 [상황]을 의미하는 명사구 보문 구성의
'-ㄹ 터이-'는 현재 쓰이지 않는다. 대신 (19-ㄱ′)처럼 '어떻게'와 호응
을 이루는 통합구조체 '-ㄹ 터이-'만 나타나고 있다. 이는 화자가 단순
히 어디에 가는지, 현재 상황을 묻는 것이 아니라 너가 어떤 방법을
선택할 것인지, 너의 의도를 궁금해 하고 있는 상황이다.9) 따라서 주
어의 의도를 담은 '-ㄹ 터이-'만이 가능하다 할 수 있다.

또한 통합구조체 '-ㄹ 터이-'는 종결어미 '-야'에 선행할 때 근대와
달리 분포가 제약됨을 볼 수 있는데, (19-ㄱ′)처럼 1인칭 화자가 주어
로 나오고 동작성의 서술어가 나오는 환경에서만 나오는 통합환경의
제약을 보이고 있어 문법화가 가장 많이 진전된 예라 할 수 있다.

지금까지 여러 특징들을 토대로 문법화의 정도차를 짐작해 볼 수
있었다. 그 결과 '-나'가 후행하는 경우가 문법화가 시작되는 단계였으
며 '-니까/-지만/-고/-ㄴ데'가 후행하는 경우가 그 다음 단계, 그리고 마
지막으로 '-면/-야'가 후행하는 경우10) 가장 문법화가 많이 일어났다는

---

9) 통합구조체 '-ㄹ 터이-'는 (ㄱ′-a)에서 '너가 어디에 간다'는 사건에 대해 추측
하는 화자의 태도를 의미하게 되어 순수 의문문의 의미가 나타난다. 하지만
[의도]의 의미로 변화된 경우에는 화자는 모르는 경우에는 궁금한 사실을 물
을 수도 있고 알고 있는 경우에는 따져 물을 수도 있다. 현대국어에서는 근대
와 달리 후자가 더 자주 쓰이고 있어 의미의 변화가 일어났음을 알 수 있다.
10) '-ㄹ 터이-'가 화자의 의도를 나타내는 선어말어미 '-ㄹ테'로 굳어지기까지 중
간에는 통합구조체 '-ㄹ 터이-'가 존재함을 알 수 있는데, 이는 근원이 되는
'-ㄹ 터이-'의 구조와 변화 후('-ㄹ테')의 구조가 공존하고 있어 중간범주로서
의 모습을 보이고 있다. 이와 같이 중간단계가 존재하는 것을 중복이라 하는

'-ㄹ 터이-'의 문법화 과정을 생각해 볼 수 있었다.

⟨'-ㄹ 터이-'의 변화 과정⟩

'-ㄹ 터이-'+'-어서' 명사구 보문 구성으로서의 '-ㄹ 터이-'.
　　'터'는 [상황]의 의미를 가진 의존적인 명사

'-ㄹ 터이-'+'-나' 통합구조체 '-ㄹ 터이-'의 변화 1기
　　화자의 추측을 표현하는 의미로 변화 시작.
　　구성요소 간의 긴밀성(비분리성), 각 구성요소들의 범주의 변화. '-시-'
　　와 '이-'의 결합 불가
　　'이-'가 생략되지 않는 예외적인 음운현상

'-ㄹ 터이-'+'-니까/-고/-ㄴ데/-지만' 통합구조체 '-ㄹ 터이-'의 변화 2기.
　　화자의 추측을 의미.
　　구성요소 간의 긴밀성(비분리성, 대체 불가능), 각 구성요소들의 범
　　주의 변화, '-시-'와 '이-'의 결합 불가
　　'이-'가 생략되지 않을 뿐더러 '터'와 '이-'의 축약이 나타나기 시작

'-ㄹ 터이-'+'-면' 통합구조체 '-ㄹ 터이-'의 변화 3기
　　화자의 추측을 의미.
　　구성요소 간의 긴밀성(비분리성, 대체 불가능), 각 구성요소들의 범
　　주의 변화, '-시-'와 '이-'의 결합 불가
　　분포의 제약
　　'터'와 '이-'가 축약된 '테'만 실현.
　　복원불가능

'-ㄹ 터이-'+'-야' 통합구조체 '-ㄹ 터이-'의 변화 4기
　　화자의 [의도]을 의미.
　　구성요소 간의 긴밀성(비분리성, 대체 불가능), 각 구성요소들의 범
　　주의 변화, '-시-'와 '이-'의 결합 불가
　　선행 서술어와 주어 인칭 제약 등 통합양상의 변화
　　분포의 제약
　　'터'와 '이-'가 축약된 '테'만 실현.
　　복원불가능

데, 문법화의 연쇄 속에서 앞 단계와 뒷 단계의 성격을 공유한 중간단계가
존재한다는 것은 문법화가 급작스럽게 이루어지는 것이 아니라 조금씩 변화
를 거쳐 변하는 연속적인 것임을 잘 보여주고 있다.

5.6. 형태적 구성으로의 변화 가능성

통합구조체 '-ㄹ 터이-'는 종결어미 '-야'가 후행하였을 때 분포의 제약도 심하고 의미의 변화도 많이 겪어 원형식과의 관련성을 찾기 힘들어졌다. 그런데 이러한 변화는 종결어미 '-ㄹ게'의 모습과 비슷한 점이 많아 선어말어미로 굳어진 것으로 보이기도 한다.11)

> (20) ㄱ. a. 나도 (갈/ *간/ *가는) 테야.
> b. *나도 (예쁠/ 선생님일) 테야.
> b′. 나도 (갈 /있을) 테야.
> c. *그이도 갈 테야.
> ㄴ. a. 나도 따라 갈게.
> b. *나도 (예쁠/ 선생님일)게.
> b′. 나도 (갈/ 있을)게.
> c. *그이도 갈게.

(20)은 '-ㄹ 터이-'가 선행요소로 오로지 '-ㄹ'과만 결합하고 있음을 보여주고 있다. 구성요소들의 제한적 공기관계는 문법화를 일으키는 조건이 되어 '-ㄹ 터이-'는 통합구조체로 설정할 수 있었다. 그런데 '-ㄹ 터이-'는 종결어미 '-야'가 후행할 때 (ㄱ-b, c)에서 보듯이 선행 서술어의 제약과 주어의 제약이 나타난다. 또한 의미마저 화자의 [의도]를 나타내고 있고 음운상 실현되는 양상이나 원형식으로 복원하는 것이 불가능한 것 등 제반 현상에서 명사구보문 구성의 '-ㄹ 터이-'나 다른 연결어미들이 후행하는 통합구조체 '-ㄹ 터이-'와는 다름을 알 수 있다.

더구나 이러한 변화는 '-ㄹ 것이-'에서 변화한 '-ㄹ게'가 가지는 특

---

11) 이러한 점 때문에 많은 학자들은 '-ㄹ테'를 선어말어미로 처리하기도 한다(이지양(1993) 안주호(1995) 참조). 하지만 아직까지 다른 연결어미들이 후행하는 경우와 연관성이 많이 남아 있어서 선어말어미로 굳어진 경우로는 보지 않는다.

징과 공통점이 많다. (20-ㄴ)에서 보이듯이 '-ㄹ게'도 역시 선행 서술어와 주어의 제약을 가지고 있고 (ㄴ-b, c) 의미도 [약속]으로 변화하여 '-ㄹ테(야)'와 공통되는 바가 많음을 알 수 있다.

단지 '-ㄹ게'는 '-ㄹ 게야'에서 종결어미 '-야'가 생략되고 '-ㄹ게'로 실현되어 형태적으로도 원형식과 달라져 있기 때문에 종결어미로 문법화한 예로 처리되는 데 비해, '-ㄹ 터이-'는 아직까지 형태적으로 명사구 보문 구성과의 연관성을 상실한 것으로 볼 수 있을 만큼 뚜렷하게 구별되는 변화를 겪지 않고 있어서 문법화 과정에 들어선 것으로 처리해 두었다.

하지만 원형식과의 의미지속은 무한히 계속되는 것도 아니고 기원이 되는 형식이 지니고 있던 공기 제약 현상이 사라지는 식으로 어느 시점에서는 그들 사이의 연관성이 상실될 수도 있다. 이러한 변화의 가능성을 염두에 둔다면 명사구 보문 구성으로 보이는 것들이 문법 형태소로 굳어지는 현상이 공시적으로도 진행되고 있음을 말할 수 있을 것이며 이는 아래에서처럼 변화의 과정을 도식화 하여[12]분명하게 보여질 수 있다.

명사구 보문 구성 '-ㄹ 터이-' ⇒ 통합구조체 '-ㄹ 터이-'⇒ 선어말어미 '-ㄹ테'
　　未然의 基이다　　　　　　　　　　[막연]　　　　　　　　[의도]
　　未然의 상황이다

지금까지 3, 4장에서 '-는 법이-', '-기 마련이-' '-ㄴ/ㄹ 것이-' 그리고 '-ㄴ/ㄹ 모양이-' '-ㄹ 터이-'가 외형상으로는 명사구 보문 구성으로 보이지만 이미 그 기능이 변화하여 문법화 과정 중에 있는 통합구

---

12) 현재는 통합구조체 '-ㄹ터이-'가 다른 연결어미들이 오는 환경과 달리 '-면/-야'가 후행하는 환경에서만 통합형어미로 굳어질 가능성을 비추기 때문에 형태소화한 것이라고 보지는 않는다. 하지만 변화의 가능성이 이미 내재되어 있어서 통합구조체 '-ㄹ 터이-'의 형태소화를 완전 배제할 수는 없는 상태이다. 위의 도식은 그러한 가능성이 있음을 전제로 하고 도식화한 것이다

조체라는 사실을 입증하기 위해 제시하였던 그들의 통사, 의미적 특징들을 중심으로 문법화 과정상에 나타나는 원리를 정리하였다. 이는 '명사구 보문 구성의 문법화'가 어떤 방향으로 어떤 원리에 의해 이루어지고 있는지를 보여주는 효과를 가지면서 '통합구조체는 문법화의 과정을 드러내 줄 것이다'고 보았던 본 연구의 전제를 좀더 확실하게 뒷받침해 줄 수 있을 것이라 생각한다. 즉 명사는 의존적 요소가 되어 통합구조체를 이루면 문법화하기 시작하는데, 문법화는 그 내부에서 범주화를 이루면서 단계적으로 진전해 나가는 현상으로 보인다. 하지만 아직은 변화 과정 중이기 때문에 중간범주가 가질 수밖에 없는 한계로 인하여 원형식들과의 관련성을 완전히 잃지는 않고 있다. 그러나 의미의 변화뿐만 아니라 음운상의 변화가 일어나고 복원불가능할 만큼 굳어지게 되어 문법화가 완성되었다고 보여지는 예들도 존재하였다. 따라서 '통합구조체의 형성으로 문법화가 시작되고 또 이루어질 수도 있다'는 전제를 수용할 수도 있을 것이라고 본다.

국어사적으로 외형상으로는 통사적 구성과 동일하지만 의존 명사와 보문화소, 후행하는 조사, 또는 용언의 활용형이 결합해서 어미로 문법화한 예가 있고 현대 국어에서도 이와 동일한 구조를 가진 통합구조체가 재분석과 유추에 의해 문법화 과정에 들어서게 된 예가 존재한다. 따라서 통합구조체를 설정하고 이들의 통사, 의미적 특징들을 문법화 과정에서 겪게 되는 현상으로 설명하였지만, 이 글은 후행용언으로 '이-'가 오는 환경으로 제한하여 다루었기 때문에 그 범위가 가지는 한계로 인하여 '명사구 보문 구성의 문법화' 현상 전모를 밝히기에는 부족한 점이 많다.

그럼에도 불구하고 이러한 본 연구는 다음과 같은 점에서 의의를 갖는다고 할 수 있다.

첫째, 명사의 문법화 현상 중 하나로 다루어지지 않고 '명사구 보문

구성의 문법화'로 제한하여 다루었기 때문에 명사의 성격만이 의존적
으로 변화하는 많은 예들과의 차별성을 세울 수 있었다는 점이다. 기
존의 논문에서는 명사의 문법화 과정을 광범위하게 다루다 보니 현재
의 연구 대상들을 명사가 자립명사에서 의존 명사로 바뀌면서 문법화
되었다는 사실로만 설명하게 되었고 이는 당연히 의미의 변화에 논의
의 초점이 맞추어질 수밖에 없었다. 하지만 본 연구에서는 통사 구조
자체의 변화가 나타나고 있는 예들로 한정하여 다루었기 때문에 공시
적으로 문법화가 나타나고 있음을 보여주는 데 더 설득력이 있을 것
이라고 생각한다.

둘째로 본 연구에서는 통합구조체의 고유한 의미특징을 설명하면서
양태에 논의의 초점을 맞추어 화자의 태도가 어떻게 다른지를 구체적
으로 살펴보았다. 이는 지금까지 '사건이나 사태에 대한 화자의 태도'
라고 막연하게 규정되었던 양태의 개념을 '화자의 확신이 어느 정도
인지'에 따라 다시 정리함으로써 하위 구분이 좀더 선명하게 이루어
지는 효과를 가질 수 있다고 본다.

마지막으로 문법화를 겪고 있는 통합구조체들의 특징 전체를 종합
적으로 제시하였다는 점이다. 이는 기존의 '결과로서의 문법화'를 다
루는 학자들에게서도 일부 수용되는 견해이기도 하여 현재 연구 대상
인 통합구조체 역시 문법화의 개념 내에서 수용될 수 있음을 드러낸
다.

참고문헌

〈국내 논저〉

강범모(1983), 「한국어 보문 명사 구문의 특성」, 『어학연구』 19-1.
고영근(1965), 「현대국어의 서법체계에 대한 연구」, 『국어연구』 15, 서울
　　대학교 국어연구회.
＿＿＿(1967), 「현대국어의 선어말어미에 대한 구조적 연구―특히 배례의
　　차례를 중심으로―」, 『어학연구』 3-1, 서울대학교 어학연구소.
＿＿＿(1970), 「현대국어의 준자립형식에 대한 연구―형식명사를 중심으
　　로―」, 『어학연구』 6-1. 서울대학교 어학연구소.
＿＿＿(1974), 「현대국어의 종결어미에 대한 구조적 연구」, 『어학연구』
　　10-1, 서울대학교 어학연구소.
＿＿＿(1976), 「현대국어의 문체법에 대한 연구」, 『어학연구』 12-1, 서울대
　　학교 어학연구소.
＿＿＿(1981), 『중세국어의 시상과 서법』, 탑출판사.
고영진(1997), 『한국어의 문법화 과정―풀이씨의 경우―』, 국학자료원.
고창수(1986), 「어간 형성접미사의 설정에 대하여」, 『한국어학 연구』 7.
구현정(1989), 「조건과 주제」, 『언어』 14, 언어학회.
국립국어연구원 편(1999), 『표준국어대사전』, 두산 동아.
권영환(1996), 「매인이름씨 구성의 씨끝되기에 대하여」, 『우리말연구』 6,
　　우리말연구회.
권재일(1986a), 「형태론적 구성으로 인식되는 복합문 구성에 대하여」, 『국어
　　학』 15, 국어학회.
＿＿＿(1986b), 「의존구문의 역사성」, 『말』 12, 연세대학교 한국어학당.
＿＿＿(1994), 『한국어 문법의 연구』, 서광학술자료사.

______(1996), 「문법 형태소의 소멸과 생성」, 『한국어 토씨와 씨끝의 연구사』, 박이정.

김기혁(1995), 『국어 문법 연구-형태·통어론-』, 박이정.

김명희(1996), 「문법화의 틀에서 보는 보조동사구문」, 이화여자대학교 박사학위논문.

김문웅(1979), 「불완전명사의 어미화」, 『국어교육논지』 7, 대구교육대학교.

______(1982), 「'-다가'류의 문법적 연구」, 『한글』 176, 한글학회.

김성규(2000), 「'이다'의 음운론적 특성」, 『국어학회 공동연구회 발표논문집』, 국어학회.

김승곤(1992), 『국어토씨연구』, 서광학술자료사.

김영욱(1993), 「문법 형태의 역사적 연구」, 서울대학교 박사학위논문.

김영희(1975), 「'닥-아서'에서 '다가'까지」, 『연세어문학』 6, 연세대학교.

______(1977), 「단언서술어의 통사현상」, 『말』 2, 연세대학교 한국어학당.

______(1993), 「의존 동사 구문의 통사표상」, 『국어학』 23, 국어학회.

김완진(1975), 「국어 어휘 마멸의 연구」, 『진단학보』 35.

김정민(1995), 「'가지고/갖고'의 문법형태소화」, 『국어학회 공동연구회 발표 논문』, 국어학회.

김정아(2000), 「'이-'의 문법적 특성에 대한 통시적 고찰」, 『국어학회 공동연구회 발표논문집』, 국어학회.

김정혜(1997), 「양태표현의 '모양이다' 구문 연구」, 이화여대 석사학위 논문.

김진해(2000), 『국어 연어 연구』, 경희대학교 박사학위 논문.

김창섭(1984), 「형용사 파생 접미사들의 의미와 기능」, 『진단학보』 58, 진단학회.

______(1992), 「국어 형태론 연구의 흐름과 과제」, 『국어국문학 연구 40년』, 국어국문학회.

김태길 외(1981), 『현대 사회와 철학』, 문학과지성사.

김태엽(1990), 「의존 명사 '것'의 문법화와 문법 변화」, 『대구어문논총』 8, 대구어문학회.

______(1992), 「영일지역어의 종결어미 연구」, 계명대학교 박사학위논문.

______(1998), 「국어 비종결어미의 종결어미화에 대하여」, 『언어학』 22, 한국언어학회.

김형효(1976), 『현실에의 철학적 접근』, 새물결.

나진석(1953), 「미래시상 보조어간 '리'와 '겠'의 교체」, 『국어국문학』 55-57 합병호, 국어국문학회.

남기심(1976), 「관계관형절의 상과 법」, 『한국어문논총』 3.

리의도(1989), 「우리말 이음씨의 통시적 연구」, 건국대학교 박사학위논문.

박병수(1976), 「양태부사에 대하여」, 『언어』 1-1, 한국언어학회.

박승윤(1997), 「'밖에'의 문법화 현상」, 『언어』 22-1, 한국언어학회.

박양구(1988), 「양상과 영어의 양상동사」, 서울대학교 박사학위 논문

서정수(1977), 「'겠'에 관하여」, 『말』 2, 연세대학교 한국어학당.

______(1978), 「'ㄹ 것'에 대하여」, 『국어학』 6, 국어학회.

______(1994), 『국어문법』, 뿌리깊은나무.

서종학(1983), 「중세국어 '브터'에 대하여」, 『국어학』 12, 국어학회.

서태룡(1988), 『국어 활용어미의 형태와 의미』, 탑출판사.

성기철(1974), 「경험의 형태 {-었-}에 대하여」, 『문법연구』 1, 탑출판사.

______(1976), 「'-겠-'과 '-을 것이'의 의미 비교」, 『김형규교수정년퇴임기념논문집』, 서울사대 국어교육과.

______(1979), 「경험과 추정」, 『문법연구』 4, 탑출판사.

성낙수(1976), 「보문 명사 '터', '지'의 연구」, 『문법연구』 3, 탑출판사.

소흥렬(1979), 『논리와 사고』, 이화여자대학교 출판부.

손세모돌(1996), 『국어 보조용언 연구』, 한국문화사.

송철의(1993), 「언어 변화와 언어의 화석」, 『국어사 자료와 국어학의 연구』, 문학과 지성사.

시정곤(1993), 「국어의 단어형성 원리」, 고려대학교 박사학위논문.

신선경(1993), 「'것이다' 구문에 관하여」, 『국어학』 23, 국어학회.

신창순(1972), 「현대 한국어의 용언보조어간 「겠」의 의의와 용법」, 『조선학보』 65, 일본 天理大

심재기(1968), 「평가상으로 본 국어의 의미변화」, 『이숭녕박사송수기념논총』.

______(1979), 「관형절의 의미기능」, 『어학연구』 15-2, 서울대학교 어학연
    구소.

______(1980a), 「명사화의 의미 기능」, 『언어』 5-1, 한국언어학회.

______(1980b), 「동사화의 의미 기능」, 『한국문화』 1.

______(1981), 『국어어휘론』, 집문당.

안명철(1983), 「현대국어의 양상 연구」, 『국어연구』 56, 서울대학교 국어
    연구회.

______(1990), 「국어의 융합 현상」, 『국어국문학』 103, 국어국문학회.

______(1999), 「보문의 개념과 체계」, 『국어학』 33, 국어학회.

안병희(1967), 「한국어 발달사: 문법사」, 『한국문화사대계』 5, 고려대학교
    민족문화연구소.

안주호(1997), 『한국어 명사의 문법화 현상 연구』, 한국문화사.

안효팔(1993), 「허사화의 연구」, 경남대학교 석사학위논문.

양정석(2000), 「'이다'의 문법범주와 의미」, 『국어학회 공동연구회 발표논
    문집』, 국어학회.

엄정호(1989), 「소위 지정사 구문의 통사구조」, 『국어학』 18, 국어학회.

오승신(1987), 「'ㄴ지'의 통사적 기능과 의미연구」, 『말』 12.

왕문용(1988), 『근대국어의 의존 명사 연구』, 한샘.

______(1989), 「명사 관형구성에 대한 고찰」, 『주시경학보』 4, 주시경학회.

유창돈(1962), 「허사화 고구」, 『인문과학』 7, 연세대학교 인문과학 연구소

______(1964), 『이조국어사 연구』, 이우출판사

이기갑(1983), 「전남방언의 매인이름씨―그 공시태와 통시태―」, 『언어학』 6.

이기동(1981), 「언어와 인지」, 『말』 6, 연세대학교 한국어학당.

이기용(1978), 「언어와 추정」, 『국어학』 6, 국어학회.

이남순(1981a), 「'겠'과 'ㄹ 것'」, 『관악어문연구』 6, 서울대학교 국어국문
    학과.

______(1981b), 「현대국어의 시제와 상에 대한 연구」, 『국어연구』 46, 서
    울대학교 국어연구회.

이병모(1995), 「현대국어 의존 명사의 형태론적 연구」, 경상대학교 박사학위논문.

이성하(1998), 『문법화의 이해』, 한국문화사.

이숭녕(1958), 「주격 '가'의 발달과 그 해석」, 『국어국문학』 19, 국어국문학회.

______(1976), 「15세기 국어의 쌍형어 '잇다, 시다'의 발달에 대하여」, 『국어학』 4, 국어학회.

이승욱(1973), 『국어문법체계의 사적 연구』, 일조각.

______(1981), 「부동사의 허사화—주격접미사 {가}의 발달에 대하여—」, 『진단학보』 51, 진단학회.

이승재(1980), 「남부방언의 형식명사 '갑'의 문법—구례 지역어를 중심으로—」, 『방언』 4, 한국정신문화연구원.

______(1992), 「융합형의 형태분석과 형태의 화석」, 『주시경학보』 10, 주시경학회.

이지양(1993), 「국어의 융합현상과 융합형식」, 서울대학교 박사학위 논문.

이주행(1988), 『한국어 의존 명사의 통시적 연구』, 한샘.

이태영(1993), 『국어 동사의 문법화 연구』, 한실문화사.

이필영(1993), 『국어의 인용구문 연구』, 탑출판사.

이현희(1982a), 「중세국어 의문법에 대한 통시적 연구」, 『국어연구』 52, 서울대학교 국어연구회.

______(1982b), 「국어 종결어미의 발달에 대한 관견」, 『국어학』 11, 국어학회.

이홍식(1999), 「명사구 보문」, 『국어학』 33, 국어학회.

임동훈(1991), 「현대 국어 형식명사 연구」, 『국어연구』 103.

임홍빈(1974), 「'로'와 선택의 양태화」, 『어학연구』 10-2, 서울대학교 어학연구소.

______(1976), 「부사화와 대상성」, 『국어학』 4, 국어학회.

______(1980), 「{-겠-}과 대상성」, 『한글』 170.

______(1982), 「선어말 {-더}와 단절의 양상」, 『관악어문연구』 7, 서울대학

교 국어국문학과.

______(1985), 「국어의 ‘통사적인’ 공범주에 대하여」, 『어학연구』 21-3, 서울대학교 어학연구소.

장경희(1985), 『현대국어의 양태 범주 연구』, 탑출판사.

장석진(1973), 「시상의 양상: 「단속」·「완료」의 생성적 고찰」, 『어학연구』 9-2, 서울대학교 어학연구소.

전정례(1991), 「중세국어 명사구 내포문에서의 ‘-오-’의 기능과 변천」, 서울대학교 박사학위논문.

전혜영(1989), 「현대 한국어 접속어미의 화용론적 연구」, 이화여자대학교 박사학위논문.

______(1995), 「한국어 공손 현상과 ‘-겠-’의 화용론」, 『국어학』 26, 국어학회.

정재영(1996), 『의존 명사 ‘ᄃᆞ’의 문법화』, 태학사.

______(1997), 「명사의 문법화」, 『규장각』 20, 서울대학교 규장각.

정호완(1987), 『후기 중세의 의존 명사 연구』, 학문사.

차현실(1984), 「‘싶다’의 의미와 통사구조」, 『언어』 9.

______(1986), 「양상 술어의 통사와 의미: 미확인 양상술어를 중심으로」, 『김영덕, 이남덕, 윤원호 교수 정년퇴임기념 논문집』

______(1987), 「명사화 어미 범주 체계화 시론」, 『한국 문화 연구원 논총』 52, 한국 문화 연구원.

최재희(1990), 『칸트의 생애와 철학』, 명문당.

최현배(1971), 『우리말본』, 정음사.

최형용(1997), 「형식명사, 보조사, 접미사의 상관관계」, 서울대학교 석사학위 논문.

한국철학사상연구회 편(1989), 『철학대사전』, 동녘.

한글학회 편(1992), 『우리말 큰사전』, 어문각.

한동완(1986), 「과거시제 ‘엇’의 통시론적 고찰」, 『국어학』 15, 국어학회.

허 웅(1975), 『우리옛말본』, 샘문화사

______(1987), 『국어 때매김법의 변천사』, 샘문화사.

______(1989), 『16세기 우리옛말본』, 샘문화사.

허재영(1997), 「우리말 문법화 연구의 흐름」, 『한말연구』 3, 한말연구학회.

홍사만(1983), 『국어특수조사론』, 형설출판사.

홍윤표(1977), 「불구동사에 대하여」, 『국어학』 3, 국어학회.

______(1981a), 「근대국어의 '로'와 도구격」, 『국문학논집』 10, 단국대학교.

______(1981b), 「근대국어의 처소표시와 방향표시의 격」, 『동양학』 11, 단
    국대학교.

______(1984), 「현대국어의 후치사 '가지고'」, 『동양학』 14, 단국대학교.

______(1993), 『국어사 문헌자료 연구－근대편 1－』, 태학사.

______(1994), 『근대 국어 연구 1』, 태학사.

홍윤표·송기중·정광·송철의(1995), 『17세기 국어사전』, 태학사.

〈국외 논저〉

Bybee, J. L. Perkins, R. & Pagliuca, W.(1994), *The Evolution of Grammar*,
    Chicago: Univ. of Chicago Press.

Bybee, J. L.(1985), *Morphology*, Amsterdam/Philadelphia: John Benjamins
    Publishing Company.

Givo'n, T.(1991), "The evolution of dependent clause morpho-syntax in
    Biblical Herbrew", ed) Traugott, E.C. & Heine, B. *Approaches to
    Grammaticalization II*, Amsterdam/Philadelphia: John Benjamins
    Publishing Company.

Greenberg, J. H.(1991), "The last stages of grammatical elements ;
    contractive and expansive desemsnticization", ed) Traugott, E.C. &
    Heine, B. *Approaches to Grammaticalization II*, Amsterdam/
    Philadelphia: John Benjamins Publishing Company.

Halliday, M. A. K.(1970), "Functional Diversity in Language as seen from
    a Consideration of Modality and Mood in English", *Foundation of
    Lunguage 6*.

Heine, B. Ulrike, C. & Friederike Hünnemeyer(1991a), *Grammaticalization: A Conceptual Framework*, Chicago/London: The Univ. of Chicago Press.

____(1991b), "From cognition to grammar", ed) Traugott, E.C. & Heine, B. *Approaches to Grammaticalization* II, Amsterdam/Philadelphia: John Benjamins Publishing Company.

Herring, S. C.(1988), "Aspect as a discourse category in Tamil", *Berkeley Linguistics Society* 14.

_____________(1991), "The grammaticalization of thetorical questions in Tamil", ed) Traugott, E.C. & Heine, B. *Approaches to Grammaticalization* II, Amsterdam/Philadelphia: John Benjamins Publishing Company.

Hopper, P. J. & Traugott, E. C.(1993), *Grammaticalization*, Cambridge Univ. Press.

Hopper, P. J.(1991), "On some principles of grammaticalization", ed) Traugott, E.C. & Heine, B. *Approaches to Grammaticalization* II, Amsterdam/Philadelphia: John Benjamins Publishing Company.

Hopper, P. J. & Giacalone Ramat, A(1998), *The limit of Grammaticalization*, Amsterdam/Philadelphia: John Benjamins Publishing Company.

Jeperson, O.(1924), *The Philosophy of Grammar*, London: George Allen & Unwin.

____________(1942), *A Modern English Grammar*, London: George Allen & Unwin.

Leach, J. N.(1974), *Semantics*, Penguin Books, Harmndsworth.

Lehmann, C.(1991), "Grammaticalization and related changes in contemporary German", ed) Traugott, E.C. & Heine, B. *Approaches to Grammaticalization* II, Amsterdam/Philadelphia: John Benjamins

Publishing Company.

Lichienberk, F.(1991), "On the gradualness of grammaticalization", ed) Traugott, E.C. & Heine, B. *Approaches to Grammaticalization Ⅱ*, Amsterdam/Philadelphia: John Benjamins Publishing Company.

Lyons, J.(1968), *Introduction to Theoretical Linguistics*, London; Cambridge Univ. Press.

_______(1977), *Semantics*. 2 vol, Cambridge: Cambridge Univ. Press.

Martain, J.(1984), 『철학의 근본이해』, 박영도 역, 서광사.

Martain, R.(1993), 『의미의 논리를 위하여』, 박옥숙 역, 한국문화사.

Meillet, A.(1912), "L'evolution des formes grammaticales", *Scientia 12*.

Oh, Sang-suk(1998), "Grammaticalization of agent-oriented modality in Korean: Ability, permission and obligation", *Selected Papers from the 11th International Conference on Korean Linguistics, July 6-9, 1998*, Univ. of Hawaii at Manoa. Seoul: Hankuk Publisher.

Palmer, F. R.(1986), *Mood and Modality*, Cambridge: Cambridge Univ. Press.

Sohn, Sung-Ock(1998), "The Grammaticalization of Particles in Korean", *Selected Papers from the 11th International Conference on Korean Linguistics, July 6-9, 1998*, Univ. of Hawaii at Manoa. Seoul: Hankuk Publisher.

Strauss, S.(1998), "It's just happened that way: The grammaticalization of accidentality in *-a/e pelita* and *-ke malta* markers of completive aspect and affective stance", *Selected Papers from the 11th International Conference on Korean Linguistics, July 6-9, 1998*, Univ. of Hawaii at Manoa. Seoul: Hankuk Publisher.

Titus, H. M.(1992), 『현실의 문제와 철학적 이해』, 김영달 외 공역, 형설출판사.

Traugott, E. C.(1988), "Pragmatic strengthening and grammaticalization", *Berkeley Linguistics Society* 14.

Traugott, E. C. & König, E.(1991), "The semantics-pragmatics of grammaticalization revisited", ed) Traugott, E.C. & Heine, B. *Approaches to Grammaticalization* II, Amsterdam/Philadelphia: John Benjamins Publishing Company.

Werner, A.(1991), "The grammaticalization of the German modal particles", ed) Traugott, E.C. & Heine, B. *Approaches to Grammaticalization* II, Amsterdam/Philadelphia: John Benjamins Publishing Company.

White, A.(1975), *Modal Thinkin, Cornell Univ. Press.*

〈ABSTRACT〉

A study on the process of grammaticalization in Korean nouns

Kang, so-yeong

Department of Korean language and literature
The Graduate School of Ewha Woman´s University

This is the study on the process of grammaticalization from Korean free noun to '**Tonghapgujoche**'. This is aims to describe the change of lexical and grammatical character of words which have been grammaticalized, such as 'free noun>bound noun>**Tonghapgujoche**', and then to compare their degree of grammaticalization and investigate those change of meanings.

Grammaticalization has been defined as a phenomenon that a lexical item to indicate a concrete object changes into a grammatical item. This definition, however, has its limit by excluding the words that are in the grammaticalization process. Thus, in this study, the meaning of grammaticalizatin includes not only 'change result that independent lexical item to be grammatical items that have grammatical function' but also 'the process of chnage that lexical item to be more grammatical than it had been' To recognize grammaticalization as a relative degree. the field of study will be broaden and then its characteristc will be more detailed. '**Tonghpagujoche**' as '-comp#bound noun+i-' is morpho · syntactic stucture in which exists in the process of grammaticalization

In this study, I have known the fact that **Tonghapgujoche** is grammaticalized in this order -'peop/maryon' constructure< 'moyang' constructure< '-keos/teo' constucture.

I have discussed the meaning of modal markers and established the modal category of **Tonghapgujoche**. firstly, I have examined several terms and selected the notion of 'modality'. What I exactly means modality is the semantic categoty which expresses the speaker's mental attitude toward affairs. And modality have several sub-conception, -[possiblity], [probability], [nature], [certainty].

Secondly, I have analyzed the meaning of Tonhapgujoche for cognitive modalities have an impotant place in the modal category of Korean. So far, in this result of study, '-nun pop-i' mean [nature] in obligatory and '-ki mayoun-i' mean [nature] in actual existence.

Several **Tonghapgujoche** are used to express what a speaker have guessed at an utterance point. Expecially, '-ul moyang-i' mean [probabilty] [existential possibility objectively] '-ul keos-i' means [probability], [possibility of an idea], and '-ul theo-i' means [probability], [possibility].

Through this study, I have attempted to describe the syntax and the semantics of '-nun peop-i' '-nun maryon-i' '-ul moyang-i' '-ul teo-i' and '-ul keos-i' as a kind of constuction on the process of grammaticalization. After all. it is predictable that **Tonghapgujoche** will be verbal ending or finish berval ending after it will be more grammaticalized.